风景名胜项目评价方法

李明哲　主　编
何继志　刘永明　副主编

中国计划出版社

图书在版编目（CIP）数据

风景名胜项目评价方法/住房和城乡建设部标准定额研究所编. —北京：中国计划出版社，2010.4

ISBN 978-7-80242-491-3

Ⅰ.①风… Ⅱ.①住… Ⅲ.①风景区-项目评价-研究-中国②名胜古迹区-项目评价-研究-中国 Ⅳ.①F592.3

中国版本图书馆 CIP 数据核字（2010）第 034100 号

风景名胜项目评价方法

住房和城乡建设部标准定额研究所 编

☆

中国计划出版社出版

（地址：北京市西城区木樨地北里甲 11 号国宏大厦 C 座 4 层）

（邮政编码：100038 电话：63906433 63906381）

新华书店北京发行所发行

世界知识印刷厂印刷

787×1092 毫米 1/16 12.5 印张 309 千字

2010 年 4 月第 1 版 2010 年 4 月第 1 次印刷

印数 1—6000 册

☆

ISBN 978-7-80242-491-3

定价：32.00 元

前　言

改革开放三十年来，我国经济社会发展取得了卓越的成就，人民生活水平和生活质量有了明显提高，消费需求也发生了显著的变化，到风景名胜地旅游休憩已经成为人们的基本生活需求。为满足群众日益增长的需要，全国各地方兴未艾地进行投资建设，将风景名胜资源开发成为游览景区。

然而，近几年各地不同程度地存在风景名胜区资源的过度开发、无序开发行为或一些不文明、不利于可持续发展也是不合法的开发利用方式，蚕食自然遗产和文化遗产，使稀有的资源遭到破坏，景观、生态和文化流失损毁现象日趋严重，破坏了风景名胜区的形象和发展，对一些资源造成了不可挽回的损失。因此，保护与合理利用不可再生的风景名胜资源是我们这一代人在发展中必须解决的任务，也是落实科学发展观的具体实践。

为贯彻投资体制改革的精神，落实投资体制改革相关配套文件的要求，住房和城乡建设部标准定额研究所安排了《风景名胜项目评价方法》的研究工作，组织专家根据风景名胜项目的特点，本着“资源保护优先，开发服从保护”的原则，参考与借鉴国外的相关经验，总结我国在风景名胜开发与管理的经验与教训，为风景名胜区开发项目的前期工作提出一套切实可行的评价方法，并通过规范评价方法与内容，为风景名胜项目投资决策科学化提供依据。

本书所称风景名胜项目，是指以风景名胜资源保护、开发与利用为目标开展的一组任务或活动。风景名胜项目包括已设立风景名胜区内的开发建设项目（含新建和改、扩建），以及未设立风景名胜区而客观存在的风景名胜项目。风景名胜项目的范围不同于通常意义下的风景名胜规划，规划是“为了完成承担的职责，机构编制并提出的旨在实现重大、广泛、长远目标或政策需要而计划组织的一系列活动（包括项目）与资源配置。规划通常不仅提出要实现的宏观目标与配套条件，而且要提出要具体实施的项目，解决项目间相互协调与配合的问题，提出克服制约因素纲略”。狭义的风景名胜项目仅指在风景名胜区内进行工程施工的建设项目。

《风景名胜项目评价方法》的技术路线是通过大量的现场及文献调查（各类调查资料都将作为评价的基准），在确定相关评价指标的基础上，发现未开发风景名胜资源的价值，明确资源保护与开发的最终目标，同时对开发活动可能造成的方方面面影响进行充分的估计，为投资决策提供充分的信息，以便优化投资方案，保证风景名胜资源合理开发、永续利用。主要章节的结构大体一致，都是按现状调查、确定指标及评级标准、评估影响、提出防范措施的顺序来编排。

《风景名胜项目评价方法》共分8章，各章的要点如下：

第1章“导论”，根据《风景名胜区条例》的总体要求，按照风景名胜规划实现的宏观目标与配套条件，明确界定了风景名胜资源、风景名胜项目、风景名胜区的区别与联系、风景名胜区的基本功能、评价方法的适用范围（前期评估、中期监测和后评价）、风景名胜项目的分类（自然景观与人文景观、开发与保护）、各类项目的评价重点、评价的基本原则。

第2章“风景名胜资源调查与价值评价”，风景名胜项目与一般的经营性项目有显著的区别：一般经营性项目的经济评价工作本质上是评估项目的财务价值与经济价值；风景名胜是景观，本身有资源资产的性质，这些资产是当代与后代共有，其中有些资产是全人类共有的资产，然而这些资产的价值往往不能通过市场来体现，不一定能用货币表示，因此必须用多种方式对其景观资源价值进行评估。本章确定风景名胜资源价值主要包括观赏价值、自然生态价值、科学研究价值、历史价值、社会文化价值等五个方面。

第3章“自然景观影响评价”，自然景观影响评价是在景观现状调查的基础上，识别项目开发可能对原有自然景观产生影响因素，估计并预测项目开发对自然景观的影响程度、效果和性质，依据相应的指标体系，确定影响等级，并初步提出规避或缓解不利影响的措施或建议，为景观保护与开发的规划和投资决策提供依据。

第4章“人文影响评价”，人文影响评价主要涉及项目规划或建设对文化方面的影响，目的是保护人类文化的多样性，发挥文化的应有功能和现代价值。本章明确了文化影响评价的内容（民族、地域、历史，物质、非物质）、范围、出发点（保护原生态文化、保护多元文化、尊重民族风俗习惯、提倡优秀文化）、适用的方法、工作步骤、确定影响等级、提出规避或缓解不利影响的措施或建议。

第5章“生态影响评价”，生态影响评价是分析、预测、评价风景名胜开发建设活动对生态系统及其组分的影响，并提出减少与改善影响的策略和措施的过程。本章内容主要包括确定生态影响评价的基本原则，评价工作的等级与范围，评价期限、步骤，详细阐述了生态资源现状的特定调查内容、评价内容、评价方法，生态影响的预测与评价方法，生态保护与恢复的基本要求和措施等方面。

第6章“社会评价”，风景名胜项目社会评价的目的是分析项目活动对项目所在区域的社会影响，关注项目的社会效应，树立“以人为本”的理念，推进项目涉及地区和谐发展。本章包括社会评价的基本原则、主要内容、评价类型、评价步骤、调查内容、调查方案和分析总结，规定了社会评价要着重对项目的社会影响、项目与项目区的互适性、项目的社会风险和项目的社会可持续性进行分析。

第7章“经济评价”，根据《建设项目经济评价方法与参数》（第三版）的基本原理和《风景名胜条例》规定的“收支两条线”原则，识别了风景名胜项目的财务费用与财务收入包括的范围，并根据收入与支出主体分离的实际情况，提出利用实际价格与预期财务价格测算项目补贴收入的方法；按照环境经济学的原理，介绍若干实用的方法将项目对环境的经济影响定量化与货币化，通过计算项目的“总经济价值”，将一般的“社会费用效益分析”过渡到“扩展的费用效益分析”，推广本章介绍的旅行费用法，为风景名胜区作经济价值评估，可以有助于国家风景名胜主管部门通过经济手段加强对景区保护和开发的管理。

第8章“风险评价”，根据《建设项目经济评价方法与参数》（第三版）中的有关原理，着重识别了风景名胜项目可能面临的经济、社会和生态环境风险因素，并规定相应的处理方法。

本书第2、3、5、6、7章分别给出了简约的或详细的案例，供读者阅读时参考。

本书由李明哲主编，何继志、刘永明副主编。各章的执笔人依次为：第1章何继志，第2、3章何永彬，第4章赵世林，第5章刘永明，第6章王筱春、马仁锋、马俊杰，第7章李明哲；第8章张猛、王筱春，全书由李明哲总纂。

本书从立项到成稿历时约三年，期间几易其稿，并多次、多方位地征求专家、学者和实际工作者的意见，成稿反映出作者对风景名胜项目评价方法的理解与认识。值本书出版之际，谨对本书写作过程中给予支持和帮助、提出修改意见的单位和个人表示诚挚的谢意，同时也希望本书能对推动我国风景名胜项目科学投资决策作出微薄的贡献。

编者

2009年12月

目　录

1　导论 ……………………………………………………………………………（1）
1.1　风景名胜项目评价方法研究的背景和目的 ……………………………（1）
1.2　风景名胜、风景名胜资源及风景名胜区的涵义和基本特征 …………（3）
1.3　风景名胜项目的定义、性质及特点 ……………………………………（7）
1.4　风景名胜项目评价的内容 ………………………………………………（11）
1.5　风景名胜项目评价方法适用的范围 ……………………………………（12）
1.6　如何评价风景名胜项目 …………………………………………………（12）
2　风景名胜资源调查与价值评价 …………………………………………（15）
2.1　风景名胜资源价值 ………………………………………………………（15）
2.2　风景名胜资源价值构成 …………………………………………………（16）
2.3　风景名胜资源现状调查 …………………………………………………（17）
2.4　风景名胜资源评价指标 …………………………………………………（26）
2.5　风景名胜资源价值评价方法 ……………………………………………（27）
2.6　风景名胜资源评价结论 …………………………………………………（30）
2.7　旅游开发战略与风景名胜资源价值评价的关系 ………………………（30）
风景名胜资源价值评价案例 ……………………………………………………（31）
3　自然景观影响评价 …………………………………………………………（37）
3.1　自然景观影响评价 ………………………………………………………（37）
3.2　自然景观影响评价的作用和适用范围 …………………………………（38）
3.3　自然景观影响评价内容 …………………………………………………（38）
3.4　自然景观现状调查 ………………………………………………………（38）
3.5　自然景观影响评价指标 …………………………………………………（40）
3.6　自然景观影响评价方法 …………………………………………………（41）
3.7　自然景观影响等级划分 …………………………………………………（42）
3.8　自然景观影响评价结论 …………………………………………………（43）
3.9　旅游开发战略与风景名胜自然景观影响评价 …………………………（43）
风景名胜项目自然景观影响评价案例 …………………………………………（43）
4　人文影响评价 ………………………………………………………………（47）
4.1　文化与人文影响评价 ……………………………………………………（47）
4.2　文化的分类 ………………………………………………………………（48）
4.3　人文影响评价的范围 ……………………………………………………（53）

4.4 进行人文评价的立足点 ……………………………………………… (54)
4.5 人文影响评价的方法 ……………………………………………… (59)
4.6 人文影响评价的步骤 ……………………………………………… (62)
4.7 人文现状调查 ……………………………………………… (63)
4.8 人文影响评价结论 ……………………………………………… (63)
5 生态影响评价 ……………………………………………… (70)
5.1 导论 ……………………………………………… (70)
5.2 生态影响评价工作等级与范围 ……………………………………………… (73)
5.3 生态资源现状调查 ……………………………………………… (75)
5.4 生态资源现状评价 ……………………………………………… (77)
5.5 生态影响预测与评价方法 ……………………………………………… (77)
5.6 生态保护措施 ……………………………………………… (79)
5.7 生态影响监测 ……………………………………………… (80)
5.8 生态影响评价技术工作程序与评价报告主要内容 ……………………… (81)
附录A 生态资源现状评价方法 ……………………………………………… (83)
附录B 生态影响评价方法 ……………………………………………… (85)
附录C 《环境影响评价技术导则 非污染生态影响》HJ/T 19—1997 推荐的评价方法 ……………………………………………… (88)
附录D 生态影响专项评价方法 ……………………………………………… (92)
风景名胜项目生态影响评价案例 ……………………………………………… (98)
6 社会评价 ……………………………………………… (118)
6.1 社会评价目的和意义 ……………………………………………… (118)
6.2 风景名胜项目社会评价 ……………………………………………… (119)
风景名胜项目社会评价案例 ……………………………………………… (130)
7 经济评价 ……………………………………………… (150)
7.1 风景名胜项目经济评价的依据 ……………………………………………… (150)
7.2 风景名胜项目需求分析 ……………………………………………… (150)
7.3 风景名胜项目计算期 ……………………………………………… (151)
7.4 风景名胜项目经济评价中使用的价格 ……………………………………… (151)
7.5 风景名胜项目财务分析 ……………………………………………… (152)
7.6 费用效益分析 ……………………………………………… (159)
7.7 风景名胜项目的费用效果分析 ……………………………………………… (164)
7.8 风景名胜项目的敏感性分析 ……………………………………………… (164)
7.9 风景名胜项目利益相关者的经济分析 ……………………………………… (165)
风景名胜项目经济评价案例 ……………………………………………… (165)
8 风险评价 ……………………………………………… (183)

8.1 风景名胜项目风险和风险评价 …………………………………………………… (183)
8.2 风险识别 …………………………………………………………………………… (184)
8.3 风险估计 …………………………………………………………………………… (187)
8.4 风险评价 …………………………………………………………………………… (189)
8.5 风险管理 …………………………………………………………………………… (189)
8.6 风景名胜项目风险评价的特殊要求 ………………………………………………… (190)

1 导 论

1.1 风景名胜项目评价方法研究的背景和目的

1.1.1 研究背景

（1）风景名胜资源具有独特性、唯一性和垄断性，开发利用的收益非常高，是发展旅游业的宝贵资源。旅游业既是对外开放的铺路石，又是一条发展地方经济的捷径。旅游业发展的同时也促进了投资，拉动了内需，在西部地区一些地方发展旅游业还是脱贫致富的主要途径之一。从世界范围看，凡是人均纯收入达到1000美元的国家，温饱的问题已经解决，整个社会进入小康阶段，人们已经不愁温饱问题，有了闲暇的时间和闲钱，普通民众追求的目标、生活方式、消费对象、兴趣范围都发生了很大变化，旅游业成为社会发展的内在动力。

目前，我国正处在大部分商品供过于求，唯独旅游资源却供不应求这样一个时期。近几年各地不同程度地存在风景名胜区资源的过度开发、无序开发行为或一些不文明、不利于可持续发展也是不合法的开发利用方式，如“长官意志”式的开发，“崇洋媚外”式的开发，“一哄而上”式的开发，“急功近利”式的开发，“盲目错位”式的开发，“杀鸡取卵、竭泽而渔”式的开发。这样的风景名胜资源开发致使一些地方管理失控，在景区内大兴土木，搞城市化、商业化、人工化，蚕食自然遗产和文化遗产，使稀有的资源遭到破坏，景观、生态和文化流失损毁现象日趋严重；一些地方将景区变成能源和原材料基地，实施超强度开发，风景名胜资源遭到毁灭性破坏的状况让人触目惊心；有些景区内增设大量现代人文景观、制假造假，大搞不协调的城市建设，破坏了景观的真实性，大大贬低了风景名胜资源的价值；由于超环境容量的旅游客流，造成景区景观和植被严重受损，使本来脆弱的风景名胜资源遭受破坏的几率大大增加。

上述问题说明，很多地方仍然没有摆正保护与利用的关系，导致无序开发风景名胜资源的现象屡禁不止，风景名胜资源被破坏的问题日趋严重，风景名胜资源的保护工作面临严峻挑战。

面对旅游业发展热潮，在旅游热和城镇化两大浪潮的夹击下，在自然和社会发展规律面前，如何将风景名胜资源开发带来的负面影响减少到最低限度，保证旅游业发展的持续性，把经济和社会的发展建立在一个稳定的增长平台上是我们关注的问题。这要求我们以科学发展观为指导，规范风景名胜资源的开发和利用，处理好风景名胜资源的保护、开发与利用这一对矛盾。

（2）2006年12月1日施行的我国《风景名胜区条例》将风景名胜区定义为：“可进行游览或者进行科学、文化活动的区域”。在保护资源的基础上，把风景名胜资源转化为风景名胜区旅游产品（包括未设立风景名胜区而客观存在、具有保存价值的风景名胜资源，即有待开发和利用的自然景观和人文景观），进行旅游开发，带动当地经济的可持续发展，实现风景名胜资源保护、开发与利用兼顾的目标，必须实施风景名胜项目规划与建设。

（3）风景名胜项目评价是项目建设前期决策的一项重要内容，是项目正确决策的重要手段之一。贯彻《风景名胜区条例》及风景名胜资源保护与开发兼顾的方针，研究制定风景名胜项目评价方法，能正确评价风景名胜资源价值，发掘利用风景名胜资源优势，规范风景名胜区项目开发建设行为，促进风景名胜资源的合理开发和永续利用，充分发挥风景名胜区的功能和作用，实现风景名胜项目所在地区经济和社会可持续发展。

1.1.2 研究的目的

（1）为适应我国风景名胜项目科学决策的需要，在吸取、借鉴国内外风景名胜项目评价经验和最新研究成果的基础上，结合风景名胜项目特点，按照我国风景名胜区建设管理的要求，研究制定适合中国国情的评价方法，目的是规范风景名胜项目评价工作，保证风景名胜项目评价质量，将风景名胜资源保护、开发、利用的相关政策纳入评价方法，提高风景名胜项目决策科学化水平。

随着我国改革开放政策的进一步实施和经济体制改革的不断深化，风景名胜区基础设施总量和管理水平越来越高，改善生态环境的功能越来越明显，旅游接待服务能力越来越大，对地方经济的拉动作用越来越强，已经成为各地国民经济和社会发展的重要载体，这就需要对风景名胜项目的开发建设进行科学决策，提高决策水平。科学的评价方法是项目评价的基础。

（2）按照构建社会主义和谐社会的总体要求，以科学发展观统揽风景名胜工作全局，通过评价方法的研究，增强项目外部控制约束和内部自律机制，提高人们对风景名胜项目重要性的认识，正确处理保护与开发、资源利用与经济发展的关系，促进生态保护和资源的合理利用，推动风景名胜事业的持续健康发展。

本书依据国家相关法律法规，通过定量或定性评价指标，对风景名胜资源价值、自然景观影响、人文影响、生态影响、社会影响、经济和风险进行评估、评价和分析，提出对项目开发合理的控制指标，有利于增强规划和投资管理及相关部门对项目的控制约束，增强投资者或项目所在地利益相关部门的自律机制。

对于风景名胜项目，有关项目的性质、建设的必要性、项目工程建设方案、效益和费用、方案比选等内容，应在项目可行性研究报告或项目咨询报告中参照一般项目进行系统全面分析，但其内容不在本书的研究范围之内。

（3）在新的历史条件下，切实加强风景名胜资源、生态、民族与历史文化保护，实现人与自然和谐发展，是一项重要而紧迫的任务。在当前我国城镇化和社会主义新农村建设进程中，做好各地自然文化遗产的保护与利用工作，保护好国家及世界自然文化遗产，对各级政府落实科学发展观、构建和谐社会、建设资源节约型和环境友好型社会具有重要意义。

风景名胜区是一种特殊的区域，风景名胜区的保护和利用对于促进地方经济社会的发展具有不可替代的作用，它与周边的城市、乡村、郊区的发展都有密切的关系，因此，统筹区域协调发展对做好各地自然文化遗产的保护与利用工作，促进我国城镇化和社会主义新农村建设尤为重要。

（4）在我国社会主义市场经济快速发展的环境下，按照深化投资体制改革、加快工程咨询业改革的要求，在风景名胜项目开发建设中倡导经济发展与生态保护和文化遗产保护共赢、可持续发展理念，使风景名胜资源的保护和开发利用水平得到整体提高，为我国经济建设作出更大的贡献。

1.2 风景名胜、风景名胜资源及风景名胜区的涵义和基本特征

1.2.1 风景名胜及风景名胜资源

（1）风景名胜是具有一定的形态和结构，能使人产生娱乐和审美体验情绪、获得身心放松和愉悦，满足人们高层次精神需求，同时获得相关的自然与文化知识的实形自然景观和人文景观，是公众参加旅游活动、得到心身愉悦的资源；它荟萃了自然之美和人文之胜，具有高度的观赏性和长久的增值性。

（2）风景名胜资源是具有观赏、文化或者科学价值的自然景观或人文景观。"是指能引起审美与欣赏活动，可以作为风景游览对象和风景开发利用的事物与因素的总称，是构成风景环境的基本要素，是风景区产生环境效益、社会效益、经济效益的物质基础。"

风景名胜资源是大自然和前人留下的珍贵的、不可再生的自然与文化遗产，是全人类共同拥有的公共资源，具有独特性、脆弱性、不可替代性、稀有性、公共性和综合性；同时，风景名胜资源又是一种需要保护，可以开发利用的资源，是旅游事业发展的重要基础。

风景名胜资源是国家最珍贵的资源。现在全国已有677个风景名胜区，总面积占国土面积的1%以上，其中国家重点风景名胜区177个，省级风景名胜区500个，是国家形象中最精彩的组成部分。

（3）风景名胜资源是独特的、不可替代的景观资源，是通过几亿年大自然鬼斧神工所形成的自然遗产和几十代人形成的文化遗产，而且是世世代代不断增值的遗产，是全民所有的不可再生的自然与文化资源。资源保护与开发利用具有同样重要的意义，应按可持续发展的原则走永续利用的道路。风景名胜资源包含了科学、文化、历史、生态等方面价值极高的资源，这些资源应该纳入相关的保护法律及资源保护体系之中，其保护的意义不仅只是为了观赏，而是更广泛的长期价值。

风景名胜资源保护的意义就是为了永久利用资源，开展观赏与旅游。因此，应该通过法律、法规对风景名胜资源加大管理力度，按照国家关于不可再生资源的开发与保护的相关法律、法规，纳入国家资源管理系统。

1.2.2 风景名胜区

1. 风景名胜区的定义

风景名胜区是指"风景资源集中、环境优美、具有一定规模和游览条件，可供人们游览欣赏、休憩娱乐或进行科学文化活动的地域，也称风景区"。是"可进行游览或者进行科学、文化活动的区域"。

风景名胜区是对社会民众开放、观赏和旅游的区域，其科学研究涉及的范围有：植物、动物、林业、地质、地理、环境、生态、建筑、历史、美学、经济、规划等多门学科，其涉及的部门有林业、农业、文物、宗教、园林、商业、旅游等部门，它是一个牵涉面广、综合性强的系统综合体。

风景名胜区是一种特殊的区域，具有旅游开发、文化、社会和科学价值，自然景观、人文景观比较集中，环境优美，可供人们游览或者进行科学、文化活动，其自然景观和人文景观是风景名胜项目的核心价值要素。除旅游功能外，风景名胜区还兼有遗产保护、生态载体、科教场所、历史和自然风貌遗迹等功能。它不同于城市公园，又有别于自然保护区，更不是游乐中心。它可能坐落在城市之中，又可能置身于崇山峻岭之间、江湖河海水体及其之滨，也可能隐蔽在地下、溶洞或原始森林或沟、谷、溪、瀑之旁。总之，以其特有的风景空间环境吸引人们去旅游、休憩，以增进健康，增长知识，陶冶情操，孕育创作，提高文化素质和艺术欣赏能力。

我国风景名胜区的构成要具备如下四个要素：

（1）具有独特的自然景观和优美的自然环境。就山而论，如泰山之雄、华山之险、嵩山之峻、黄山之雅、雁荡之奇、庐山之美、峨眉之秀、青城之幽、千山之丽、石林之怪，各具特色，彼此争绝，交相辉映，闻名于世；凭湖而言，西湖之美、天池之幽、星湖之秀、太湖之旷，从岳阳楼望洞庭、在鼋头渚眺太湖，由大孤山瞻鄱阳、攀龙门瞰滇池，无不各具特色，引人入胜，流连忘返。

（2）具有珍贵的历史文化遗迹。人文景观是历史上有着热爱自然山川的中国人民对祖国优美的自然环境千百年来进行开发的结果，如岷江的都江堰，承德的避暑山庄，九华、峨眉、五台、普陀四大佛山寺庙，武当、青城、齐云、崂山四大道观名山，以及由民族文化风情组成的西双版纳傣族竹楼等。

（3）在法制上，经过有权威的多学科专家进行的资源价值调查评定，提出定级建议，由相应的人民政府审定为风景名胜区。由有资格的专业部门经论证编制总体规划，经专家评议、相应的人民政府审定批准，使风景名胜区具有明确的性质，确定的地域范围，合适的规模和舒适的旅游交通、接待服务条件。

（4）在行政上，有一套健全的风景名胜区的管理机构和规章制度，配备一定素质的管理干部，以实施规划和经常性的保护、建设及管理工作。

一般来说，中国风景名胜区必须具备上述美学、历史文化、法制和行政四个方面的条件。在中国的实际情况中，历史上人为建造起来的历史名胜，要么巧于借自然条件，相映生辉；要么依托优美的自然环境，形成适宜的游览氛围，如八达岭—十三陵、洛阳的龙门等，概莫能外。而名山大川，美丽的自然风景在漫长的历史岁月中，又无不经过人们的开发、欣赏，施以人文的影响，如贵州的黄果树、龙宫和路南的石林等自然风景区都是如此。所以中国的风景名胜区大都是自然和人文景观共辉，只是特点不同，各有侧重而已。

2. 我国风景名胜区类型的划分

风景区按其所在地理环境的位置，地貌特征，地域分布形态的完整或零散程度，在我国可划分为如下七种类型：

（1）城市型独立块形风景区。它位于城市市区或行车半小时左右即可到达的近郊，是城市总体规划中不可缺少的一个独立的、以风景区内游览道路联系成整体的绿地或文物占地。按其地貌可分为：

①山岳型：泰安市的泰山、峨眉山市的峨眉山、泉州市的清源山、鞍山市的千山、登封县的嵩山、天水市的麦积山、浑源县的恒山等。

②湖泊型：杭州市的西湖、武汉市的东湖、大理市的洱海、吉林市的松花湖等。

③山湖型：南京市的钟山—玄武湖、昆明市的西山滇池。

④海滨型：兴城的海滨、辽宁的金石滩、大连的海滨风景区。

⑤湖岛型：岳阳市的洞庭湖—岳阳楼风景区（湖中有君山岛景区）。

⑥瀑布型：贵州省镇宁县的黄果树。

⑦石林型：路南县的路南石林。

⑧地下溶洞和地下水系型：织金县的织金洞、安顺市的龙宫。

（2）城市型二元体风景区。是指位于城市市区或行车半小时左右即可到达的近郊，在城市总体规划图中以城市公共交通道路或公路连接的两块绿地或文物占地的风景区。按其地貌可分为：

①山湖型：肇庆市的鼎湖山—星湖风景区、扬州市的蜀岗—瘦西湖风景区。

②山岳型：洛阳市的龙门风景区，其钟山石窟景区与香山、白园景区之间被伊河分割，又以伊河上的公路大桥相联系。

③山岳、海岛型：厦门市的万石山—鼓浪屿风景区的两景区之间隔海相望，以渡轮公交相联系。

④山川型：都江堰市的都江堰—青城山风景区的两景区之间相距18km，公路联系。

⑤文物景观型：北京市的八达岭长城—十三陵景区以公路联系。

⑥海滨文物型：秦皇岛市的北戴河海滨景区与山海关景区之间以铁路和公交相联系。

（3）城市型多元体风景区。是指位于城市市区或行车半小时左右即可到达的近郊，在城市总体规划图中有三块以上散落而以城市公共交通、公路联系的绿地或文物占地的风景区。按地貌可分为：

①山岳文物型：临潼市的骊山风景区是由骊山自然风景园林以及唐·华清宫苑游览区、秦始皇陵、秦俑馆、姜寨原始村落遗址及鸿门宴等零散的景区、景点，以城市交通道路连接起来的风景区。

②海滨型：大连海滨风景区是由老虎滩星海公园、旅顺口白玉山等多处景点沿海滨公路连接在一起的风景区；又如三亚市海滨风景区是由天涯海角、鹿回头、大东海、亚龙湾等多处景区由城市交通道路串连成的一个风景区。

（4）郊野型独立块形风景区。是指远离城市，远郊区以外独立完整地域的风景区，因地貌差异分为：

①山岳型：如黄山、衡山、五台山、崂山、九华山、雁荡山、大洪山、鸡公山等风景区。

②湖泊型：如镜泊湖、红枫湖等风景区。

③山岳池泊型：如天山天池、五大连池等。

④海岛型：普陀风景区。

⑤文物型：宁夏西夏王陵。

（5）郊野型二元体风景区。是指远离城市，远郊区以外的两块完整地域，它们之间以国家公路或水运方式连接起来的风景区。

①山沟溪瀑型：九寨沟—黄龙寺风景区，九寨沟位于南坪县，远离县城49km；黄龙寺位于松潘县，距县城56km；两景区之间相距128km，之间以公路联系。

②山岳海岛型：太姥山风景区由海滨的太姥山和海中的嵛山岛等组成。

（6）城市、郊野混合型多元体风景区。是指由若干个景区组成的风景区，其中有些景区、景组、景点位于城市市区或行车半小时即可抵达的近郊，有些景区、景组、景点位于远离城市，远郊区以外的各个单独地段；它们之间以城市交通道路、公路、水路连接成统一的风景区。

①山岳、文物型：庐山风景区，它有山上牯岭景区、山南景区、九江市区的甘棠湖烟水亭、能仁寺锁江楼宝塔等景点；湖口县远郊龙宫洞，石钟山、鞋山景点；九江县狮子洞，岳母坟、东林寺沙河景区三个部分由公路、水路连接成为城市郊野混合型多元体风景区。

②人文景观型：承德避暑山庄—外八庙风景区，它是由位于承德市区内的避暑山庄，城郊6个寺庙景点，近郊的磬锤峰，城南70km之外的金山岭长城和城北80km之外的木兰围场5个部分，以市内交通道路和公路连接成一个风景区。

③湖滨、岛型：太湖风景区，由无锡市近郊的梅园、蠡园、鼋头渚，三山岛，宜兴市内的太平天国辅王府、徐悲鸿纪念馆等景点，远郊的牟尼洞、灵谷洞景区、东坡书院、横山水库景区，吴县在太湖边的香雪海，洞庭西山岛，洞庭东山半岛，以公路、水路连接成统一的风景区。

④民俗风光型：西双版纳风景区是由景洪市曼听公园（热带作物研究所）、曼飞龙白塔、勐罕橄榄坝的缅寺、勐仑植物园吊桥、大勐龙白塔，南糯山的茶王树、勐遮的八角亭及民俗傣族泼水节、芦龙舟竞渡表演景点等，以公路连接成统一的风景区。

（7）带形风景区。是指位于沿江、沿海的一两个或几个城市、岛屿上的景区、景组、景点，以水上游览船或城市交通道路及公路上的游览车载送游客，旅游线路形成带状的风景区。

①沿江泛舟观光型：桂林市漓江风景区，乘游览船从桂林市驶往阳朔，边行边看两岸的景观。

②沿江泛舟观光及登岸浏览型：长江三峡风景区，乘游览船顺江而下，沿途观光并登岸丰都鬼城、忠县石宝寨张飞庙、奉节白帝城，并观赏瞿塘峡、巫峡、西陵峡的三峡风光，游览宜昌市的三游洞。新安江—千岛湖—富春江风景亦属此列。

③列岛型：浙江省嵊泗列岛风景区。

④海滨景点行车停靠浏览型：三亚市海滨风景区，大连海滨风景区。

⑤沿海景区车船联运停靠浏览型：山东省胶东海滨风景区：威海市的刘公岛、环翠山庄—烟台山—小蓬莱—蓬莱阁—长岛月亮湾—庙岛。

归结起来，风景区按其所在的地理环境位置，可分为城市型和郊野型（非城市型）两大类型。

按其地貌特征可分为山岳型、湖泊型、海滨型、湖岛型、石林型、瀑布型、地下溶洞和地下水系型、山川型、山湖型、山沟溪瀑型、山顶池泊型、湖岛型、山岳海岛型、列岛型、文物景观型等。

按其地域分布形态及其完整、零散程度可分为独立块形、二元体、多元体、带形等。

由于风景区上述类型的不同及其天然组合上的差异，也就给风景区内旅游设施的规模、类型、规划方式和规划设计原则带来了不同。

城市型风景区与郊野型风景区在旅游设施规划布置方面的主要区别在于：

第一，城市型风景区的旅游服务大本营都可以依托于该城市现有的旅游设施服务中心。

第二，城市型风景区内设置的旅游设施项目，定额指标，特别是在市区的景区内应与郊野型风景区有所（减少和降低）区别。

第三，城市型风景区与风景区城市化是两回事。与郊野型风景区相比较，风景区的地理环境位置限定在城市市区或行车半小时可抵达的地域范围，称“城市型”风景区。而风景区内的旅游设施盲目膨胀，或占据重要的人文景观、自然景观的用地，或毗邻这些用地营造破坏性建设的建筑物，严重地影响游客对景观的欣赏；或造成山石、植被的破坏和水体、空气、环境的污染，致使风景区内部的一级旅游中心无限地扩张，有成为小城镇的倾向，称为“风景区城市化”。这是应该也必须加以防止的。

3. 风景名胜区资源的保护、开发和利用原则

《风景名胜区条例》是风景名胜项目评价的基本依据和指导。风景名胜区资源的保护、开发和利用原则主要包括：

（1）要正确处理好保护和开发的关系。风景名胜区是我国乃至全人类珍贵的、不可再生的自然和文化遗产资源。为了加强对风景名胜资源的有效管理，保护和合理利用资源，处理好各方面的关系，《风景名胜区条例》明确提出“科学规划、统一管理、严格保护、永续利用”的基本原则。要始终做到资源保护优先、开发服从保护的要求，在当前城市化进程加快、旅游经济迅速发展的时代背景下，必须克服只顾短期和局部利益、忽视长远和全局利益的错误倾向，防止风景名胜区开发利用过程中急功近利、过度开发的错误行为，认真解决景区过度城市化、人工化、商业化的严重倾向，统筹兼顾资源保护和开发利用的关系。

（2）要加强风景名胜区规划管理。在风景名胜区内进行各项建设活动，要满足资源承载能力和合理环境容量的要求，并要注意与景观环境相协调，严禁各类破坏景观、污染环境、妨碍资源可持续利用的开发建设行为。

（3）要加强风景名胜区资源利用、开发经营活动的管理。在严格保护好资源的前提下，应当重视对资源的合理开发和利用，以使风景名胜区在发展区域旅游经济、提高公众的资源与环境意识，满足城乡居民的文化需求以及精神文明建设等方面发挥应有的作用。要创造条件，广开保护建设资金的渠道，鼓励多种投资参与风景名胜区的资源环境保护以及服务经营设施的建设，加快景区基础设施建设步伐。

1.3 风景名胜项目的定义、性质及特点

1. 风景名胜项目的由来

风景名胜区拥有风景名胜资源，但不等于风景名胜区已经具备为公众提供服务的功

能，必须面向市场进行开发建设和经营运作，即在保护资源的基础上，最大限度提高资源的使用效率。要把风景名胜资源（包括未设立风景名胜区而客观存在、具有保存价值的风景名胜资源，即有待开发和利用的自然景观和人文景观）转化为风景名胜区旅游产品（包括科研产品和文化产品等），就必须开展以下几方面的活动：

（1）建设自然资源、文化景观保护设施与保护工程。

（2）为了进入、保护、建设、游览而提供必须具备基本条件的建设项目（包括交通、水、电、气、通信等）。

（3）提供游客旅游所必需的配套设施，包括住宿、餐饮等用房。

（4）在风景名胜区内开发的，适应于游客市场需要的其他游乐、娱乐项目。

2. 风景名胜项目的定义

根据《风景名胜区规划规范》GB 50298—1999 的定义，“风景名胜区规划是保护培育、开发利用和经营管理风景区，并发挥其多种功能作用的统筹部署和具体安排”。

根据投资项目可行性研究与评价术语的定义，规划是“为了完成承担的职责，机构编制并提出的旨在实现重大、广泛、长远目标或政策需要而计划组织的一系列活动（包括项目）与资源配置。规划通常不仅提出要实现的宏观目标与配套条件，而且要提出需具体实施的项目，解决项目间相互协调与配合的问题，提出克服制约因素纲略”。

根据投资项目可行性研究与评价术语的定义，项目是“在预定的时间范围与地点，使用投资人有限的资金，旨在通过提供产品或服务，实现经济、环境或社会发展目标，有组织地完成不重复的一系列活动（策划、设计、评估、融资、施工、经营）及其结果的总称”。

本书所称风景名胜项目，是指以风景名胜资源保护、开发与利用为目标开展的一组任务或活动。风景名胜项目可分为风景名胜开发项目和风景名胜保护项目，包括在已设立风景名胜区内的开发建设项目（含新建和改、扩建），以及未设立风景名胜区而客观存在的风景名胜项目。

如果景区是由单一景点构成，景区规划范围与项目范围是一致的；如果景区是由多个景点组成的，项目范围可能与规划范围相同，也可能只包含一个景点；个别项目可能只是一个“单项工程”，如景区的索道。

3. 风景名胜项目分类

（1）按项目的目标区分，主要分为开发项目或以开发利用为主的项目，保护项目或以保护为主的项目。

（2）按项目的自然与文化属性区分，可分为自然景观项目和人文景观项目（按人文景观的属性，又可分为物质和非物质项目）。

（3）按项目的行政管理分类，可分为严格禁止类、必须要得到行政许可类和必须要经过审批类等。

（4）按主要功能分类，可分为观光类（含自然景观类项目、民族风情观光游览类项目、现代工程游览类项目、娱乐休闲类项目）、科研类（科学研究和科学普及为主的项目）和历史文化类（以文化内涵、历史价值、宗教朝拜为主的项目）。

（5）按投资管理分类，分为政府投资项目（包括直接投资和资本金注入、投资补助、转贷和贷款贴息）和企业投资项目（核准制和备案制）。

（6）按照设立风景名胜区与否区分，在已设立风景名胜区内的开发建设项目，含新建和改、扩建项目；未设立风景名胜区而客观存在的风景名胜项目，包括具有保存价值的风景名胜资源，即有待开发和利用的自然景观和人文景观。

根据风景名胜项目的其他特征和评价要求，可以再进行其他分类。

因风景名胜项目的性质、资源属性、功能各异，项目具有其各自特定的内涵，拟评价的项目首先分为保护性项目和开发性项目两大类：即开发建设项目或开发为主的项目，保护项目或保护为主的项目，称为一级分类。开发和保护项目又分别划分为自然景观与文化景观项目，称为二级分类。开发和保护项目按自然景观与文化景观划分又分别按功能、资源分类，称为三级分类。本书依据上述分类，将风景名胜项目的综合分类列于表 1-1 中。

表 1-1 风景名胜项目分类

<table>
<tr><th>一级分类</th><th>二级分类</th><th colspan="2">三级分类</th><th>评价内容及其选择</th></tr>
<tr><td rowspan="6">风景名胜开发项目</td><td rowspan="2">自然景观开发项目</td><td>功能分类</td><td>观光游览主导型项目</td><td rowspan="9">1. 景观价值评价是对项目区内所有的景观资源本身的价值进行综合评判和鉴定，属于规定评价内容
2. 自然景观影响评价是对风景名胜项目区规划和建设项目实施后可能引起环境自然景观变化的程度进行分析、预测和评估，是新建与改扩建项目的规定评价内容
3. 人文影响评价是对风景名胜项目区建设和规划过程中所涉及的文化进行评价，包括人文景观和文化资源的保护开发、项目所涉及的民族类、历史类、地域类的物质和非物质文化
4. 生态影响评价是对生态系统会产生直接或间接影响的风景名胜项目（含已建，拟建，改、扩建）全部活动进行评价，属于规定评价内容
5. 如果项目所在区域没有居民和生产活动，可以不进行社会评价；如果项目涉及非自愿征地或项目位于少数民族地区，必须进行重点社会评价；如果项目不涉及上述两</td></tr>
<tr><td>资源分类</td><td>山岳、山谷、洞穴、水域、山水、植被森林、沙地、泉、保护区等自然类或以自然景观为主的项目</td></tr>
<tr><td rowspan="4">文化景观开发项目</td><td rowspan="2">功能分类</td><td>历史文化开发型项目</td></tr>
<tr><td>科学价值开发型项目</td></tr>
<tr><td rowspan="2">资源分类</td><td>历史古迹项目（历史文化、文化古迹、革命纪念地）</td></tr>
<tr><td>文化项目（科教文化、现代工程、生物进化史迹、地质历史变迁遗迹、艺术文物、考古发掘、景观风情）</td></tr>
<tr><td rowspan="3">风景名胜保护项目</td><td rowspan="3">自然景观开发项目</td><td>功能分类</td><td>自然景观保护区项目</td></tr>
<tr><td rowspan="2">资源分类</td><td>自然景观保护项目（山岳景物保护、森林植被保护、古树名木保护、野生动物保护、自然历史风貌保护等）</td></tr>
<tr><td>自然景观恢复项目（山岳景物恢复、森林植被恢复、野生动物种群恢复、自然历史风貌恢复等）</td></tr>
</table>

续表 1-1

一级分类	二级分类	三级分类		评价内容及其选择
风景名胜保护项目	文化景观保护项目	功能分类	历史文化保护型项目	项规定，需要进行一般社会评价 6. 财务分析是在项目业主的财务收支范围内进行。财务分析与经济分析属于规定评价内容 7. 风险评价是针对项目中存在的不确定因素的潜在风险评价，一般根据项目所涉及的具体内容来确定
			科学价值保护型项目	
		资源分类	历史古迹保护项目（文物保护、古建筑修缮重建、遗址遗迹保护等）	
			文化遗址遗迹保护项目（生物进化史迹、地质历史变迁遗迹、艺术文物、考古发掘、景观风情等）	

4. 风景名胜项目的性质及特点

（1）开发建设项目是在风景名胜区内的单个或若干个新建、改扩建项目（按照总体设计进行施工的基本建设工程——即在批准的总体设计范围内进行施工，经济上实行统一核算，行政上有独立组织形式，实行统一管理的建设单位）。景区内的开发建设项目主要包括：

①景区基础设施项目：如景区内道路、输变电线路、通信、供水、排水、供气等基础设施建设，以及为景区配套的专用道路等基础设施。

②景区内设置的旅游设施项目：如景区内索道，漂流设施，滑雪场，景观亭、廊、桥、台、楼、轩、榭等旅游设施。

③景区配套的旅游服务设施项目：如餐饮等服务设施。

④其他开发项目：如历史古迹项目和文化项目的开发等。

（2）景区内的保护项目，指对景区内的自然景观、有历史文化和科学价值的设施或不可用现实价值来体现的文化形式进行保护，主要包括：

①自然景观保护项目：如植被恢复、经济林培育（果园场）、防火瞭望塔、滑坡治理等。

②历史文化和科学价值保护项目：如历史文物保护、民居建筑修缮重建、遗址遗迹维护、传统工艺品生产等（物质），以及民俗、节庆、工艺、戏曲等传承保护（非物质）。

（3）风景名胜区内，不同类别或性质、分属不同部门（如风景名胜区内同时存在森林公园、地质公园、水利公园、文化公园等）管理的建设项目，凡涉及对风景名胜资源保护、开发与利用的活动和行为，应视为风景名胜项目；在风景名胜区保护地带内的工业项目（包括乡镇村办企业）、公共设施和居民住宅等建设项目，应视为其他建设项目；不处于风景名胜区内的城市公园、游乐中心、酒店宾馆、食品加工、工艺品生产、餐饮、文化娱乐等项目，应视为旅游开发项目。

景区内的风景名胜项目、其他建设项目的开发建设，都应符合风景名胜区规划的要求，都必须服从风景名胜区管理机构的统一管理。

（4）风景名胜项目有保护生态与人文环境，丰富人民群众的生活，适于开展旅游、科研和文化教育，促进地区经济和社会发展等作用，还具有自然生态和社会生态的脆弱性、公益性等特点。

（5）风景名胜项目与周边城市、乡村、郊区的发展关系密切，应根据风景名胜资源特征、环境条件、历史情况、现状特点以及当地国民经济和社会发展趋势与规划，统筹兼顾，综合平衡，权衡与社会需求之间的关系，综合考虑环境、社会、经济等方面的综合效益，防止风景名胜区的人工化、城市化、过度商业化倾向。

1.4 风景名胜项目评价的内容

1.4.1 风景名胜项目评价主要内容

根据风景名胜项目的特点，本书利用系统科学的理论，规范了风景名胜项目评价的基本内容为风景名胜资源调查与价值评估、自然景观影响评价、人文影响评价、生态影响评价、社会评价、经济评价和风险分析等七项。

1.4.2 风景名胜项目评价不能代替其他内容评价

首先应根据景区资源属性，评价风景名胜资源存在或保存有无开发和保护的价值；并对风景名胜区内开发建设或实施保护的项目是否对景区造成影响进行评价，如自然景观影响、人文影响、生态影响、社会影响、经济效益和风险分析。前述内容是针对风景名胜项目专门设立的，具有特殊性。然而风景名胜项目还具有一般建设项目的属性，还应对项目具有共性的内容进行适当评价，如项目的产业政策、相关规划、建设条件、项目的必要性、技术和工程方案、投资效益的可行性、节约能源措施、资源环境与社会经济的合理性等，符合项目评价内容完整性要求。

1.4.3 评价内容的选择性

在实际工作中可视项目的具体情况作出全面评价或选择重点内容进行评价。同时，对风景名胜项目的产业政策、相关规划、建设条件、项目的必要性、技术和工程方案、节约能源措施、资源环境与社会经济的合理性等方面内容，可参照一般项目的方法与规程进行分析论证，作出适当的评价。

1.4.4 多因素多目标

根据风景名胜项目的特性，进行全面评价应同时考虑多种影响因素和多个目标的选择，综合这些因素和目标确定评价的方法和侧重点，满足最终决策要求。

1.4.5 环境影响评价单独进行

环境影响评价方法依据《中华人民共和国环境影响评价法》和国家环保总局项目环境影响评价的有关规定。风景名胜项目环境影响评价应突出对生态的经济损益的计算。

1.4.6 与旅游战略规划衔接

为适应风景名胜区发展旅游事业的要求，除本方法规定的评价内容外，有条件时可单独对旅游开发战略规划作出评价。旅游开发战略规划评价的内容包括：游客容量和旅游目标市场分析、保护和利用规划分析、开发战略总体目标定位及分步实施策略等。具体应依据国家旅游局旅游开发战略规划评价的有关规定，结合本方法的相关内容进行评价。

1.5 风景名胜项目评价方法适用的范围

本书所述方法适用于各类投资主体的风景名胜项目前期阶段论证（包括规划、机会研究、项目建议书、预可行性研究和可行性研究、项目申请报告和资金申请报告、政府投资项目初步设计审查）；项目准备和项目实施阶段的中间评价；也适用于项目运营阶段的后评价。涉及风景名胜的专项研究、论证，可参照使用。

（1）本方法适用于各类风景名胜项目，主要用于国家级和省级风景名胜区项目决策阶段的前期研究和论证。项目实施后，前期评价的结论是项目调整实施方案的依据。项目完工后，对照早期评价结果进行全面的后评价，为今后风景名胜项目决策提供参考信息。

（2）在评价内容和方法的选择上，应根据不同项目自身的特点和评价要求，结合各地区相关规范或标准实施。

（3）涉及风景名胜的专项研究、论证或单项评估、评价，可根据具体要求，结合相关行业规范或标准，选择本方法对应的评价内容和方法。

（4）各类投资主体均可以使用本方法对风景名胜项目进行评价。特许经营项目（如BOT项目等）的签约双方（政府与企业）亦可用本方法对风景名胜项目进行全面综合评价。

（5）本方法主要适用大、中型风景名胜项目，其他项目可参照使用。

1.6 如何评价风景名胜项目

1.6.1 评价依据的原则

（1）风景名胜项目评价应坚持保护优先、开发服从保护的原则，有无对比的原则，项目开发经济与生态共赢的原则；应遵循规划的指导作用。

（2）评价应严格按照国家《风景名胜区条例》和各地风景名胜区的有关管理条例，贯彻严格保护、统一管理、合理开发、永续利用的方针，保护风景名胜的自然与文化遗产，保护原有景观特征和地方特色，维护生物多样性和生态良性循环，维持项目效益与生态的平衡，永久地保护不可再生的风景名胜资源，处理好风景名胜资源保护和旅游发展的关系，使资源永续利用，人与自然协调发展，长久地为社会主义经济建设服务。

（3）风景名胜项目评价应符合各地风景名胜区保护规划，符合项目所在风景名胜区总体规划和景区详细规划（包括主体功能区规划、生态功能区规划、战略规划中的战略环境影响评价等相关规划），符合当地旅游产业发展规划和经济社会发展规划，并符合与风景名胜项目有关的各类专项规划中的相关要求，发挥其保护和利用的协调性、统一性、前瞻性、过程控制性等综合调控作用。

（4）在项目的实施过程中，倡导政府主导、政策引导、规划指导、市场化运作、企业开发、滚动发展的原则。

1.6.2　如何评价风景名胜项目

（1）总体评价要求。风景名胜项目评价应在对项目区的现状调查的基础上，评价项目产生的正面和负面影响，根据不同项目的特点确定评价的方法和侧重点，定量分析与定性分析相结合。项目评价应保证客观、科学、公正。

①自然景观价值及影响、人文景观价值及影响的评价以定性分析为主，定量分析为辅，其中人文影响评价应以综合分析为主。

②生态影响评价以定量分析为主，定性分析为辅。

③社会评价以定性分析为主。

④经济评价以定量分析为主，折现分析与非折现分析相结合，重点在折现分析。

（2）风景名胜项目在可行性研究阶段，对开发项目或以开发为主的项目，原则上应进行全面评价；保护项目或以保护为主的项目，评价应有侧重；规划、机会研究（预可行性研究）、项目建议书的评价可适当简化。

（3）全面评价应系统分析项目的性质、开发和保护的价值、项目方案，计算项目的效益和费用，通过多方案综合比选推荐最佳方案，对项目建设的必要性、初步方案的合理性、投资（项目）风险进行全面的分析；选择评价的侧重点应根据不同类别风景名胜项目的特点，项目的性质、目标，项目投资主体和项目对社会经济的影响程度等确定。

（4）根据国家有关法律、法规、行业或地方有关规定，确定具体项目的评价内容和侧重点。哪些需要评价，哪些不需要，应结合项目特点和需要具体确定。如在项目选择阶段，应重点评估风景名胜项目的景观资源价值，即拟选择的风景名胜项目是否值得开发或保护；在项目前期研究阶段，除应对景观资源价值进行评估外，还应评价项目实施对自然景观、人文景观、生态的影响，并进行项目的社会、经济、风险分析与评价。例如，项目社会影响区内没有居民，可以不进行社会评价；项目涉及征地或移民以及项目在少数民族地区，则要进行项目的社会影响、项目与项目社会影响区的互适性、项目产生的社会风险和项目的社会可持续性评价；如果项目不涉及上述规定，只需要进行项目的社会影响、项目与项目社会影响区的互适性评价。

现状调查是风景名胜项目评价的基础，现状调查要围绕评价指标进行。对于开发项目，评价的侧重点应根据现状调查和评价指标，确定风景名胜区的资源环境容量和项目的开发规模；对于人文影响评价，应在人文影响现状调查的基础上，确定评价的侧重点是民族文化、历史文化还是地域文化，评价的方法主要应选择综合分析方法；对于生态影响评价，应在现状调查和评价指标的基础上，侧重项目对生态影响的定量分析，有条件时可进行经济损益的估算。

（5）在建立社会主义市场经济体制的过程中，随着我国投资体制改革的深入，大中型风景名胜建设项目评价内容及方法的选择及侧重点，既要符合我国实际情况，还要与国际工程咨询业的要求接轨，符合国际通行的做法，项目可行性研究和评价应达到规定的深度要求。

(6) 风景名胜项目评价的对象一般主要针对景区内各种建筑设计方案或规划方案，景区或将进入景区的保护、建设、游览项目的基础设施建设项目（包括交通、水、电、气、通信等）。

对景区内各种建筑的评价，应根据项目特点，自然环境与历史文化，建筑形态要素与环境、脉络有机“协调”。如温泉度假中心旅游类建筑，应以旅游、疗养为主要内容，娱乐、调养、陶冶情操为主要特色，这是建筑的功能特性。应紧紧抓住旅游建筑的内在性质，即需要富有情趣、浪漫，能激发宾客的兴趣，以达到使人愉悦、快活这一最重要的目的，其他的建筑要素如环境、空间、形式、风格、色彩、细部等均努力围绕这一主旨展开。再如江南一带的风景名胜项目，人杰地灵，人文荟萃，历史文化源远流长；湖泊岚影波光，画桥烟柳；粉墙黛瓦间，小桥流水人家……轻灵、秀丽、淡雅质朴的江南建筑形态风格，如何在度假中心的建筑群中得以传承和反映，以及建筑的总体布局、空间形态、造型风格等，是项目评价必须给予关注的。

风景名胜区基础设施及配套设施建设应根据风景名胜区的性质、规模和布局条件，依托当地现有的服务系统，以及设施内容、规模、等级、用地条件和景观结构、城镇规划等，评价基础设施和旅游接待服务体系建设的合理性，以及适应于游客市场需要的住宿、餐饮等及其他游乐、娱乐等旅游项目建设的必要性。

本章参考文献

[1] 风景名胜区条例. 中国法制出版社，2006.

[2] 林峰. 对风景名胜区条例修订的思考. 中国旅游报，2005-09-09.

2 风景名胜资源调查与价值评价

2.1 风景名胜资源价值

2.1.1 风景名胜资源价值评价的必要性

“风景”泛指一定地域内由山水、湖海、花草树木和一些独特自然现象所组成的，可供欣赏，能够使人产生美感、情趣和意境的景象和事物。“名胜”则指有古迹或优美风景的著名地方。“风景名胜”则是指以独特自然景观和悠久历史文物古迹及其与之密切联系的民俗风情而取胜的风景。风景名胜是国家重要的自然遗产和历史文化遗产，可以提供游览、欣赏、休闲和进行多种科学文化活动，是实现生态、环境和文化可持续发展的重要物质基础。

面对雄伟秀美的山水、珍奇瑰丽的名胜古迹、源远流长的历史文化、古朴淳厚的民俗风情、富于纪念意义的近现代史迹等风景名胜资源，往往让人油然而生需要实行科学开发、完善保护、永续利用的愿望，这就是风景名胜资源价值产生的巨大影响和作用。为了保护与开发风景名胜资源，必须准确了解掌握、科学评价风景名胜资源价值。风景名胜资源价值评价长期以来以艺术性文字描述为主。随着风景名胜开发建设的不断发展，有必要开展以较为严谨的指标体系为基础的风景名胜综合价值分析和评价工作，确定风景名胜资源特点和价值，为风景名胜资源的保护、管理和开发提供依据。

风景名胜资源价值评价是选择科学、客观、适当的指标，针对风景名胜项目景观资源本身的价值进行综合评判和鉴定的过程。各类风景名胜项目都应进行此项评价。风景名胜资源特征及其所决定的风景名胜资源价值对风景名胜资源保护、传承与开发具有深远和综合的影响。

2.1.2 风景名胜资源特征

风景名胜资源主要是指那些有特色的景物、景色、景观建筑等构成的优美自然景观与人文景观和能够使旅游者感受、体验的悠久历史文物古迹和文化精神现象，以及优越的环境条件，具有稀、奇、特、宏（大）、美、古等特征，分布在特定的地域范围。特定区域的风景名胜资源往往根据受人为因素影响程度的多少，分为自然景观资源、人文景观资源；或为两者兼有的景观资源。不同的风景名胜资源一般差异较大，如山岳风景名胜资源有风景名山、历史文化名山和宗教文化名山以及登山探险等多种类型；或虽然同为名山，却各有奇景绝胜：泰山以“雄浑、挺拔”和丰厚历史人文底蕴而成为“五岳独尊”，黄山以“峻、美、秀、险”著称，华山以“天下之险”著称，庐山以“飞瀑”、“夏令避暑”气候及近代历史人物活动遗迹而吸引人，峨眉山以“秀、色”闻名。

2.1.3 风景名胜资源价值内涵

风景名胜资源价值是指风景名胜资源所具有的吸引游客、提供其物质消费、心理及精神需求所具有的使用价值属性。风景名胜资源价值具有物质、精神的双重属性，从分析评价的角度看，风景名胜资源价值的度量评价就有了双重意义。其中奇异山水的游览观赏吸引力、有特色的历史文化内涵是最早为人们所熟知的风景名胜资源价值内涵，以往曾按照科学、历史文化和风景美学三大价值进行风景名胜区分类。随着对风景名胜资源认识和研究的不断深化，风景名胜资源价值的内涵有了新的发展。

2.1.4 风景名胜资源价值评价目的

风景名胜资源价值评价通过掌握资源价值等级与开发潜力，确定风景名胜资源保护与开发的重要意义、目标、重点和潜力，明确风景名胜项目的类型、功能、规模等级及在区域风景名胜系统中的相对重要意义和影响，为项目投资科学决策、制订科学合理的风景名胜资源保护与开发战略、规划和方案提供依据和指导，并成为一种重要的管理方法。

2.2 风景名胜资源价值构成

风景名胜资源价值是由各种自然、人文或自然与人文交互作用形成的综合属性。包括直接和间接的使用价值以及内在价值。直接价值是开发利用风景名胜资源获取经济效益；间接价值是通过开发利用风景名胜资源，扩大对外交流和提高知名度，发展地方经济社会和文化，但其根本价值在于通过合理保护和开发风景名胜资源，保护自然遗产和历史文化遗产，保护环境和促进可持续发展，达到提高国家文明和进步的目的。风景名胜资源的利用方式不同于其他森林资源、矿产资源和水资源，利用方式是间接的，重点利用其生态价值、服务价值和存在价值。

目前普遍认为风景名胜资源价值的构成有多方面的属性，由于认识的不同而导致制订不同指标构成的风景名胜资源价值评价体系。参考保护世界多元文化和多样化自然景观的世界遗产标准与国内专项的地质公园、森林公园、水利公园等观光游览资源价值评价的指标，从风景名胜资源及其环境要素的综合整体价值系统出发，确定风景名胜资源价值具体主要表现在欣赏价值、生态价值、科学教育价值、历史价值、社会文化价值五个方面。

2.2.1 欣赏价值

欣赏价值体现风景名胜资源的自然美与艺术美、历史感与地方色彩、人类文明成就等特征给人在精神和心理上的反映与感受。这是风景名胜资源价值评价的重心，也是风景名胜资源与“景观资源”或“旅游资源”相似的共有属性特征，具体体现为能够提供可欣赏的风景名胜产品和开展游览活动。欣赏价值突出体现了风景名胜资源是各种美的有机组合体的客观情况，如江河的雄壮秀丽、山岳峡谷的险峻幽深、自然景观的奇特和动态美感、旷远、名胜古迹的悠久、民族风情的艺术美等都具有极大的吸引力，能使人得到文化修养和情操方面的陶冶和感染。

2.2.2 生态价值

生态价值体现风景名胜资源在维护项目区的生态平衡、发挥生态服务功能与环境保护方面的作用。风景名胜资源区大多属于生态环境基础稳定、代表当地典型自然环境特征的保护地，在所在区域发挥着重要的生态环境功能。风景名胜资源的自然原始特征越强，其生态服务价值越大。新建成的风景名胜区也将会在保护重要自然生态系统和珍稀物种、保护水源、维护和调节环境、保护资源、促进可持续发展等方面发挥着更大的作用。

2.2.3 科学教育价值

科学教育价值体现在依托风景名胜资源开展地质与地形地貌、气象水文、植被土壤、生态以及社会历史、文化艺术、地方风俗等方面的科学考察、科学实验、科普教育所具有的重要性。体现地质运动、自然过程、自然生态系统结构与功能的风景名胜资源以及蕴含古代知识与信息的文物古迹、历史遗迹等是自然科学、社会科学的现场研究场所和研究考察对象，同时对于培养参与者和学生的科学兴趣、扩展视野、增加知识和进行思想品德教育都具有重要意义。

2.2.4 历史价值

历史价值体现风景名胜资源所反映的生产发展、历史变迁等方面的保护、研究、观赏等价值。重大历史事件、历史遗迹和人物故事具有反映年代久远性、社会变迁、社会文化特征的价值，对于认识历史影响的作用较大。一般来说，风景名胜资源的年代越久远、保存越完好，就具有越大的历史价值。

2.2.5 社会文化价值

社会文化价值体现风景名胜资源蕴涵的社会、政治、艺术、文化、历史等对人的教化和精神影响作用，以及在社会发展状况、独特的民族文化和生产生活方式方面具有的价值及影响。常见的直接影响是带来对人民生活内容、方式和身心健康的有益作用，以及风景名胜事业发展对所在区域社会经济发展的带动作用。同时对于保护地方特色建筑和聚落、地方民俗以及推动文化交流和传承所具有的重要意义。

2.3 风景名胜资源现状调查

风景名胜资源价值评价的基础是风景名胜资源现状调查。风景名胜资源调查包括风景名胜项目区的地质与地形地貌景观、气象气候与天象景观、水体景观、生物景观与园林景观、建筑景观、胜迹与风物等八类风景名胜资源的现状调查。

2.3.1 风景名胜资源调查的目的和程序

风景名胜资源调查工作包括收集项目区的自然与社会环境的基础背景资料、景观资源相关资料、多学科综合考察或实地调查三个方面的工作内容。经过对资料进行规范细致的分析整理，可以系统全面地掌握风景名胜资源的类型、数量、分布和保护利用状况。

风景名胜资源调查的程序安排是确定调查区域→收集概况资料→制订调查提纲→系统调查和典型调查→整理分析资料。

2.3.2 风景名胜资源的调查方法

风景名胜资源的主要调查方法有：实地考察法，二手资料分析法，风景名胜资源调查表法，摄影，录像法，制作影像图法等。

风景名胜资源调查必须针对具体调查区域的特点，选择相应的调查提纲和调查方式，调查内容要涵盖重点内容或典型代表性内容。

2.3.3 风景名胜资源调查的内容

风景名胜资源调查包括对项目区地质与地形地貌景观、气象气候与天象景观、水体景观、生物景观、园林景观、建筑景观、胜迹与风物等八类风景名胜资源调查。八类风景名胜资源的调查必须做到细致、全面，调查内容如下：

1. 地质与地形地貌风景名胜资源

景观对象包括：①典型地质构造；②标准地质剖面；③自然灾变遗迹；④生物化石出产地；⑤观赏岩石和矿物；⑥山岳峡谷；⑦岩溶景观；⑧火山熔岩；⑨干旱风沙景观；⑩（黄土、丹霞）蚀余景观；⑪海蚀、海积遗迹；⑫冰川活动遗迹；⑬其他地景等。

调查内容是：

（1）调查地质与地形地貌风景名胜资源的形态、规模、色彩、动静、季节变化、环境优美程度等方面情况，确定地质与地形地貌风景名胜资源的奇特性与美感度。

（2）调查地质与地形地貌风景名胜资源在项目区内维持区域生态环境基础稳定、提供健身探险、参与体验等方面情况，确定地质与地形地貌风景名胜资源生态服务功能；调查地质与地形地貌塑造景观和优美环境情况，确定地质与地形地貌风景名胜资源的环境宜人性。

（3）调查地质与地形地貌风景名胜资源在地球环境演化过程与遗迹保存、构造特征、地质剖面意义、化石出产与自然奇观等方面情况，确定资源科学研究意义；调查地质与地形地貌类风景名胜资源的野外科学考察与环境教育用途等方面情况，确定资源的环境教育意义。

（4）调查地质与地形地貌风景名胜资源相联系的历史名人与事件、历史遗迹与文物、场所等方面情况，确定资源的年代久远性及历史保护价值。

（5）调查地质与地形地貌风景名胜资源的时代文化内涵、文化名人活动与作品意义等方面情况，确定资源的社会认同度；调查地质与地形地貌类风景名胜资源的社会影响范围与程度等方面情况，确定资源的社会文化影响力。

2. 气象气候与天象风景名胜资源

景观对象包括：①日景月景；②云景雾景；③雨景；④雾凇雨凇；⑤宝光蜃景；⑥冰雪霜露；⑦舒适气候地；⑧自然声像；⑨星相观测地；⑩其他天景等。

调查内容是：

（1）调查气象气候与天象风景名胜资源的形态、图像、色彩、宜人程度、区域气候生物景观等方面情况，确定资源的奇特性与美感度。

（2）调查气象气候与天象风景名胜资源的舒适程度与健身疗养功能、旅游产业环境塑造与地方生态产业发展等方面情况，确定气象气候与天象风景名胜资源的生态服务功能；从气象气候与天象塑造风景名胜资源方面情况确定环境宜人性。

（3）调查气象气候与天象风景名胜资源的形成因素与环境条件、特殊区域环境以及气象气候与天象开发等方面情况，确定资源的科学研究意义；调查气象气候观测、环境监测、环境保护教育等方面情况，确定资源的环境教育意义。

（4）调查气象气候与天象风景名胜资源相联系的历史事件、名人与纪念地等方面情况，确定资源的历史久远性；调查气象气候与天象风景名胜资源中的历史遗迹与文物等方面情况，确定资源的历史保护价值。

（5）调查气象气候与天象风景名胜资源相关的故事传说与时代意义等方面情况，确定资源的社会认同度；调查气象气候与天象风景名胜资源的社会影响范围、程度等方面情况，确定资源的社会影响力。

3. 水体风景名胜资源

景观对象包括：①潭泉；②溪涧；③瀑布；④江河；⑤湖泊；⑥海湾海域；⑦沼泽滩涂；⑧江河源地；⑨浪潮景观；⑩漂流河段；⑪现代冰川；⑫其他水景。

调查内容是：

（1）调查水体风景名胜资源的形状、面积、流速、深度、容量、色彩、声响、动静、季节变化等方面情况，确定资源的奇特性与美感度。

（2）调查水体生态系统的可利用水资源数量、水体纳污稀释净化功能、水产品产量等方面情况，确定资源的生态服务功能；调查水体景观塑造和水体旅游功能等方面情况，确定资源的环境宜人性。

（3）调查水体自然环境的形成演化、流水地貌、湖滨与海岸地貌的形成演化、水文环境演变与水资源循环过程等方面情况，确定资源的科学研究意义；调查水环境监测与水环境保护等方面情况，确定资源的环境教育意义。

（4）调查水体风景名胜资源相关的区域历史社会变迁、历史事件、名人与纪念地等方面情况，确定资源的历史久远性；调查水体风景名胜资源中历史遗迹与文物等方面情况，确定资源的历史保护价值。

（5）调查与水体风景名胜资源有关的文艺作品、民间故事传说与时代意义等方面情况，确定资源的社会认同度；调查水体风景名胜资源的社会影响范围、程度等方面情况，确定资源的社会影响力。

4. 生物风景名胜资源

景观对象包括：①森林；②草地草原；③荒漠；④古树名木；⑤珍稀植物群落；⑥珍稀动物栖息地；⑦特殊生物季相景观；⑧典型自然生态景观；⑨观光农园；⑩其他生物景观。

调查内容是：

（1）调查生物风景名胜资源的分布范围、面积、生物群落类型、生物群落结构层次、景观生物与独特生态现象、色彩、动静、季节变化等方面情况，确定资源的奇特性与美感度。

（2）调查生物生态系统的生物产品生产、环境调节、基础环境维持与文化塑造等方面情况，确定资源的生态服务功能；调查生物景观塑造和生物景观旅游功能等方面情况，确定资源的环境宜人性。

（3）调查生物风景名胜资源的典型生态系统形成演化、物种构成、生物多样性、生物资源开发等方面情况，确定资源的科学研究意义；调查典型生态系统保护、生态监测与科普教育等方面情况，确定资源的环境教育意义。

（4）调查与生物风景名胜资源相关区域的历史社会变迁、历史事件、名人与纪念地等方面情况，确定资源的历史久远性；调查生物风景名胜资源中的历史遗迹与文物等方面情况，确定资源的历史保护价值。

（5）调查与生物风景名胜资源有关的文艺创作作品、民间故事传说与时代意义等方面情况，确定资源的社会认同度；调查生物风景名胜资源的社会影响范围、程度等方面情况，确定资源的社会影响力。

5. 园林风景名胜资源

景观对象包括：①历史名园；②现代主题公园；③植物园；④动物园；⑤庭宅花园；⑥专类游园；⑦陵园墓园；⑧其他园景。

调查内容是：

（1）调查园林的造园风格、手法、布局、意境、景观动静变化与组合、单体景观建筑造型、材料、古树名木、区域环境特点与民族特征等方面情况，确定资源的奇特性与美感度。

（2）调查园林人为生态系统的环境调节、基础环境维持与园林文化塑造等方面情况，确定资源的生态服务功能；调查园林的自然环境与人文环境的美感等方面情况，确定资源的环境宜人性。

（3）调查园林的人文内涵、造园构思与规划布局、造园时代背景条件、造型艺术与材料选用、园林环境特点等方面情况，确定资源的科学研究意义；调查园林环境文化、园林环境结构与环境保护等方面情况，确定资源的环境教育意义。

（4）调查园林建造的年代与保存过程等情况，确定资源的历史久远性；调查园林的造园时代特征、造园艺术成就、园林环境文化等方面情况，确定资源的历史保护价值。

（5）调查园林的社会功能、艺术与科学技术成就等方面情况，确定资源的社会认同度；调查园林的社会知名度、影响范围与程度、保护力度等方面情况，确定资源的社会影响力。

6. 建筑风景名胜资源

景观对象包括：①风景建筑；②民居宗祠；③文娱建筑；④商业服务建筑；⑤宫殿衙署；⑥宗教建筑；⑦纪念性建筑；⑧工程构筑物；⑨其他建筑。

调查内容是：

（1）调查建筑的造型、结构、布局、材料、宗教设施与宗教礼制、宗教活动习俗、宗教礼仪等方面情况，确定资源的奇特性与美感度。

（2）调查建筑人为—自然生态系统的生物产品生产、环境调节、基础环境维持与建筑环境文化塑造等方面情况，确定资源的生态服务功能；调查建筑风景名胜生态系统对环境氛围的塑造、建筑与环境的相融性与相互映衬效果等方面情况，确定资源的环境宜人性。

（3）调查建筑的建造时代背景条件、科学技术成就、艺术手法、实用功能、民族特征与区域建筑环境特点等方面情况，确定资源的科学研究意义；调查典型建筑与文物保护、建筑环境文化等方面情况，确定资源的环境教育意义。

（4）调查建筑的建造年代与社会时代背景等方面情况，确定资源的历史久远性；调查建筑反映的历史环境条件与历史变迁、建筑文化的扩散与交流、宗教传播与发展等方面情况，确定资源的历史保护价值。

（5）调查建筑的社会功能、科学技术成就等方面情况，确定资源的社会认同度；调查建筑的社会知名度、影响范围与程度等方面情况，确定资源的社会影响力。

7. 胜迹风景名胜资源

景观对象包括：①遗址遗迹；②摩崖题刻；③石窟；④雕塑；⑤纪念地；⑥科技工程；⑦游娱文体场地；⑧其他胜迹。

调查内容是：

（1）调查胜迹的背景环境特点、胜迹规模、历史典故、文化内涵积淀、历史事件遗迹、历史名人活动与传世作品、古迹、传统祭拜礼仪、利用程度等方面情况，确定资源的奇特性与美感度。

（2）调查胜迹项目区生态系统的生物产品生产、环境调节、基础环境维持与环境文化方面情况，确定资源的生态服务功能；调查胜迹项目区的自然环境与人文环境的美感等情况，确定资源的环境宜人性。

（3）调查胜迹的考古发现、时代社会经济条件、艺术与科学技术成就、古树名木与原始生物群落保存等方面情况，确定资源的科学研究意义；调查胜迹的环境保护与环境文化影响等方面情况，确定资源的环境教育意义。

（4）调查胜迹的起源年代、流传时间与保护历史等情况，确定资源的历史久远性；调查胜迹的考古意义、历史遗迹发现情况、自然与文化遗产的分类分级等方面情况，确定资源的历史保护价值。

（5）调查胜迹的社会尊崇、祭拜传统等方面情况，确定资源的社会认同度；调查胜迹的社会知名度、影响范围与程度、保护力度等方面情况，确定资源的社会影响力。

8. 风物风景名胜资源

景观对象包括：①节假庆典；②民族民俗；③宗教礼仪；④神话传说；⑤民间文艺；⑥地方人物；⑦地方物产；⑧其他风物。

调查内容是：

（1）调查风物的社会习俗活动的流传年代、时间、地点、规模、物品、可参与体验程度、民族与区域特点，以及社会文化的活动形式、传习方式与文化感染力等方面情况，确定资源的奇特性与美感度。

（2）调查与项目区域环境特征密切相关的社会民俗文化情况，确定资源的生态服务功能；调查项目区的自然环境美与人文环境美等方面情况，确定资源的环境宜人性。

（3）调查风物的民族文化内涵、民俗与人文内涵等方面情况，确定资源的科学研究意义；调查风物对环境保护文化内涵与环境文化习俗的影响等方面情况，确定资源的环境教育意义。

（4）调查风物的流传年代、传习时间等情况，确定资源的历史久远性；调查风物对保护传统人文环境、协调民族文化多样性与自然环境等方面情况，确定资源的历史保护价值。

（5）调查风物的时代意义、物质与非物质文化遗产认定、社会传统尊崇等方面情况，确定资源的社会认同度；调查风物的社会吸引力、知名范围与扩散传播程度等方面情况，确定资源的社会影响力。

各类风景名胜资源的调查对象与调查内容参见表2-1。

表2-1　风景名胜资源和景观调查表

资源类型	资源亚类	景观对象	风景名胜资源调查内容
自然景观资源	地质与地形地貌景观	①典型地质构造；②标准地质剖面；③自然灾变遗迹；④生物化石出产地；⑤观赏岩石和矿物；⑥山岳峡谷；⑦岩溶景观；⑧火山熔岩；⑨干旱风沙景观；⑩（黄土、丹霞）蚀余景观；⑪海蚀、海积遗迹；⑫冰川活动遗迹；⑬其他地景	（1）从资源的形态、规模、色彩、动静、季节变化、环境优美程度等方面调查评价风景名胜资源的奇特性与观赏性 （2）从项目区内维持区域生态环境基础稳定、提供健身探险、参与体验等方面调查评价生态服务功能，从地质与地形地貌的塑造和优美环境等方面调查评价环境宜人性 （3）从地球环境演化过程与遗迹保存、构造特征、地质剖面意义、化石出产与自然奇观等方面调查评价科学研究意义，从野外科学考察与环境教育用途调查评价环境教育意义 （4）从相关的历史名人、事件与场所等方面调查评价年代久远性，从历史遗迹与文物调查评价历史保护价值 （5）从相关的时代文化内涵、文化名人活动与作品意义调查评价社会认同度，从社会影响的范围与程度调查评价社会文化影响力
	气象气候与天象景观	①日景月景；②云景雾景；③雨景；④雾凇雨凇；⑤宝光蜃景；⑥冰雪霜露；⑦舒适气候地；⑧自然声像；⑨星相观测地；⑩其他天景	（1）从形态、图像、色彩、宜人程度、区域气候生物景观等方面调查评价奇特性与观赏性 （2）从舒适程度与健身疗养功能、旅游产业环境塑造与地方生态产业发展等方面调查评价资源的生态服务功能，从气象气候与天象塑造风景名胜资源方面调查评价环境宜人性 （3）从形成因素与环境条件、特殊区域环境以及气象气候与天象开发等方面调查评价科学研究意义，从气象气候观测、环境监测、环境保护教育等方面调查评价环境教育意义 （4）从相关的历史事件、名人与纪念地等方面调查评价历史久远性，从历史遗迹与文物调查评价历史保护价值 （5）从相关的故事传说与时代意义调查评价社会认同度，从气象气候与天象资源的社会影响范围、程度调查评价社会影响力

续表2-1

资源类型	资源亚类	景观对象	风景名胜资源调查内容
自然景观资源	水体景观	①潭泉；②溪涧；③瀑布；④江河；⑤湖泊；⑥海湾海域；⑦沼泽滩涂；⑧江河源地；⑨浪潮景观；⑩漂流河段；⑪现代冰川；⑫其他水景	（1）从资源的形状、面积、流速、深度、容量、色彩、声响、动静、季节变化等方面调查评价奇特性与观赏性 （2）从水体生态系统的可利用水资源数量、水体纳污稀释净化功能、水产品产量等方面调查评价生态服务功能，从水体景观塑造和水体旅游功能等方面调查评价环境宜人性 （3）从水体自然环境的形成演化、流水地貌、湖滨与海岸地貌的形成演化、水文环境演变与水资源循环过程等方面调查评价科学研究意义，从水环境监测与水环境保护等方面调查评价环境教育意义 （4）从相关的历史社会变迁、历史事件、名人与纪念地等方面调查评价历史久远性，从历史遗迹与文物调查评价历史保护价值 （5）从相关的文艺作品、民间故事传说与时代意义调查评价社会认同度，从社会影响范围、程度调查评价社会影响力
	生物景观	①森林；②草地草原；③荒漠；④古树名木；⑤珍稀植物群落；⑥珍稀动物栖息地；⑦特殊生物季相景观；⑧典型自然生态景观；⑨观光农园；⑩其他生物景观	（1）从资源的分布范围、面积、生物群落类型、生物群落结构层次、景观生物与独特生态现象、色彩、动静、季节变化等方面调查评价奇特性与观赏性 （2）从生物生态系统的生物产品生产、环境调节、基础环境维持与文化塑造等方面调查评价生态服务功能，从生物景观塑造和生物景观旅游功能等方面调查评价环境宜人性 （3）从典型生态系统的形成演化、物种构成、生物多样性、生物资源开发等方面调查评价科学研究意义，从典型生态系统保护、生态监测与科普教育等方面调查评价环境教育意义 （4）从相关的历史社会变迁、历史事件、名人与纪念地等方面调查评价历史久远性，从生物风景名胜资源中的历史遗迹与文物调查评价历史保护价值 （5）从相关的文艺创作作品、民间故事传说与时代意义调查评价社会认同度，从社会影响范围、程度调查评价社会影响力

续表 2-1

资源类型	资源亚类	景观对象	风景名胜资源调查内容
人文景观资源	园林景观	①历史名园；②现代主题公园；③植物园；④动物园；⑤庭宅花园；⑥专类游园；⑦陵园墓园；⑧其他园景	(1) 从园林的造园风格、手法、布局、意境、景观动静变化与组合、单体景观建筑造型、材料、古树名木、区域环境特点与民族特征等方面调查评价其特性与观赏性 (2) 从园林人为生态系统的环境调节、基础环境维持与园林文化塑造等方面调查评价生态服务功能，从园林风景名胜资源的自然环境与人文环境的美感调查评价环境宜人性 (3) 从园林的人文内涵、造园构思与规划布局、造园时代背景条件、造型艺术与材料选用、园林环境特点等方面调查评价科学研究意义，从园林环境文化、园林环境结构与环境保护等方面调查评价环境教育意义 (4) 从园林建造的年代与保存过程情况调查评价历史久远性，从园林的造园时代特征、造园艺术成就、园林环境文化内涵等方面调查评价历史保护价值 (5) 从园林的社会功能、艺术与科学技术成就等方面调查评价社会认同度，从园林的社会知名度、影响范围与程度、保护力度等方面调查评价社会影响力
	建筑景观	①风景建筑；②民居宗祠；③文娱建筑；④商业服务建筑；⑤宫殿衙署；⑥宗教建筑；⑦纪念性建筑；⑧工程构筑物；⑨其他建筑	(1) 从建筑的造型、结构、布局、材料、宗教设施与宗教礼制、宗教活动习俗、宗教礼仪等方面调查评价奇特性与观赏性 (2) 从人为的自然生态系统的生物产品生产、环境调节、基础环境维持与建筑环境文化塑造等方面调查评价生态服务功能，从建筑风景名胜生态系统对环境氛围的塑造、建筑与环境的相融性与相互映衬效果调查评价环境宜人性 (3) 从建造时代背景条件、科学技术成就、艺术手法、实用功能、民族特征与区域建筑环境特点等方面调查评价科学研究意义，从典型建筑与文物保护、建筑环境文化等方面调查评价环境教育意义 (4) 从建造年代与社会时代背景等方面反映历史久远性，从建筑反映的历史环境条件与历史变迁、建筑文化的扩散与交流、宗教传播与发展等方面调查评价历史保护价值 (5) 从建筑的社会功能、科学技术成就等方面调查评价社会认同度，从建筑的社会知名度、影响范围与程度等方面调查评价社会影响力

续表 2-1

资源类型	资源亚类	景观对象	风景名胜资源调查内容
人文景观资源	胜迹	①遗址遗迹；②摩崖题刻；③石窟；④雕塑；⑤纪念地；⑥科技工程；⑦游娱文体场地；⑧其他胜迹	（1）从胜迹的背景环境特点、胜迹规模、历史典故、人文教化意义、文化内涵积淀、历史事件遗迹、历史名人活动与传世作品、古迹、传统祭拜礼仪等方面调查评价奇特性与观赏性 （2）从胜迹项目区生态系统的提供生物产品、环境调节、基础环境维持与环境文化方面调查评价生态服务功能，从胜迹项目区的自然环境与人文环境的美感调查评价环境宜人性 （3）从胜迹的考古发现、时代社会经济条件、艺术与科学技术成就、古树名木与原始生物群落保存等方面调查评价科学研究意义，从胜迹的环境保护与环境文化影响调查评价环境教育意义 （4）从胜迹的起源年代、流传时间与保护历史调查评价历史久远性，从胜迹的考古意义、历史遗迹发现情况、自然与文化遗产的分类分级等方面调查评价历史保护价值 （5）从胜迹的社会尊崇、祭拜传统调查评价社会认同度，从胜迹的社会知名度、影响范围与程度、保护力度等方面调查评价社会影响力
	风物	①节假庆典；②民族民俗；③宗教礼仪；④神话传说；⑤民间文艺；⑥地方人物；⑦地方物产；⑧其他风物	（1）从社会习俗活动的流传年代、时间、地点、规模、物品、可参与体验程度、民族与区域特点，以及社会文化的活动形式、传习方式与文化感染力等方面调查评价其特性与观赏性 （2）从项目区区域环境特征密切相关的社会民俗文化调查评价生态服务功能，从项目取得自然环境美与人文环境美调查评价环境宜人性 （3）从民族文化内涵、民俗与人文内涵调查评价科学研究意义，从环境保护文化内涵与环境文化习俗调查评价其环境教育意义 （4）从流传年代、传习时间调查评价历史久远性，从保护传统人文环境、协调民族文化多样性与自然环境保护等方面调查评价历史保护价值 （5）从时代意义、物质与非物质文化遗产认定、社会传统尊崇等方面调查评价社会认同度，从社会吸引力、知名范围与扩散传播程度等方面调查评价社会影响力

2.4 风景名胜资源评价指标

2.4.1 风景名胜资源评价指标

风景名胜资源价值可以通过一组或一系列特征指标来综合反映和体现，同时风景名胜资源评价指标可以综合体现风景名胜资源保护与开发意义。制订科学、客观、适当的指标体系是评价风景名胜资源价值的手段。风景名胜资源评价指标要根据资源评价的目的与资源调查内容选取。主要调查内容可以形成基础评价指标，多个基础评价指标可再合成为目的指标，通过目的指标直接估计资源的各类价值。我国风景名胜多为融自然景观和人文景观为一体，具有多重价值属性。

风景名胜资源评价的基础指标有：奇特性、美感度、环境服务功能、环境宜人性、科学研究意义、环境教育意义、历史久远性、历史保护价值、社会认同度和社会影响力。

风景名胜资源的目的指标有：欣赏性、生态保护与可利用性、科学教育能力、历史性、社会文化性等五大类，通过这五类指标评估风景名胜资源的五类价值。

2.4.2 风景名胜资源价值评价指标的构成与分级

1. 欣赏性

代表自然景观资源的整体规模、形象与气势、连接组合与变化、线条、色彩、动静、音响等多种美学要素的有机组合及多样化形式，以及人文景观资源蕴含的社会历史遗迹、政治宗教意义、社会观念、文化艺术成就、民族文化与特色、科学技术成就等体现的风景名胜资源吸引能力。欣赏性指标下分奇特性、美感度两个次级指标。

(1) 奇特性。风景名胜资源具有鲜明的独特、稀有特征，能够产生较大吸引能力。根据风景名胜资源奇特程度的相对高低，分为极高、高、较高、一般、较小共五级。

(2) 美感度。指风景名胜资源的自然美、艺术美及与其环境有机组合所表现的美感影响和程度。美感度分为极高、高、较高、一般、较小共五级。

2. 生态保护与可利用性

代表风景名胜资源区生态系统的自然保护价值状况以及综合生态服务功能的属性。生态保护与可利用性指标下分生态服务功能与环境宜人性两个次级指标。

(1) 生态服务功能。反映生态系统提供生物产品、调节环境、维持基础生态环境等方面的功能。生态服务功能分为极高、高、较高、一般、较小共五级。

(2) 环境宜人性。反映生态系统提供健身康体、疗养度假和舒适自然与人文环境等旅游功能的高低。环境宜人性分为极高、高、较高、一般、较小共五级。

3. 科学教育能力

代表风景名胜资源所具有的开展科学研究与科普教育的能力。科学教育能力指标下分科学研究意义和环境教育意义两个次级指标。

(1) 科学研究意义。代表风景名胜资源的科学研究内容与内涵、意义特征。科学研究意义分为极高、高、较高、一般、较小五级。

（2）环境教育意义。代表风景名胜资源在环境监测、环境保护以及野外教学实习等方面的用途特征。环境教育意义分为极高、高、较高、一般、较小五级。

4. 历史性

代表风景名胜资源的历史悠久性、独特性、典型意义与保存完好程度等特征。历史性指标下分历史悠久性和历史保护价值两个次级指标。

（1）历史久远性。反映风景名胜资源的时代久远程度。历史久远性分为极高、高、较高、一般、较小五级。

（2）历史保护价值。反映历史遗迹、社会变迁、政治宗教、历史事件与名人、艺术创造、科学技术成就等文物与纪念物的品位、保护价值的高低程度。历史保护价值分为极高、高、较高、一般、较小五级。

5. 社会文化性

代表风景名胜资源的社会认可程度及影响的地域空间范围或经常性影响人群的分布范围。社会文化性指标下分社会影响力与认同度两个次级指标。

（1）社会认同度。风景名胜资源对于人的教化和精神影响作用的社会认可程度。社会认同度分为极高、高、较高、一般、较小五级。

（2）社会影响力。风景名胜资源影响的地域空间范围大小或经常性影响人群分布范围的大小程度。社会影响力分为极高、高、较高、一般、较小五级。

2.5　风景名胜资源价值评价方法

风景名胜资源价值评价采用定性评价和定量评价两类方法。根据风景名胜项目区的资源调查结果和评价指标，可由专业人员和公众分别开展风景名胜资源价值评估，以减少评估差异，风景名胜资源价值评估宜采用定性评价与定量评价相结合的综合评价方法。

2.5.1　定性评价方法

定性评价方法是风景名胜资源价值评价中最常用的方法，是指评价者运用自己的知识与经验，按照一定的风景名胜资源价值评价指标，对项目区风景名胜资源（包括物质景观和非物质景观）价值进行综合分析和比较，从整体上用文字来描述，把握风景名胜资源特征和价值，并形成对资源价值的判断结果。其结果带有较强的主观性特征，个体的评估结果差异较大。典型定性评价方法有三大价值（历史文化、艺术观赏、科学考察）、三大效益（经济效益、社会效益、环境效益）、六大条件（地理位置和交通条件、旅游资源地域组合条件、旅游容量条件、投资条件、施工条件、旅游客源市场条件）等评价方法。

2.5.2　定量评价方法

定量评价方法可用于单项或特种风景名胜资源价值的评估，如高山滑雪场、洞穴、海滨浴场、区域度假气候等风景名胜资源价值的评估。其特点是在分析风景名胜资源价值特征属性的基础上，运用多个专业化的、可定量的技术评价指标，根据一定的评价标准和评价模型，用全面系统的方法获得有关风景名胜资源价值的一个综合定量的结果，其结果直观并具有可比性。

对一般风景名胜资源的评价可以采取定性分析与定量分析相结合的综合评价办法。

2.5.3 风景名胜资源价值综合评价的主要步骤

（1）第一步：建立指标权重系统。

在风景名胜资源价值综合评价中，给定评价指标的恰当权重非常重要，因其直接影响到评价结果，它是对风景名胜资源价值进行量化评价所必须满足的一个条件。通常采用直接打分和间接打分两种形式确定各评价指标权重值。

①直接打分。可请地理、建筑、经济、环境、自然保护、农林牧业、水利、旅游管理等行业专家（专家规模以20～30人为宜），直接征询其各评价指标的权重值，然后采用所有专家的平均意见为评价指标权重值；此法亦可分为几轮进行，最终得出评价指标结果。

②间接打分。即不要求专家评定出评价指标的权重值，而要求就相对重要性进行比较，给出定性的结论，然后将结果量化，运用数学方法（层次分析法）处理后获得各评价指标的权重值。

（2）第二步：确定评价指标的分级分值。

必须遵循一个统一的标准，逐一利用每一个评价指标确定对风景名胜资源价值的影响程度，进行定量或模糊等级划分，如极高、很高、较高、一般等级别。每一等级都有明确的特征。评价指标赋值可用连续的实数［0，n］来表示单个指标分值的变化范围，其间按等级给予不同分值。通常取值区间为0～10。

（3）第三步：计算评价分值。

风景名胜资源价值单项评价得分是各单项指标的权重与该项指标的等级分值的乘积，各单项合计即为评价总分。

具体方法参考表2-2和表2-3。

表2-2 风景名胜资源价值综合评价指标的分级分值表

一级评价指标（Z_i）	二级评价指标（Z_{ij}）	权重值Σ $W_j=1$	评价等级与分值（V_j）				
			极高（V_1）	高（V_2）	较高（V_3）	一般（V_4）	较小（V_5）
欣赏特征（Z_1）	奇特性（Z_{11}）	W_1	10	9～7	6～4	3～2	1～0
	美感度（Z_{12}）	W_2	10	9～7	6～4	3～2	1～0
自然生态特征（Z_2）	生态服务功能（Z_{21}）	W_3	10	9～7	6～4	3～2	1～0
	环境宜人性（Z_{22}）	W_4	10	9～7	6～4	3～2	1～0

续表 2-2

一级评价指标（Z_i）	二级评价指标（Z_{ij}）	权重值Σ $W_j=1$	评价等级与分值（V_j）				
			极高（V_1）	高（V_2）	较高（V_3）	一般（V_4）	较小（V_5）
科学教育能力（Z_3）	科学研究意义（Z_{31}）	W_5	10	9～7	6～4	3～2	1～0
	环境教育意义（Z_{32}）	W_6	10	9～7	6～4	3～2	1～0
历史特征（Z_4）	历史久远性（Z_{41}）	W_7	10	9～7	6～4	3～2	1～0
	历史保护价值（Z_{42}）	W_8	10	9～7	6～4	3～2	1～0
社会文化特征（Z_5）	社会认同度（Z_{51}）	W_9	10	9～7	6～4	3～2	1～0
	社会影响力（Z_{52}）	W_{10}	10	9～7	6～4	3～2	1～0

表 2-3　风景名胜资源价值综合评价分级表

评价参数	单项指标评价得分（S_j）	综合评价得分（S）	综合分值范围	综合评价分级	评价结果
计算分级	为各项指标分级得分与其指标权重的乘积：$S_j=V_j\times W_j$	为各单项指标评价得分之和：$S=\sum V_j\times W_j$	>8.1	极高	具有珍贵、独特或奇迹的特征，有世界遗产级自然保护或文化保护价值以及开发价值
			8.0～6.1	高	具有宝贵或罕见的特征，在国内外著名和有国际意义，有国家重点级自然保护或文化保护价值以及开发价值
			6.0～4.1	较高	具有重要或特殊的特征，在省内外闻名和有国内意义，有省级重点自然保护或文化保护价值以及开发价值
			4.0～2.1	一般	具有一般的代表特征，有地市级自然保护或文化保护价值以及开发价值或游览辅助作用
			2.0～0.1	较小	具有较小的地方意义，有较小的自然保护或文化保护价值以及开发价值或构景作用

2.6 风景名胜资源评价结论

采用10分制，风景名胜资源价值评价的结论一般分为极高、高、较高、一般、较小等5级。这五个级别可与《风景名胜区规划规范》GB 50298—1999规定的五个等级对应。

2.6.1 风景名胜资源价值评价的结论

极高价值（特级）的风景名胜资源：具有珍贵、独特或奇迹的特征，有世界遗产级自然保护或文化保护价值，具有巨大的潜在开发价值。总评分值在8.1～10。

高价值（一级）的风景名胜资源：具有名贵或罕见的特征，在国内外著名和有国际意义，有国家重点级自然保护或文化保护价值，具有较大的潜在开发价值。总评分值在6.1～8.0。

较高价值（二级）的风景名胜资源：具有重要或特殊的特征，在省内外闻名和有国内意义，有省级重点自然保护或文化保护价值，具有潜在开发价值。总评分值在4.1～6.0。

一般价值（三级）的风景名胜资源：具有一般的代表特征，有地市级自然保护或文化保护价值，只具有一般的开发价值或作游览辅助作用。总评分值在2.1～4.0。

较小价值（四级）的风景名胜资源：具有较小的地方意义，有较小的自然保护或文化保护价值，一般只有构景作用。总评分值在0.1～2.0。

2.6.2 风景名胜资源价值评价的基准是国内外同类资源

风景名胜资源等级评价必须有一定的基准。通常情况下，可参照国内外同类资源进行比对，其中还要考虑景区的规模、环境容量、游客容量、稀有度、知名度、利用条件等因素。

2.7 旅游开发战略与风景名胜资源价值评价的关系

旅游开发战略与风景名胜资源价值评价存在着紧密的关系。围绕风景名胜资源“永续利用”的工作核心，用科学的、发展的、适应时代潮流的思路去处理风景名胜资源的保护、传承与开发的关系，尤其是妥善处理风景名胜资源与旅游开发的相互适应及冲突问题。

（1）风景名胜资源不完全等同于旅游资源或景观资源，通过旅游开发体现的经济属性只是风景名胜资源的一个属性。

（2）在风景名胜资源价值评价的基础上，对以保护价值为主的风景名胜资源，遵照《风景名胜区条例》“保护优先，开发服从保护的原则”，制订资源保护的方案与措施。

（3）对具有潜在开发价值的风景名胜资源，通过风景名胜资源价值评价，可以“突出特色”，明确风景名胜资源价值的等级和质量状况，在“维护国家风景名胜资源”的前提下，综合权衡风景名胜资源的价值，为制订旅游战略规划的目标、方向、重点、产品定位、开发时序和资源保护方案等提供依据。

（4）通过规划一定的旅游基础设施条件和旅游服务条件，使风景名胜资源与市场、旅游者有机地结合起来，把潜在的风景名胜资源价值转化为现实价值，推动风景名胜事业的发展，提供更多、更好的游览、休闲场所，为当代人和后代提供科学和艺术的启迪，道德和情操的陶冶以及历史和文化的爱国主义教育素材，改善环境，取得项目规划预期的社会、经济、生态效益。

（5）在传统的风景名胜观光游览的基础上，要突出风景名胜资源的科学教育价值，充实和充分发挥风景名胜资源的科学教育能力，以提高风景名胜资源的利用水平。

（6）风景名胜资源所在区域的生态系统、物种是风景名胜资源存在和旅游开发的基础条件，需要突出风景名胜区内的生态环境和生物多样性保护，防治污染和公害，为风景名胜区存在和成长提供坚实的基础。凡是风景名胜区内的珍稀物种、珍稀生物种群和典型生态系统都要划定保护区范围，实行严格的就地保护。严格控制和管理旅游环境容量。

风景名胜资源价值评价案例

案例一

昆明石林国家级风景名胜区位于中国云南省石林彝族自治区境内，分布区面积400多km^2，距昆明市中心86km。距石林县城鹿阜镇5km。石林风景名胜区是1982年国务院审定公布的第一批44个国家级风景名胜区之一，属于保护岩溶地貌景观为主的保护型风景名胜区。目前，石林是云南旅游的知名品牌和主要旅游目的地，石林年接待中外游客120万~150万人次。

根据云南方城规划设计事务所和石林风景名胜区管理局制定的云南石林风景区（2002—2020）总体规划修编，参考有关对石林风景名胜资源价值的资料和论述，按照风景名胜资源价值评价的欣赏价值、生态价值、科学教育价值、历史价值、社会文化价值五类指标，对石林风景名胜资源价值进行评价。具体情况见下表。

云南石林风景名胜资源价值综合评价表

评价指标	一级指标特征	二级评价指标	评价得分	指标权重	加权重评价得分	综合评价得分	总分
欣赏价值	路南石林的造型独特、形态各异的，“石林”魅力和其幽静环境有很强的美学吸引力，众多的湖泊增添了石林的美丽景色，幽深、洁净的水面衬影出多姿多态的石柱、古城堡状山原坡和山谷景观，公园内有选择的人工植被、多种自然景观、少数民族朴素的传统耕作方式的结合，增强了路南石林的欣赏价值，这是其他地方的石林所没有的	奇特性	10	0.1	1.0	2.0	8.2
		美感度	10	0.1	1.0		
生态价值	石林地处珠江流域源头区，是石林县坝区城镇的水源地。石林植被由滇中岩溶高原植被和地方乡土物种所组成，可作为物种	生态服务功能	7	0.1	0.7	1.4	8.2

续表

评价指标	一级指标特征	二级评价指标	评价得分	指标权重	加权重评价得分	综合评价得分	总分
生态价值	就地保护地之一。石林风景名胜区能有效地将典型地质地貌景观和遗迹的保护利用与水源林、地带性植被、乡土物种的保护与恢复重建相结合，在区域生态环境恢复与生态重建上发挥重要作用	环境宜人性	7	0.1	0.7	1.4	8.2
科学教育价值	①石林地质公园是石林术语的源地，早于任何其他的岩溶术语。路南地区包含所有的石林喀斯特的典型类型：塔状、浑圆古堡状、裸露型剑状石林，是世界唯一的有几种刃脊峻峭形态的剑状石林喀斯特产出的地点。集中了微观溶蚀形态到中观溶蚀形态的溶痕系列 ②石林岩溶形态复杂，类型多样，发育久远，发育系列完整，具有自早二叠世起的多期、多样的古环境的发育类型和残留形态，各期石林岩溶的空间共存与分离源于复杂独特的发育保存机制，反映这种机制的各种地质遗迹在石林地质公园内得到完整地保留，是研究石林岩溶发育与保存机制的代表地点之一 ③石林地质公园的石林岩溶以其形态复杂、类型多样、发育历史久远、经历了多样的古环境，保存与发育机制较独特，区别于中国（湖南洛塔、四川兴文等）石林岩溶和世界其他剑状石林岩溶及类石林岩溶。	科学研究意义	10	0.1	1.0	2.0	
	石林地质公园特有的完整的石林岩溶地貌系列，岩溶洞穴地貌、地质史迹、植被群落系列，民俗风情、民族文化等在其便捷通达的交通条件和完好的开发管理下，吸引了上千万国内、国际旅游者。石林地质公园包含的地球演化、地质地貌形成过程、岩溶区特有的生态系统特性、人地协调的资源利用模式等科学管理知识和经验通过石林旅游观光和考察等活动得到传播。这在目前发现和开发的所有石林岩溶类保护区和公园中，石林地质公园是独一无二的。这显示了它的教育科普价值	环境教育意义	10	0.1	1.0		

续表

评价指标	一级指标特征	二级评价指标	评价得分	指标权重	加权重评价得分	综合评价得分	总分
历史价值	石林地区的新旧石器遗址遗迹、青铜器遗址遗迹，对探讨人类活动选址和云南地方文化与中原文化等的交流有一定作用	历史久远性	5	0.1	0.5	1.0	8.2
		历史保护价值	5	0.1	0.5		
社会文化价值	石林地区居住有较多的彝族支系，如撒尼、阿细、黑彝等，保留完好的彝族聚落地、生活习俗等对于研究彝族文化渊源、传承民族文化发挥着作用。石林地区彝族的语言文字、文学作品很早就受到中外学者的注意，具有很高价值。由于路南石林的开发，显著改善了当地的基础设施和通达条件，石林旅游业改变了岩溶山地的传统资源利用方式，石林旅游在区域发展和产业结构调整上发挥了重要作用	社会认同度	9	0.1	0.9	1.8	
		社会影响力	9	0.1	0.9		

石林风景名胜资源价值评分为8.2，总体评价结果是“极高”，具有珍贵、独特或奇迹的特征，有世界遗产级自然保护或文化保护价值以及开发价值。

在石林风景名胜资源的欣赏价值、生态价值、科学教育价值、历史价值和社会文化价值五类指标的评分中，以欣赏价值和科学教育价值的评分最高，都为10分；其次是社会文化价值，评价为9分。这表现了石林风景名胜资源的构成基础是岩溶地貌自然景观，其中蕴含有“石林”独特复杂发育机制及其自然环境演变历史的科学内涵，并且自然景观和人文景观融为一体，拥有少数民族彝族支系——撒尼族的民族文化和民俗风情，观赏价值和科学教育价值极高，尤其是世界罕见的石林自然奇观具有世界意义。

案例二

被誉为“植物王国”和“动物王国”的中国云南西双版纳自治州位于热带北缘和中国向中南半岛延伸的过渡地带。面积1.9万km^2，分布有20余个自然景观与人文景观为主或叠合的风景区。1958年，国家划定西双版纳州为国家级自然保护区，在1982年批准成为国务院审定公布的第一批44个国家级风景名胜区之一，西双版纳国家级风景名胜区属于保护热带雨林为主的保护型风景名胜区。参考“西双版纳旅游开发研究”报告，按照风景名胜资源价值评价的欣赏价值、生态价值、科学教育价值、历史价值、社会文化价值五类指标，对西双版纳风景名胜资源价值进行评价。具体情况见下表。

云南西双版纳风景名胜资源价值综合评价表

<table>
<tr><th>评价指标</th><th>一级指标特征</th><th>二级评价指标</th><th>评价得分</th><th>指标权重</th><th>加权重评价得分</th><th>综合评价得分</th><th>总分</th></tr>
<tr><td rowspan="2">欣赏价值</td><td rowspan="2">西双版纳是我国的“植物王国”，植物类型复杂、千姿百态，充满了神秘色彩。具有特异的热带珍稀植物、多层次植物群落、高大的望天树林、四季常绿的热带花卉、“老茎生花”的奇异花草、木质藤本植物、“板根”、“绞杀植物”、“附生和半附生植物”、“独树成林”的榕树、茶王树等；西双版纳野生动物种类繁多、种群数量庞大，分布着我国特有和独有的亚洲象、印度野牛、绿孔雀、白颊长臂猿、犀鸟等珍贵野生动物，其他还分布具有欣赏价值的猴科、猫科、两栖爬行类、鸟类、鱼类和昆虫等。西双版纳是13个谜之聚集地，各个民族都具有各具特色的民族民俗文化传统，各民族的生产、饮食、建筑、文化、歌舞、游艺、婚俗、服饰、祭祀及其他民俗风情构成了有很高欣赏价值的风景名胜资源。西双版纳气候条件优越，个别高于35℃的酷热天很少，常年无冬，四季适游。地热资源丰富，矿泉热水的医疗价值很高。西双版纳风景名胜资源以热带雨林和民族风情为主体，融合自然景观和人文景观，构成了优美独特的西双版纳风情，具有很高的欣赏价值</td><td>奇特性</td><td>10</td><td>0.1</td><td>1.0</td><td rowspan="2">2.0</td><td rowspan="4">8.0</td></tr>
<tr><td>美感度</td><td>10</td><td>0.1</td><td>1.0</td></tr>
<tr><td rowspan="2">生态价值</td><td rowspan="2">西双版纳是我国热带生态系统保存最完整的地区，保持有我国面积最大、原始风貌最完整的热带雨林、热带季雨林、南亚热带季风常绿阔叶林、南亚热带季风落叶阔叶林、热带暖性针叶林和竹林，以及我国面积第二大的橡胶热带经济林，另外还有种类居全国首位的南药和热带花卉。西双版纳是我国保留热带珍稀动物最丰富的地区之一，野象、孔雀成为西双版纳的象征。西双版纳以热带原始森林为主体的生态系统与环境之间保持着相对平衡，具有极高的保护价值</td><td>生态服务功能</td><td>10</td><td>0.1</td><td>1.0</td><td rowspan="2">2.0</td></tr>
<tr><td>环境宜人性</td><td>10</td><td>0.1</td><td>1.0</td></tr>
</table>

续表

<table>
<tr><th>评价指标</th><th>一级指标特征</th><th>二级评价指标</th><th>评价得分</th><th>指标权重</th><th>加权重评价得分</th><th>综合评价得分</th><th>总分</th></tr>
<tr><td rowspan="2">科学教育价值</td><td rowspan="2">西双版纳的传统社会变迁、民间歌舞、艺术绘画、民族节日、宗教塔寺、民族村寨、竹楼民居、婚宴习俗、民族服饰、民族饮食、民族风情等构成了独具区域特色的民族文化，在国内外享有盛誉。西双版纳地区是东南亚区系、印缅区系、我国华南与西南地区等几个不同自然区域生物区系的交汇地带，是我国动植物资源最富集的地区，构成了独特奇异的生物群落组合。西双版纳地区的优越热带生态环境提供了理想的动植物生息繁衍场所，被中外科学家誉为“热带种质资源的基因库”，目前已成为我国研究热带生态系统、引种栽培和探索利用热带生物资源的重要基地。在民族史学、医药学、法学、神学、民俗学、心理学、文学、植物学、生物学、地质学、地理学、建筑学等社会科学和自然科学领域，具有开展科学考察研究、科学教育等的很高价值</td><td>科学研究意义</td><td>10</td><td>0.1</td><td>1.0</td><td rowspan="2">2.0</td><td rowspan="5">8.0</td></tr>
<tr><td>环境教育意义</td><td>10</td><td>0.1</td><td>1.0</td></tr>
<tr><td rowspan="2">历史价值</td><td rowspan="2">西双版纳传统文化源远流长，历史遗产内容广泛。保留在佛寺的“贝叶经”涉及天文、历法、地理、历史、法律、语言、文学、体育、医药、农事等各个领域的历史文化遗产内容。由于各少数民族社会发展不平衡，保留有社会发展各阶段的残余形态，其中布朗、基诺、佤、景颇以及克木人还处于原始社会末期向阶级社会过渡的民族村社阶段，仍保留有原始公社制残余，傣、哈尼、拉祜等民族已进入封建社会，显现了一部活的社会发展史</td><td>历史久远性</td><td>6</td><td>0.1</td><td>0.6</td><td rowspan="2">1.2</td></tr>
<tr><td>历史保护价值</td><td>6</td><td>0.1</td><td>0.6</td></tr>
<tr><td>社会文化价值</td><td>西双版纳是我国唯一的傣族自治州，拥有13个少数民族，是傣族、基诺、布朗三种民族的主要聚集地。每一个民族都具有各自的浓郁而独特的民族歌舞、婚宴习俗和传统节日等民族风情。如傣族“泼水节”、景颇族“木脑纵歌”、拉祜族</td><td>社会认同度</td><td>4</td><td>0.1</td><td>0.4</td><td>0.8</td></tr>
</table>

续表

评价指标	一级指标特征	二级评价指标	评价得分	指标权重	加权重评价得分	综合评价得分	总分
社会文化价值	“春节”、基诺族“过年”等，贯穿于节日的丰富的民间歌舞有傣族孔雀舞、象脚鼓舞、鱼舞和刀舞；拉祜族的芦笙舞和基诺族的大鼓舞；布朗族的蜡条舞和园圆舞；以及哈尼族的采茶舞和竹筒舞。各民族的造型风格各异的、“干阑式”竹建筑、傣族和其他一些民族所信仰的小乘佛教的佛教建筑和佛教活动、鲜艳优美的民族服饰及独特的餐饮习俗，都是具有较高的社会文化价值和吸引力的风景名胜资源	社会影响力	4	0.1	0.4	0.8	8.0

西双版纳风景名胜资源价值评分为8.0，总体评价结果是“极高”，具有宝贵或罕见的特征，在国内外著名和有国际意义，有国家重点级自然保护或文化保护价值以及开发价值。

在西双版纳风景名胜资源评价的欣赏价值、生态价值、科学教育价值、历史价值和社会文化价值五类指标的评分中，欣赏价值、生态价值和科学教育价值的评分最高，都为10分；其次是历史价值，评分为6分。这体现了西双版纳风景名胜资源以热带风光和少数民族聚居地为基础，尤以热带生物景观、民族风情与避寒气候为特色，是国家重要的自然保护与民族文化景观区。

本章参考文献

[1] 丁文魁. 风景名胜研究. 上海：同济大学出版社，1988.

[2] 马永立，谈俊忠. 风景名胜区管理学. 北京：中国旅游出版社，2003.

[3] 陈福义，范保宁. 中国旅游资源学. 北京：中国旅游出版社，2003.

[4] 张福庆. 中国生态旅游投资战略研究. 北京：中国旅游出版社，2008.

[5] 毛文永. 景观资源的评价与保护. 环境保护科学，2001，14（6）：54－56.

[6] 但新球. 林业景观资源美学评价指标体系的研究. 中南林业调查规划，1995（53）：44－48.

[7] 同济大学，中南林学院. 中国森林公园风景资源质量等级评定（GB/T 18005—1999）. 北京：中国标准出版社. 2000.

[8] 中国国家质量检测与技术监督总局. 旅游资源分类、调查与评价（GB/T 18972—2003）. 北京：中国标准出版社，2003.

[9] 中华人民共和国建设部. 风景名胜区规划规范（GB 50298—1999）. 北京：中国建筑工业出版社，1999.

3 自然景观影响评价

3.1 自然景观影响评价

反映一个区域或地段的自然外貌，由各种自然环境条件、自然资源、自然遗迹、典型生态系统和各种珍稀动植物构成的自然景观，是大自然留给人们的宝贵财富，是人们亲近自然、了解自然历史和增加知识的天然博物馆。自然景观是风景名胜资源的主要构成基础之一，是风景名胜资源价值的重要组成部分，具有重要的保护、开发与利用的广阔前景。风景名胜项目建设对自然景观产生正负面的双重影响，与风景名胜项目相协调并且保护良好的自然景观，可以增强风景名胜资源价值和增加游览观赏的吸引力，反之，受到破坏的自然景观，其价值将大受影响和降低。风景名胜的自然景观本身具有脆弱性、动态性、景观容量有限性的特征。随着风景名胜事业的快速发展，各种风景名胜区实施了各种形式的建设项目。一方面，经过科学论证评价后建成的，能保护景观和协调自然的风景名胜项目有助于提升风景名胜的观光游览吸引力与环境质量，以及增加风景名胜价值。但是缺乏科学论证、评价监测的风景名胜项目对风景名胜资源的保护利用会产生不利影响。主要有这几方面：①环境污染导致局部地区的景观质量与环境质量退化；②风景名胜项目项目开发中的砍伐森林植被、开山取石、修建公路导致了景观破坏或退化，恢复难度较大；③大量修建人工景点和人工建筑破坏了自然景观原有的协调性。

自然景观的“真实性”、“完整性”决定着风景名胜资源的底色与背景，所以风景名胜资源的保护比其他资源有着更高的自然景观保护与环境保护要求，可以说保护自然景观就是保护风景名胜资源价值。为了对自然遗产和自然景观进行有目的的保护，协调自然景观的保护与塑造培育，减少人为地破坏风景名胜资源，实现“人地关系协调和可持续发展”，必须进行自然景观影响评价。目前在旅游资源、森林资源、城市建设以及公路、铁路、水运、水电项目中自然景观影响评价已列为重要内容之一，但自然景观影响评价还没有统一的规范或是导则。

3.1.1 自然景观的定义

自然景观是地球表层各种自然环境要素、生物因素共同构成的相互联系、相互作用的复杂综合整体，具体是指一定区域内的山川、气候、河流、湖泊、海洋、生物、土壤等自然要素所组成的自然综合体系。对于自然景观的表述主要分为两类概念。

（1）作为对某一区域的综合、直观的视觉感受的自然景观，是描述自然环境整体景象的一个总称，常用风景、风光、景色、景象等术语来表达。

（2）作为“自然地域综合体”代名词的自然景观，表现的是地域气候、地貌、水文、土壤、植被等自然要素以及文化要素组成的综合体的整体性与综合性，这里的景观在地球表层的一定地带内重复出现。

一般自然景观是指未受人为活动直接作用而发生改变，自然面貌尚未发生明显改变的景观。与风景名胜有关的自然景观可以解释为是占据一定地段或地域空间的、由多个风景名胜资源单体所组成的集合体。

3.1.2 自然景观影响评价

单纯自然环境条件下的景观变化是一个复杂的地质－地理－生物过程，而人类社会环境条件下的自然景观则受到各种方式的人为活动干扰。自然景观影响评价是科学、客观地分析风景名胜开发活动对项目区内自然景观的组成成分、结构、过程、功能与可利用价值产生的影响，预测可能发生的变化，掌握项目区景观所受影响的性质与变化程度，提出不利影响的应对措施。

3.2 自然景观影响评价的作用和适用范围

3.2.1 自然景观影响评价的作用

自然景观影响评价的作用是促进科学地保护和开发自然景观，防止风景名胜项目建设造成破坏景观资源或使景观价值受到影响，为项目景观保护与开发规划以及风景名胜项目决策提供依据，协调风景名胜项目规划建设与公众对自然景观的意愿，增加风景名胜项目与自然景观的认同感，实现项目自然景观的可持续发展。

3.2.2 自然景观影响评价的适用范围

风景名胜项目自然景观影响评价适用于自然景观或以自然景观为主的风景名胜项目，是新建与改、扩建项目的规定评价内容。

3.3 自然景观影响评价内容

自然景观是由生物、非生物和环境条件组成的，包括人为活动因素的复合生态系统，自然景观本来是受自然规律控制，但是在社会人为活动影响下，出现了加速变化的趋势。基于风景名胜项目对自然景观的影响方式、范围、程度和变化预测的分析，自然景观影响评价通过确定项目活动对自然景观的相融性、稳定性、优美性、敏感性、变化率、生态服务功能等方面可能产生影响因素，以景观现状为比对的基准（对于拟建新风景名胜区，一般可以利用第 2 章景观资源调查资料；对既有风景名胜区中的项目，可参照第 2 章的要求另行调查），估算自然景观所受影响的范围和程度，为确定评价指标、保护的级别以及保护的措施提供依据。

3.4 自然景观现状调查

3.4.1 自然景观现状调查目的

自然景观是风景名胜项目的关键基础。自然景观现状调查工作通过风景名胜项目区自然景观的二手资料收集和实地考察，对风景名胜自然景观资料进行系统化的分析整理，掌握自然景观的原生状况、现状及所受到的影响，以此作为分析评价的基准，明确认识和掌握风景名胜自然景观受项目影响的变化程度、特征。

3.4.2 自然景观现状调查内容

风景名胜自然景观现状调查主要包括自然景观的相融性、稳定性、优美性、敏感性、变化率、生态服务功能等方面的基本特征调查：

(1) 新增加的景观建筑、游路等旅游设施的造型材料、形态、风格、尺寸、选址布局与自然景观背景的相互协调程度或冲突程度，表征相融性。

(2) 项目区内景观生态系统的外貌、分布面积、生物群落结构层次、生物群落的种类组成与数量、自然生产力、生物生长量与生境条件等，表征稳定性。

(3) 项目区内山脉、河流、岩层、森林植被、湖泊湿地、气候、动物等独特景观的种类、分布与数量变化，以及景观环境的美感程度变化等，表征优美性。

(4) 项目区内生态系统的特异景观或指示物种的种类、分布与数量变化等，表征敏感性。

(5) 项目区内山脉、河流、岩层、森林植被、湖泊湿地、气候、动物等不同类型的景观单元的数量密度和类型结构的变化等，表征变化率。

(6) 项目区内自然景观生态系统提供的产品、文化塑造、调节环境与基础环境支持等性能，表征生态服务功能。

具体调查内容见表 3-1。

表 3-1 风景名胜资源和景观调查表

资源类型	资源亚类	景观对象	风景名胜景观调查内容
自然景观资源	地质与地形地貌景观	可供观赏和游憩的：①大尺度山地；②山景；③奇异岩峰；④峡谷；⑤洞穴；⑥岩溶石峰石景；⑦沙景沙漠；⑧戈壁景观；⑨火山熔岩；⑩蚀余景观；⑪岛礁洲坝；⑫海岸景观；⑬典型地质构造形迹；⑭地质遗迹；⑮化石出产地；⑯其他地景	自然景观调查包括： (1) 从新增加的景观建筑、游路等旅游设施的造型材料、形态、风格、尺寸、选址布局与自然景观背景的相互协调程度或冲突程度等方面调查自然景观相融性 (2) 从项目区内景观生态系统的外貌、分布面积、生物群落结构层次、生物群落的种类组成与数量、自然生产力、生物生长量与生境条件等方面调查评价自然景观稳定性 (3) 从项目区内独特景观的种类、分布与数量变化，以及景观环境的美感程度的变化调查评价自然景观优美性 (4) 从项目区内生态系统的特异景观或指示物种的种类、分布与数量的变化调查评价自然景观敏感性
	气象气候与天象景观	①日景月景；②云霞蜃景；③雨景；④雾凇雨凇；⑤云雾景观；⑥冰雪霜露；⑦舒适气候地；⑧自然声像；⑨星相观测地；⑩其他天景	

续表 3-1

资源类型	资源亚类	景观对象	风景名胜景观调查内容
自然景观资源	水体景观	①溪流；②江河；③湖泊；④池潭；⑤瀑布跌水；⑥风景泉井；⑦沼泽滩涂；⑧海湾海域；⑨现代冰川；⑩其他水景	（5）从项目区内不同类型的景观单元的数量密度和类型结构的变化等方面调查自然景观变化率 （6）从项目区内自然景观生态系统在提供产品、调节环境与基础环境维持等方面的功能变化调查评价自然景观生态服务功能
	生物景观	①森林；②草地草原；③荒漠；④古树名木；⑤珍稀生物；⑥植物生态类群；⑦动物群栖息地；⑧生物季相景观；⑨其他生物景观	

3.4.3 自然景观现状调查方法

风景名胜自然景观的调查方法采取实地考察法、二手资料分析法和社会调查相结合的综合方法，调查结果综合成一系列自然景观调查表、图像、影像及文字说明。

3.5 自然景观影响评价指标

自然景观影响评价指标的研究制订是评价工作的关键内容。自然景观影响包括在部分景观要素、单体独特景观和景观地域等不同层次上的影响结果和内容。针对自然景观的整体性、基础性和功能动态性等特征，从与风景名胜项目有关的自然景观的视觉美感、心理舒适感和环境完整性等方面出发，自然景观影响评价指标主要考虑客观指标。风景名胜项目自然景观影响评价的主要评价指标有相融性、稳定性、优美性、敏感性、变化性、生态服务功能等六项评价指标。风景名胜项目自然景观影响评价指标的构成与分级情况分别是：

（1）相融性：相融性是项目区内新增加景观与整体景观相融程度，以及既有特征景观的复杂性、多样性及与周围环境协调性的保持程度。相融性可用正向影响或无影响，一般影响，中度影响，显著影响，严重影响的五级划分。

（2）稳定性：自然景观的分布范围、面积、物种数、生产力及利用价值是否出现变化，及变化的性质、程度和所导致的效应。稳定性可用正向影响或无影响，一般影响，中度影响，显著影响，严重影响的五级划分。

（3）优美性：景观及其环境所具有的愉悦性、宜人性等美学特征及体验感受是否出现变化，及变化的性质、程度和所导致的效应。优美性可用正向影响或无影响，一般影响，中度影响，显著影响，严重影响的五级划分。

（4）敏感性：指示景观环境灵敏度的物种（指示种、伞盖种、关键种）及其生境，或特殊意义地区是否出现变化，及变化的性质、程度和所导致的效应。敏感性可用正向影响或无影响，一般影响，中度影响，显著影响，严重影响的五级划分。

（5）变化性：项目区内不同类型的景观单元的数量密度和类型结构的变化。变化性可用正向影响或无影响，一般影响，中度影响，显著影响，严重影响的五级划分。

（6）生态服务功能：主要反映景观资源的生产力状况以及保护大气与水环境、土壤保持、净化空气、动植物生境保护等多方面生态服务功能所发生的变化。生态服务功能可用正向影响或无影响，一般影响，中度影响，显著影响，严重影响的五级划分。

3.6　自然景观影响评价方法

自然景观影响评价方法决定了评价结果的客观性、真实性和实用性。对自然景观的主观评价方法是通过专家、公众和规划咨询单位按照评价要求来进行评价的，一般以定性为主。对具有明确的参数指标和评价标准的自然景观影响进行客观评价是采用定量评价方法。实际运用中定性评价方法和定量评价方法是交互使用、互为补充的。一般性描述方法可以通过综合评分或问卷方法得到量化。

国内目前用得较多的是采用《山岳型风景资源开发环境影响评价指标体系》HJ/T 6—94中的专家咨询法，根据专家评分结果与制订的景观相融性评价标准进行对比，据此掌握项目与自然景观的协调程度，判断项目的可行性。另外，还有引用景观生态方法进行自然景观影响评价，主要是通过项目实施前后景观变化情况来分析评价项目对自然景观的影响。为了较为全面和真实地反映综合复杂的自然景观特征，自然景观影响评价可以使用综合评价法。综合评价法是通过对被评价对象的多个特征因子进行的定性或定量评价，并综合单项评价获得一个整体评价结果。评价步骤为：

1. 确定评价指标权重

根据经验，专家独立对各个具体评价因素的相对重要程度进行分析，经过多次综合判断评价，确定各个因素的权重。对于相同等级和范围的自然景观状态因素，给予相同的权重。

2. 确定评价指标的等级分值

按照一个统一标准，对每一个自然景观影响评价指标的影响变化程度进行定量或模糊等级划分。如正向影响或无影响，一般影响，中等影响，显著影响，严重影响等级别，每一等级都有明确的特征。评价指标赋值可用连续的实数［0，n］来表示单个指标分值的变化范围。其间按等级给予不同分值。

3. 计算评价值

在单项指标评价基础上，各单项评价指标的分级评分按权重累加形成一个综合得分。风景名胜项目对自然景观综合评价的模型如下：

$$A_i = V_i \times W_i$$

$$A = \sum V_i \times W_i$$

A 为某一风景名胜项目的各评价单元综合评价得分，是各单项评价指标的评价值与其权重乘积的总和。A_i是第 i 个评价因素的综合评价分值，W_i则是第 i 个评价因素的权重。

具体参考表3-2“自然景观影响评价指标分级表”和表3-3“自然景观影响评价等级表”。

表 3-2 自然景观影响评价指标分级表

评价指标（L_i）	权重值（W_i）	评价等级与分值（V_i）				
		严重影响（V_1）	显著影响（V_2）	中度影响（V_3）	轻微影响（V_4）	正向影响或无影响（V_5）
相融特征（L_1）	0.20（W_1）	10 ~9	8 ~6	5 ~3	2 ~1	0
稳定特征（L_2）	0.20（W_2）	10 ~9	8 ~6	5 ~3	2 ~1	0
优美特征（L_3）	0.15（W_3）	10 ~9	8 ~6	5 ~3	2 ~1	0
敏感特征（L_4）	0.10（W_4）	10 ~9	8 ~6	5 ~3	2 ~1	0
变化特征（L_5）	0.15（W_5）	10 ~9	8 ~6	5 ~3	2 ~1	0
生态服务特征（L_6）	0.20（W_6）	10 ~9	8 ~6	5 ~3	2 ~1	0

表 3-3 自然景观影响评价等级表

<table>
<tr><th>评价指标</th><th>单项指标评价得分(A_i)</th><th>综合评价得分(A)</th><th>综合分值范围</th><th>综合评价分级</th><th>评价结论</th></tr>
<tr><td rowspan="5">相融性、稳定性、优美性、敏感度、变化率、生态服务价值</td><td rowspan="5">为各项指标分级得分与其指标权重的乘积：$A_i = V_i \times W_i$</td><td rowspan="5">为各单项指标评价得分之和：$A = \sum V_i \times W_i$</td><td>>7.8</td><td>严重影响</td><td>严格禁止实施</td></tr>
<tr><td>7.7 ~6.0</td><td>显著影响</td><td>不可以继续实施</td></tr>
<tr><td>5.9 ~3.0</td><td>中度影响</td><td>重新调整技术方案并报主管部门审核</td></tr>
<tr><td>2.9 ~1.0</td><td>轻微影响</td><td>制定和实施专项景观保护措施</td></tr>
<tr><td>0</td><td>正向影响或无影响</td><td>可以通过，按原项目方案实施</td></tr>
</table>

3.7 自然景观影响等级划分

风景名胜项目自然景观影响等级反映了影响变化的显著程度。一般自然景观影响越小，评价结果越小。采用 10 分制，评价结果分为五级：正向影响或无影响、轻微影响、中度影响、显著影响、严重影响。

（1）正向影响或无影响：景观及环境稳定，仍保持原景观质量，综合分值为 0 ~0.9。

（2）一般影响：景观及环境局部变化，整体上仍保持原景观质量，综合值为 1.0 ~3.4。

（3）中度影响：大部分景观及环境基本稳定，主要景观仍保持原景观质量，综合分值为 3.5 ~6.4。

（4）显著影响：景观及环境显著变化，部分景观质量退化，综合分值为 6.5 ~8.3。

（5）严重影响：景观及环境受到严重破坏，大部分景观质量严重退化，综合分值≥8.4。

3.8 自然景观影响评价结论

自然景观变化的方向、趋势、程度直接影响自然景观价值与开发价值，以及风景名胜项目可行性和可持续发展基础。在自然景观影响评价的基础上，需要根据自然景观影响评价结果制定合理可行的避免影响或减少影响的途径与方法，以免造成对风景名胜项目投资和旅游市场开发的不利影响。同时应该根据具体区域的自然景观特征，制定科学、合理的保护与开发方案与措施。

（1）无影响：风景名胜项目对景观及环境无影响，仍按原项目方案实施。

（2）轻微影响：风景名胜项目使景观及环境局部变化，整体上仍保持原项目方案，但需要制定和实施专项景观保护措施。

（3）中等影响：风景名胜项目中的大部分景观及环境基本稳定，主要景观仍保持原景观质量，原风景名胜项目方案中的景观保护应该重新调整技术方案并报主管部门审核。

（4）显著影响：风景名胜项目使景观及环境显著变化，出现部分景观质量退化。在重新编制风景名胜项目方案并得到主管部门行政许可前不得继续实施。

（5）严重影响：风景名胜项目使景观及环境严重破坏，大部分景观质量严重退化。该风景名胜项目严格禁止实施。

3.9 旅游开发战略与风景名胜自然景观影响评价

旅游开发战略与风景名胜自然景观影响评价存在紧密的关系。一方面，旅游开发依赖于风景名胜资源，另一方面，由于自然景观的脆弱性，旅游开发给自然景观带来影响和破坏，所以必须协调旅游开发和风景名胜自然景观保护。在旅游开发战略的规划制订阶段，遵照《风景名胜区条例》“保护优先，开发服从保护的原则”，为减少对自然景观的干扰、保护生态环境和降低对自然景观的不良影响，应该根据自然景观影响评价结果，对旅游开发战略中的自然景观保护与开发方案、措施做相应的修编和调整。同时自然景观保护是旅游开发的基础和前提，为了保障旅游开发战略的实施，必须制订科学、合理的保护和开发自然景观的方案措施。建立风景名胜资源环境监测体系，定期评估自然景观的存在状况和综合作用结果，及时掌握自然景观发展变化情况，研究提出解决方案和措施。

风景名胜项目自然景观影响评价案例

石林位于滇东岩溶高原和广西孤峰平原的中间地带。岩溶地貌类主要有石林岩溶、石牙原野、溶洞与洞穴沉积、构造溶蚀湖、构造岩溶瀑布、地下暗河伏流、天窗、峰丛洼地等。石林岩溶早在20世纪30年代就成为独特的旅游观赏对象，但由于建筑材料开采、修建道路和建房等影响，对石林景观曾造成了各种直接破坏和间接影响。

石林地带性植被顶极群落是半湿润常绿阔叶林（滇青冈—云南木樨榄—清香木群丛，

高山栲—华山松等）与硬叶常绿阔叶林等。目前植被主要类型有半湿润常绿阔叶林、硬叶常绿阔叶林、落叶阔叶林、暖温性稀树灌草丛、暖性石灰岩灌丛与暖性草甸、高原岩溶湖水生植被等。其中有代表石灰岩山地中偏干环境的高山栲、滇青冈、黄毛冈、铁橡栎林、锥连栎林和暖性云南松针叶林等特有植被类型。石林地区历史上长期盛行的开山种地、游牧养殖的生产方式使原生地带性植被受到破坏，环境干旱化状况较为严重。石林风景区自20世纪50年代开始实行风景区造林绿化，植被主体是人工种植云南松、干香柏为主的稀疏乔木，以及原生植被破坏后萌发的次生灌丛和草被，但受喀斯特环境限制，目前植被恢复的程度难以演变为地带性的季风型常绿阔叶林和针叶林，但整体上生态系统处于正向恢复的方向，生态系统的结构、功能、生产力以及服务价值都具有显著提高。最为显著的大小石林风景片区实施严格的封山育林，有效地减少了人为干扰，原先已砍伐树木的地下根系等残留繁殖体再度萌发，加上植被新生繁殖体的扩散，导致植被群落的明显恢复，使得石林整体景观层次多样、季相变化有致。据2000年资料，石林植被覆盖率37.8%，以中幼龄林相为主，人工云南松林占80%，半湿润常绿阔叶林面积仅占5.2%左右。

经过70多年的开发保护，以石林为对象的旅游业已成为中国旅游的重要品牌，石林成为云南旅游的标识形象。及时、准确地掌握石林风景名胜项目对自然景观的影响，有助于科学保护和开发利用石林风景名胜资源。石林风景名胜项目对自然景观影响评价表见下表。

石林风景名胜项目对自然景观影响评价表

评价指标	特征指标现状	评价得分	指标权重	加权重评价得分	综合评价得分
相融性	核心区内无人工建筑，游览设施的施工环境已大部分恢复、无明显建筑污染。风景名胜资源开发对自然景观相融性影响轻微	3	0.20	0.6	2.75
稳定性	植被以稀疏乔木、灌丛和稀疏灌丛、草被为主，属于次生植被并混有地区人工植被群落及部分农业植被，植被覆盖率32%。环境污染总体轻微，石峰之间裸土已有绿化植被覆盖，水土流失程度轻微。总体自然景观稳定性变化轻微	2	0.20	0.4	
优美性	石林风景资源保护率80%～90%，项目和游览设施建设对自然景观优美性的影响轻微	2	0.15	0.3	

续表

评价指标	特征指标现状	评价得分	指标权重	加权重评价得分	综合评价得分
敏感度	保留有小块残存的原生地带性生物多样性样地，风景名胜区范围内开展的生态植被恢复以地带性植被和乡土指标为主，指示环境特征的自然景观变化轻微	2	0.10	0.2	2.75
变化率	游客量为环境容量的30%以下，旅游者数量在环境容量限度内；游览设施建设经过科学论证，项目建设对自然景观变化率的影响中等	3	0.15	0.45	
生态服务价值	生物群落生产量稳定增长或者已恢复稳定增长，在涵养水源、水土保持、营养物质循环、水体自净、减少生态环境风险、生境保护生物多样性保护等方面的效益有所增加	4	0.20	0.8	

云南石林风景名胜项目的自然景观影响评分为2.75，总体评价结果是“轻微”。需要制定和实施以保护石林岩溶地貌景观和生物群落，严格控制人工建筑为主要内容的专项景观保护措施。

（1）石林风景区内实行严格的划界保护，严禁破坏石林风景名胜资源。

（2）石林风景名胜区内需要严格控制人工建筑。目前石林旅游服务区与核心风景区大小石林的距离过近，而且大小石林外围地带还紧接着五棵树村，需要将旅游服务设施与村寨进行搬迁。

（3）保护水体景观。石林风景区的水库、及长湖、月湖、大叠水、石林湖、剑逢池等水体水质为二类水，生产生活所排放的废弃物是主要的污染源。按照石林风景区规划，在集中餐饮、娱乐、宾馆住宿、交通设施的旅游服务区以及旅游区周边村寨按规划需要配套齐全的排污、集污、洁污设施系统，有效地减轻对生态环境的污染。

（4）需要对风景名胜区内的产业结构进行调整。部分非旅游开发目的的环境功能保护区中因为混杂有传统农业开发而导致了对植被与生态环境的破坏，开荒种地与游牧养殖都有所扩展，水土流失和环境退化有加快发展的趋势。

本章参考文献

[1] 毛文永. 建设项目景观影响评价. 北京：中国环境科学出版社，2005.

[2] 陆林. 旅游的区域环境效应研究—安徽黄山市实证分析. 中国环境科学，1996，116（6）：418－420.

[3] 刘振礼. 旅游环境及其他. 旅游学刊，1989，4（4）：37－39.

[4] 方淳. 旅游对世界遗产地的影响. 北京第二外国语学报，2004（119）：64－70.

[5] 程胜高，赵积洲，余春和，等. 生态旅游项目环境评价指标体系的应用研究. 环境保护，2004（2）：34－37.

[6] 文军，唐代剑，李星群. 旅游者对景区负面影响的管理技术研究. 商业经济与管理，2003，4（138）：57－60.

[7] 冯卫红. 生态旅游地域系统与旅游地可持续发展探讨. 经济地理，2001，21（1）：114－117.

[8] 陈东田，吴人韦. 旅游度假地开发影响评价研究. 中国园林，2002（6）：70－73.

[9] 王秀红. 旅游对民族文化影响的人类生态学透视. 资源开发与市场，2006，22（1）：92－94.

[10] 屈明，薛明，徐燕. 旅游开发及其对生态系统和景观的影响. 生态科学，2005，24（3）：268－272.

[11] 刘玲. 风景名胜区开发建设中的景观影响评价——以东坡赤壁为例. 安徽师范大学学报（自然科学版），2005，28（4）：468－471.

[12] 何东进，洪伟，胡海清，等. 武夷山风景名胜区景观生态评价. 运用与环境生物学报，2004，10（6）：729－734.

[13] 朱坦，闫玉虎，单春燕，等. 景观影响评价技术. 中国环境科学，2000，20（1）：86－90.

[14] 陈力. 景观影响评价中"景观"内涵和运用探讨. 环境污染与防治，2004，26（2）：148－153.

[15] 陆书玉. 环境影响评价. 北京：高等教育出版社. 2001.

[16] 张文，唐飞. 评述 Ap 和 Crompton 的旅游影响评估尺度. 北京第二外国语学院学报，2004，（119）：55－63.

4 人文影响评价

4.1 文化与人文影响评价

我国是有着五千年悠久灿烂历史的文化之邦，在历史发展的进程中，这些中华文化为人类文明的进步作出了巨大的贡献，也缔造了国家和民族的品格，是国家和民族的灵魂所在。在当今世界，文化的作用愈发日益显现出来，它与经济、政治、科技的结合越来越紧密，各项文化产业也如火如荼的开展起来，此时，文化的保护和传承的问题又显现在人们面前。

4.1.1 文化的定义

文化一词，中国古来有之。最早将“文”和“化”联系起来使用的是《周易·贲卦》。《象传》曰：“观乎天文，以察时变，观乎人文，以化成天下”，这里的“文化”是“人文化成”的意思，即对人进行文治教化，将人培养成文明人的过程。两汉以后，文献中开始正式出现“文化”一词，如刘向《说苑·指武》中就有“凡武之兴不为服也。文化不改，然后加诛”，这里的“文化”与“武功”相对而言，也是文治教化的意思。这与我们今天所说的文化有一定的联系，但是实际意义相距甚远。

西方的“文化”一词主要来源于拉丁文的“Cultura”。“Cultura”的原意是指耕作、培养、教育发展出来的事务，是与自然存在的事务相对而言的。中世纪时，已大体与今日包含物质文化和精神文化的文化概念相当。

文化作为学术用语，最早出现于文化学奠基者、英国人类学家之父泰勒在 1871 年出版的《原始文化》一书中，并且将“文化”定义为“文化是由知识、信念、艺术、伦理、法律、习俗以及作为社会成员的人所需要的其他能力和习惯所构成的综合体”。

美国著名人类学家克鲁克洪教授将文化定义为：“文化指的是某个人类群体独居的生活方式”，“既包含显性式样又包含隐形式样，它具有为整体共享的倾向。”

美国文化学家克罗伯和克拉克洪，于 1952 年发表《文化·概念和定义的批评考察》，对西方流行的 160 多种关于文化的定义作了回顾与评析。在此基础上提出了他们的文化定义：“文化由外显的和内隐的行为模式构成；这种行为模式通过象征符号而获得和传递；文化代表了人类群体的显著成就，包括它们在人造器物中的体现；文化的核心部分是传统的（即历史地获得和选择的）观念，尤其是它们所带的价值；文化体系一方面可以看做是活动的产物，另一方面则是进一步活动的决定因素。”

1973 年第 3 版《苏联大百科全书》写到：“文化是社会和人在历史上一定的发展水平，它表现为人们进行生活和活动的种种类型和形式，以及人们所创造的物质和精神财富。文化这个概念用来表明一定的历史时代，社会经济形态，具体社会，民族和民族的物质和精神的发展水平以及专门的活动或生活领域。文化这个术语从较狭义的意义来看，仅指人们的精神生活领域。”

从以上观点可以概括出：文化是人类在能动地适应环境中创造的为人类共享的社会成果，由物质形态和非物质形态构成为一个有机整体，有核心、内涵、外延、结构特征，具有群体性（民族性）、稳定性（传承性）、象征性（符号性）、时代性和地域性等特征。文化的阶段性成就或高级形态就是文明。

4.1.2 文化的结构

对文化的深入理解必须对其结构进行详尽的分析。对如何划分文化结构，目前国内外学者有不同的看法。主要有“二分法”、“三分法”、“四分法”、“五分法”。

有的学者主张“二分法”，认为任何一个文化体系由物质文化和精神文化两部分构成，其中，物质文化是其表层结构，而精神文化则是深层结构。

有的学者主张“三分法”，认为文化结构可以分为三个层面，即物质文化、制度文化和精神文化。“文化的物质层面，是最表层的；而审美趣味、价值观念、道德规范、宗教信仰、思维方式等，属于最深层；介乎两者之间的是种种制度和理论体系。”

还有的国内学者从文化反映的事物性质出发，将人类所创造的文化分为以下六类：伦理道德文化，科学技术文化，管理文化，思想哲学文化，历史文化、艺术文化和体育文化。

4.1.3 文化的作用

文化作为一种普遍而持续的社会现象，在满足人们生存和生活需要的过程中发挥着重要的作用。

第一，文化是审视人和人类社会的视角。

第二，文化与人类社会密切联系，对整个社会的建构起引导作用，社会能形成有序的状态是文化穿插于其中。社会变迁是文化的变迁。

第三，文化对人起到重要作用，既是人类情感的综合表达也是人类潜能发挥的重要载体。教化作用对人的社会群体起到重要作用，是构成社会软实力的重要部分。

第四，文化是现实的资源，通过发挥经济效益产生价值，且价值不是单一的，除了经济效益还有环境、社会等效益。

4.1.4 人文影响评价

风景名胜项目人文影响评价是对风景名胜项目区规划和建设过程中所涉及的文化进行评价，目的在于与项目区的文化传统相适应，保护人类文化的多样性，发挥文化的应有功能和现代价值。风景名胜项目人文影响评价要与现行的文化保护政策法规相衔接；纯粹的文化保护项目，主要依据国家文物法及相关的文化保护条例；在旅游规划项目中，如果涉及文化资源的开发，还必须遵守文化知识产权的相关条款。

4.2 文化的分类

根据不同的标准，项目所在地的文化可以做两种不同的分类，按文化所属类型及特征，可以分为民族文化、地域文化和历史文化；按文化是否有具体形态，可以分为物质文化和非物质文化。

4.2.1 民族文化

民族文化是指某个民族所特有的文化，并反映了该民族的历史发展水平。语言文字、风俗习惯和宗教信仰是民族文化的三大外在表现形式。语言文字是民族文化的重要组成部分，同时也是民族文化的重要表现形式之一。如历史、文学（包括口头文学）、历法、医药、科学技术等，都是用一定的语言和文字表现出来和记录下来的。风俗习惯是该民族的集体的传统风尚、礼节、习性，对该民族的发展表现出引导和约束的作用。宗教在不同的社会历史时期对精神文化的其他方面起着不同的作用。在早期的阶级社会中，宗教对文化的影响很大，波及人们社会生活的许多方面。随着社会的发展，宗教在民族文化中的影响逐渐减弱。民族文化作为意识形态是一定社会政治、经济的反映，在阶级社会里，每一种民族文化中都有剥削阶级的与被剥削阶级的两种文化，反映着两个对立阶级的利益、思想和世界观。在社会主义社会里，民族文化是具有社会主义内容和民族形式的新文化。

4.2.2 地域文化

地域文化是指某地区拥有的文化。中华大地幅员辽阔，在绵绵千里的国土上，不同的地理环境、气候条件等为不同地域文化的创造提供了丰富的土壤。民间就有“十里不同天，百里不同俗”的说法，这便是人们朴素地意识到地域文化的存在。远在旧石器时代晚期到新石器时代，中华民族的祖先就已经在中华大地的不同区域，创造出色彩各异又同具中华文化主调的众多地域文化。现有六大主要的文化区，即三晋文化区、齐鲁文化区、秦文化区、吴越文化区、荆楚文化区和巴蜀文化区。这些地域文化各具特色，为中华文化添上了浓墨重彩的一笔。

4.2.3 历史文化

历史文化指以其历史积淀程度来体现价值的文化。在历史的长河中，自人类出现的时候起就有了历史文化。中华文化是最深远、最广泛、最厚重的历史文化，不仅记录了民族文化的产生发展，也塑造了民族的性格。同时，历史文化的价值因为随着时间的积累而增加，所以那些古老年代就存在或产生的文化更是具有极高的历史价值。

4.2.4 物质文化

物质文化是指可以具体估计和测量其瞬间价值的文化形式。联合国教科文组织于1972年11月16日通过《保护世界文化和自然遗产公约》，在此公约第一条中规定将“文化遗产”定义为文物、建筑群和遗址三类，其中文物：从历史、艺术或科学角度看具有突出的普遍价值的建筑物、碑雕和碑画、具有考古性质成分或结构、铭文、窟洞以及联合体；建筑群：从历史、艺术或科学角度看在建筑式样、分布均匀或与环境景色结合方面具有突出的普遍价值的单位或连接的建筑群；遗址：从历史、审美、人种学或人类学角度看具有突出的普遍价值的人类工程或自然与人联合工程以及考古地址等地方。

物质文化遗产主要是具有历史、艺术和科学价值的文物，包括可移动文物和不可移动文物。不可移动文物是指古文化遗址、古墓葬、古建筑、石窟寺、石刻、壁画、近现代重要史迹和代表性建筑。可移动文物是指历史上各时代重要实物、艺术品、文献、手稿、图书资料、代表性实物等，分为珍贵文物和一般文物；珍贵文物分为一级文物、二级文物、三级文物。

4.2.5 非物质文化

1. 概念

非物质文化是指对不可用现实价值来体现的文化形式。非物质文化遗产是传统文化、民俗或者是与“地方”密切相连的，不需要复杂现代技术的伴随即可表演或开展的通俗文化。更简单地说，“如果物质遗产资产代表某一社区的硬件文化，它的地方和事务，那么非物质遗产资产就代表他们的传统及他们所知道的东西”。联合国教科文组织于2003年10月17日通过《保护非物质文化遗产公约》来对非物质文化进行保护。在该公约中，“非物质文化遗产指被各群体、团体、有时为个人视为其文化遗产的各种实践、表演、表现形式、知识和技能及其有关的工具、实物、工艺品和文化场所。这种非物质文化遗产世代相传，在各社区和群体适应周围环境以及自然和历史的互动中，被不断地再创造，为这些社区和群体提供认同感和持续感，从而增强对文化多样性和人类创造力的尊重。”根据该定义，“非物质文化遗产”包括以下方面：

（1）口头传说和表述，包括作为非物质文化遗产媒介的语言。

（2）表演艺术。

（3）社会风俗、礼仪、节庆。

（4）有关自然界和宇宙的知识和实践。

（5）传统的手工艺技能。

我国对非物质文化遗产的重视与日俱增，国务院于2006年5月20日下发了《国务院关于公布第一批国家级非物质文化遗产名录的通知》，公布了第一批518项国家级非物质文化遗产名录。入选名录的条件是：第一，具有突出的历史、文化和科学价值；第二，具有在一定群体中时代传承的特点；第三，在当地有较大影响；第四，符合以上条件且处于濒危状态。这518项被分为民间文学、音乐、舞蹈、戏剧、曲艺、杂技与竞技、美术、传统手工艺术、传统医药、民俗等十大类。

2. 非物质文化遗产的特性

（1）非物质文化遗产的传承形式和传承条件。非物质文化在得到了国家和民众越来越多的重视后，它的传承和保护被提上议程。虽然国家通过颁布一系列的通知和意见，为非物质文化遗产的保护创造了良好的条件。但是，将珍贵的非物质文化遗产有效地保护和传承下来，需要对其传承形式和传承条件进行了解。

从对非物质文化遗产概念的解读和对其传承历史的研究不难发现，非物质文化遗产的传承形式有“活态”和“文献”两种形式。“活态传承”应是非物质文化遗产传承的本质特征和根本途径，活态传承下来的“活文物”才是最具价值的、最为珍贵的非物质文化遗产资源。除了“活态传承”的形式之外，“文献传承”也是不可或缺的。事实上，许多非物质文化遗产的资源，包括活态资料、特殊技艺、重要实物等，都是利用文献加以真实记录，并一代代传承至今的。

①活态传承。是由社会群体或掌握某种特殊技艺的人，通过口传心授的方式，一代一代地将民间传统和特殊技艺传承下来。活态传承的模式主要有以下几种：

一是家族传承。家族传承只是依靠家族内部来传承，特别是视为家族绝技的内容，往往传承上有许多严格的规定，如所谓的“传里不传外、传男不传女、传小不传大”，尤其是传统技艺如中医、手工制作等非物质文化遗产项目的传承都具有这一特征。

二是师徒传承。以师带徒、师徒传承是我国非物质文化遗产得以传承下来的重要模式之一。中国历史上讲究师徒传承具有优良的传统，并且留下了许多如“师徒如父子”等师徒关系的古训。迄今为止，戏剧、国画、相声、书法、武术等行业仍在提倡拜师，许多“不可言传，只可心授”的非物质文化遗产资源通过以师带徒的方式传承至今。

三是群体传承。有些非物质文化遗产项目不是简单通过家族或者师徒关系来进行传承的，它的传承主体不是一个人或几个人，而是一个庞大的群体，甚至是全民族传承。

四是交替传承。即通过上述三种模式交替进行来完成传承。这种传承方式往往因为时代、环境等不同的因素而促成传承模式的变化。

②文献传承。是由掌握某种非物质文化遗产知识和技能的人利用文字、图像等手段将民间文学、表演艺术、民俗活动、传统知识、手工技艺等以文献的形式记载下来，使这种知识和技能能够在活态传承无法实现的情况下得以继续保存。按文献的不同记载方式来分，文献大体可以分为静态和动态两种。静态模式可以包括典籍、图谱等；动态模式可以包括录音、录像、多媒体等。文献传承虽然也将珍贵的非物质文化遗产通过有效手段记录下来并传承给了后人，但由于失去了活态的基因，与‘活文物’相比，其非物质文化遗产的价值可能会削弱，但不能以此否定其非物质文化遗产的属性和特有价值。

要使非物质文化遗产得到有效传承，保持其活态的特征，保证其不失传，应当具备以下条件：

首要条件：提高全民保护意识。人是非物质文化遗产的主要载体，很多非物质遗产都是由普通老百姓持有和世代相传的，离开了人，很多非物质遗产就不存在了。在对非物质遗产进行保护时，提高全民保护意识，自觉自发地对非物质遗产进行保护是最佳的途径和方式。

关键条件：保护传承人。非物质文化传承的根本要件之一就是人的活态传承，尤其是由传承人口传心授的非物质文化遗产，更是完全由传承人来体现，所以对传承人的保护是对非物质文化遗产传承的有效保护。

基本条件：营造良好的生存环境。非物质文化遗产的传承不仅需要传承人的努力，同时有个良好的环境也是必不可少的。尤其是现代经济飞速发展，外来文化泛滥、文化商业化等环境下，非物质文化遗产生存的传统环境遭到了破坏。人们追求美好生活的行为也是无可厚非的，但是为非物质文化遗产传承创造良好的生存空间也是不可置疑的，可以说是非物质文化遗产传承的基本条件。

根本条件：获得传承生机。在保护非物质文化遗产时，加大政府投入力度，对其给予资金上的支持无疑是重要的保证。但是，众多的非物质遗产项目只靠政府支持是很难获得完全保护的。唯有让大家认识到非物质遗产的价值，积极自发地投入到保护非物质文化遗产并传承其时，非物质文化遗产才是得到了传承的生机。

（2）非物质文化在传承中具有变异性。非物质文化在同一起源，上代与下代之间或同代不同个体之间在成长过程中，由形式到内容所产生的差异称之为“变异”。非物质文化遗产从古至今生存变异的过程，形成活态遗传的生命链条，变则生存、异则发展，不变不异就会失去生命力，变异是非物质文化遗产在传承中具有的重要特征之一。非物质文化遗产在传承中发生变异有正、负两个方向：正方向变异将其历史、艺术、科学等价值加以发展提高；负方向变异为畸变，是因受外力撞击而走向扭曲变形，破坏从古至今遗传生存发展的生命链条，导致自身基因谱系的紊乱以至损伤断裂。

（3）非物质文化遗产在传统家庭中的传承。非物质文化遗产是小农经济时代或称为农耕时代的产物。从国务院公布的首批非物质文化遗产项目看，绝大部分项目最晚的也在一百年以上。家庭传承是非物质文化遗产在农耕社会传承的主要形式。

在农耕社会里，传统家庭不仅是传宗接代、延续香火、繁衍种群的场所，更是非物质文化遗产传承的基地。从伦理道德、文化教育、生产技艺、民俗认同等方面，可以说传统家庭承担了大部分非物质文化遗产的传承任务。

3. 非物质文化遗产的保护与传承

非物质文化遗产是人类在历史发展过程中，各种以非物质形态存在的与群众生活密切相关、世代相传的传统文化表现形式和文化空间。它既是重要的文化资源，又是人们智慧的结晶。由于非物质文化遗产包含了人类历史发展过程中的非物质的各种文化内容、形式和过程，若要对其进行有效的保护，不可能不分轻重、缓急、是非，全部进行一种模式的保护，而是应区别项目种类采取不同的方式，有所取、有所舍；有所重、有所轻；有所继承、发展和张扬；有所记录、记载和留存。具体来说可以分为以下几种：

（1）原生态保护，就是对一些原始遗留下来的非物质文化遗产项目进行原汁原味的保护，如对文化空间类的庙会、集会场所院落所在地进行原样生态性的保护。

（2）活生态保护，就是对一些在人类历史发展过程中的民风、民俗、艺术等，需要活生生地展示给世人的非物质文化遗产项目，进行演示性的活的生态性的保护。

（3）记忆性保护，就是对人们在生活中，因对生活、信仰的理解而口传心授下来的非物质文化遗产项目，利用文字和录音、录像等形式进行记述和保存下来，或再继续口传心授下去，确保其不漏失或遗失掉。

（4）记录性保护，就是在人类历史发展的不同历史阶段，由潜意识、低级阶段向人类文明时期不断进化的生活习俗，通过文字和演示录像等方式将其记录下来，以明示人类文明的发展史况。

（5）传承发展性保护，就是对那些知识性、技术性、技能性和具有区域民族特性的非物质文化遗产项目，通过传承、传授、传播和发展予以保护。

4.3 人文影响评价的范围

《风景名胜区条例》指出，风景名胜区“是指具有观赏、文化或者科学价值，自然景观、人文景观比较集中，环境优美，可供人们游览或者进行科学、文化活动的区域。”对风景名胜区项目进行人文影响评价包括两部分：风景名胜区内的人文景观和风景名胜区项目涉及的当地主体居民文化的自然景观。不涉及当地居民和文化内容的自然景观不纳入人文影响评价的范围之内。

4.3.1 人文景观

1. 人文景观

又称文化景观，在学术界中有很多不同的定义：如人文景观是指旅游资源所特有的地方特色、民族风情和历史、文化等价值，人文景观带给游客的是形象美和意境美的统一，在很大程度上可反映出特殊的历史、地方、民族特色或一种异国、异地的特殊情调；人文景观是指历史、文化的古迹如文物古迹、宗教圣地、民族风情和古建筑等；人文景观是指历史形成的、与人的社会性活动有关的景物构成的风景画面，它包括建筑、道路、摩崖石刻、神话传说、人文掌故等；人文景观是指可以作为景观的人类社会的各种文化现象与成就，是以人为事件和人为因素为主的景观。

但总结以上的定义，人文景观具有以下几个特点：第一，有旅游吸引力，是旅游资源的组成部分；第二，有历史性，要求要有一定的历史时期的积累；第三，有文化性，需要有一定的文化内涵；第四，具有多种表现形式，可以是实物载体，像文物古迹，也可以是精神形式，像神话传说、民俗风情。

2. 人文景观分类

人文景观可分为以下四类：

（1）文物古迹，包括古文化遗址、历史遗址和古墓、古建筑、古园林、古石窟、摩崖石刻、古代文化设施和其他古代经济、文化、科学、军事活动遗物、遗址和纪念物。例如，北京的故宫、北海，西安的兵马俑，甘肃莫高窟石刻以及象征我们民族精神的古长城等这些闻名于世的游览胜地，都是前人为我们留下的宝贵人文景观。

（2）革命活动圣地，现代革命家和人民群众从事革命活动的纪念地、战场遗址、遗物、纪念物等。例如，新兴的井冈山旅游景区，除具有如画的风景外，中国革命的发源地、老一辈革命家曾战斗过的地方等这些人文因素，无疑使其成为特殊的人文景观。而大打“鲁迅牌”的旅游城市绍兴，起主导作用的鲁迅故居、三味书屋、鲁迅纪念堂等旅游点也都是这类人文景观。

（3）现代经济、技术、文化、艺术、科学活动场所形成的景观，例如，高水准的音乐厅、剧院及各种展览馆、博物馆。像农业示范园、农业观光园这样把科研、科普、观赏、参与结合为一体的符合新时代要求的观光地，也是此类人文景观的一种。

（4）地区和民族的特殊人文景观，包括地区特殊风俗习惯、民族风俗，特殊的生产、贸易、文化、艺术、体育和节目活动，民居、村寨、音乐、舞蹈、壁画、雕塑艺术及手工艺成就等丰富多彩的风土民情和地方风情。例如，近几年的旅游“旺地”云南，除得天独厚的自然条件外，还有赖于居住于此的各民族独特的婚俗习惯、劳作习俗、不同的村寨民居形式、服饰、节日活动等。傣族的泼水节、彝族的火把节、白族服饰上的风花雪月、石林和蝴蝶泉壮丽的爱情故事，这些都为如画的风景披上了一层神秘的面纱，正因为这些独特的人文景观，才使得云南更具魅力。

4.3.2 涉及当地居民文化的自然景观

纯粹的自然景观是不需要进行人文影响评价的，但是在风景名胜区中，有些自然景观因为人为赋予了文化内涵而表现出了文化气息，如被作为当地居民宗教崇拜对象的山、石、水、树木等，这些自然景观之所以受到关注并不是因为该景观本身具有很高的审美价值或者科学价值，而是因为被人们赋予了其中的文化因素而令人着迷。

4.4 进行人文评价的立足点

4.4.1 保护“原生态”文化

1. “原生态”文化

原生态，一个新生的名词，最近广泛流传在各种媒体之间。何谓“原生态”？原生态一词是从自然科学上借鉴而来的，它是指自然状态下的、未受人为人工影响和干扰的原始生态或生态原状。发展到现在，“原生态”具有了两层涵义，即自然的原生态与文化的原生态。自然的原生态是指生物和环境之间相互影响的一种生存发展状态，是指一切在自然状况下生存下来的东西；而文化的原生态指古老文化原型在历史的长河中积淀形成的具有自身鲜明特征的物质文化遗产与非物质文化遗产，是一种具有自然生态性的民族民间文化，是与民族的乡土环境、人文历史、民风习俗融为一体的传统文化。

现在人们经常使用“原生态”来表示“较少被现代文明冲击或者保持了较多原始生活或习俗”。在现代生活被越来越多的物质、利益、金钱等因素包围的时候，原生态舞蹈、原生态歌手、原生态旅游等的出现，仿佛为人们打开了一扇清新、古朴的文化之门，原生态文化也应运而生。“原生态”文化是指项目区所在地自然产生的、经世代传袭基本特征保持不变的文化，是当地居民的精神财富。

2. “原生态”文化的特征

严格意义上的原生态文化应具有以下特征：

（1）自然性，这是原生态最重要的特质，指其以本真的状态存在，未经人为加工，强调的是与自然的融合和协调。

（2）自发性，指其演化是一个自发的过程，没有外部力量的干涉。

（3）民间性，原生态产生于民间、生存于民间，是大众生活的直接反映，是活在民间的古老文化。

（4）独特性，每种原生态文化都有各自个性化的生长空间，与周边环境融为一体，具有鲜明的地域性色彩。

（5）稳定传承性，任时间流逝、时代变迁，其主要特征基本保持不变。

3. 保护“原生态”文化的意义

正是因为原生态文化具有“原生态”的独特魅力，吸引了众多的旅游者，在对原生态文化进行产业化开发的时候，更应该保护原生态文化，避免盲目开发，使得这种独特的文化在文化商业化的河流中迷失，失去了本身具有的价值。在风景名胜项目的开发过程中，要保护当地自然产生的文化，不能施加外力破坏本土文化。对历史文化类遗产的开发，应采取“修旧如旧”的原则，即指在对历史文化类遗产的修缮和重建过程中，所选用的材料要与原物的质地、色彩、风格等相一致；对民族文化资源的保护与开发，应遵循文化协调的原则，即指项目要与当地的文化内涵相一致，不违背当地的习俗和禁忌。

保护“原生态”文化有两方面的意义：

首先，对于拥有原生态文化的民族和群体，即文化主体而言，原生态文化具有巨大的精神实用价值。原生态文化作为某一民族、种族或部落的历史积淀，对该群体成员的心理影响日久见长。原生态文化的代代相传在其生存发展的地域指导并驾驭着当地居民的生活情趣与审美取向。原生态对于各民族所具有的价值是巨大的，它标志着族群的文化身份，并能唤起族群成员对本群体文化的自豪感和珍惜之情，这是原生态文化得以传承的最有效的途径。

其次，原生态文化的价值不仅体现在其独特风格和文化底蕴的展示上，同时也体现在对其经济价值的开发利用上。原生态文化的地域性特点决定了它有着较强的唯一性，具有无可比拟的优越价值。具有鲜明特色的原生态文化经过后期加工和市场化的运作往往能在带来社会效益的同时也能带来巨大的经济效益。

因此，在人文影响评价的过程中，要对“原生态”文化的保存状况进行调查，并就项目建设对该文化可能造成的影响进行评价。

4.4.2 保护文化多元化

文化多元化的含义也是多层次的。它不仅仅是指在全球范围内不同民族文化的共存共荣，而且它也意味着在某一国家中的主流传统文化对其他民族文化的宽容以及必要的吸收。

联合国教科文组织于2005年通过的《保护和促进文化表现形式多样性公约》，对文化的多样性作了如下的定义：“文化多样性是指各群体和社会借以表现其文化的多种不同形式。这些表现形式在他们内部及其间传承。”“文化多样性不仅体现在人类文化遗产通过丰富多彩的文化表现形式来表达、弘扬和传承的多种方式，也体现在借助各种方式和技术进行的艺术创造、生产、传播、销售和消费的多种方式。”“文化在不同的时代和不同的地方具有各种不同的表现形式。这种多样性的具体表现是构成人类的各群体和各社会的特性所具有的独特性和多样化。文化多样性是交流、革新和创作的源泉，对人类来讲就像生物多样性对维持生物平衡那样必不可少。从这个意义上讲，文化多样性是人类的共同遗产，应当从当代人和子孙后代的利益考虑予以承认和肯定。”“在日益走向多样化的当今社会中，必须确保属于多元的、不同的和发展的文化特性的个人和群体的和睦关系和共处。主张所有公民的融入和参与的政策是增强社会凝聚力、民间社会活动及维护和平的可靠保障。因此，这种文化多元化是与文化多样性这一客观现实相应的一套政策。文化多元化与民主制度密不可分，它有利于文化交流和能够充实公众生活的创作能力的发挥。”

在现代社会中，文化的多元化往往和经济全球化相提而言，正是在这种全球化语境下凸显出来的本土文化意识，其原因在于全球化已经渐渐消解了人们对传统文化的历史记忆，它代表的现代化话语已无孔不入。但是，“文化多元化”是人类文明史的一个基本事实，不同民族文化的存在与交流是人类文明不断发展的前提，没有多样性、丰富性、独立性的一统文化是不存在长久的生命力的。

文明或文化的起源是多元的，不论过去还是现在，不同地区、不同国家存在不同文明或文化是不可避免的。由于宗教信仰、风俗习惯、价值观念、思维方式、心理结构、道德规范、行为方式的差异，各民族的文化存在着不同的发展特色。各民族文化都有平等存在和发展的权利。一方面越来越紧密地交往，以至于地球成为了一个“村庄”；另一方面我们又不得不尊重不同民族文化间事实上存在的差异，谨防冲突和协调矛盾。现在一些人过分强调全球化带来的统一性、一致性，而忽略了全球化造成的多样性、多元化，“文化多元化”观点就是对其片面性的纠正。

我国是一个多民族聚居的国家，不同民族间文化的交流和碰撞是我国丰富的文化资源发展的动力所在。在开发这些文化资源的过程中，对文化的多元性给予足够的关注，尤其是在多民族杂居、多种文化混合的地区，要对建设项目给多种文化并存的局面所造成的影响进行评价，以确保文化开发给当地居民带来收益的过程中，使多元化文化得以保护和发展。

在风景名胜项目区保护和开发的过程中，要对该区内各民族的文化予以平等对待。是否保证了各民族文化的平等，使弱势文化不被强势文化所同化，是评价一个风景名胜项目成功与否的重要标准。

4.4.3 尊重民族风俗习惯

1. 风俗习惯

风俗习惯从原来的意义讲，是由有区别的“风俗”和“习惯”两个概念组成的。风俗是群体性的，习惯是个体性的，风俗较为稳定，习惯易于变动。但是，当我们把风俗和习惯合起来作为一个概念的时候，它们之间不再有什么区别。现代意义上的风俗习惯是指各民族在其历史发展过程中相沿以传的生活方式，主要表现在饮食、服饰、居住、婚姻、丧葬、节庆、礼仪、禁忌、喜好等诸多方面。

2. 民族风俗习惯

民族风俗习惯是组成一个民族的人们在一定的生存环境下，受本民族普遍流行的价值观念的支配，为了满足生产生活需要，在各种生产生活领域的实践活动中长期传承的行为心理和行为方式。

由于每个民族所处的自然地理环境、社会政治环境、历史发展等因素的不同，产生了多种多样的民族风俗习惯。这种民族风俗习惯是一个民族的人们长期生活在一起，遵循共同的心理和行为规范，通过衣、食、住、行、婚姻、丧葬、节庆、娱乐、礼仪等物质生活和文化生活等多方面的活动表现出来的。服饰的样式、饮食的种类、住房的形式、生产活动的方式、婚丧的仪式等都反映出一个民族对事物的好恶、美丑、有用无用、提倡和禁忌的行为心理。单个的、个人的习惯、习性或者一时的风尚都无法成为共同的民族风俗习惯。所以，一般来说民族风俗习惯反映一定的民族心理（行为心理），又具有一定的物质的或具体的活动形式（行为方式）。

我国各少数民族都有自己各具特色的风俗习惯，它反映着一个民族的共同心理感情，是民族特点的重要组成部分，也是一个民族区别于另一个民族的重要标志之一。由于民族风俗习惯具有鲜明的民族性，各少数民族的风俗习惯一经形成就被全民族所公认和共同遵守，起着维护和巩固民族共同体的作用。每个民族的群众对自己民族的风俗习惯都有深厚的感情，都认为对民族风俗习惯的尊重也就是对民族的尊重，对民族风俗习惯的歧视和侮辱也就是对民族的歧视和侮辱。因此，只有充分尊重民族风俗习惯，才能增进各民族间的相互信任与和睦相处，才能建立平等团结互助的社会主义民族关系，也才能够维护国家政治的安定和社会的稳定。

3. 民族风俗习惯的特性

民族风俗习惯的特性，主要有以下几个方面：

（1）深厚的民族性。民族风俗习惯是伴随着民族的形成而逐渐形成的，是民族所处的自然环境、经济生活、历史传统、文学艺术、心理素质、宗教信仰等物质生活、文化生活和思想观念的反映，是构成民族特征的基本内涵之一，是一个民族的民族性的突出表现。民族风俗习惯又是一个民族的全体成员所共有的。因此，对一个民族的风俗习惯尊重与否直接涉及是否坚持和保障民族平等，直接影响到民族之间的关系正常与否。

（2）广泛的群众性。民族风俗习惯是在各民族人民群众的长期生产、生活实践中自然形成的、逐渐演变的。人民群众是民族风俗习惯的创造主体，也是运用和改革的主体。所以民族风俗习惯是存在于各民族广大人民群众之中的，而不是被各民族当中的少数人所垄断的。正如民俗本身具有固有的群众性一样，各民族的风俗习惯也同样具有广泛的群众性。

（3）相对的稳定性。民族风俗习惯是属于社会意识范畴，是受一定的经济基础制约的。根据社会经济基础和上层建筑（包括社会意识）矛盾运动的规律，经济基础发生变化，那么建基于其上的民族风俗习惯也会发生相应的变化，只是迟早不同而已，而不是一成不变的。但是上层建筑相对于经济基础又具有极大的独立性和相对的稳定性，所以民族风俗习惯也具有相当的稳定性。人民群众生产在生活过程中积淀的民族风俗习惯，不是随时随地变化的，它只有在相对稳定中发生渐变，它的变化往往落后于社会的物质生活条件的改变，因而民族风俗习惯中常常保留着一些落后于时代发展的、过去的遗迹。

（4）历史的传承性和渐变性。民族风俗习惯是经某一民族人们代代传承下来的，传承保持了原有的民族特点、民族性，传承保持了民族风俗习惯的相对稳定。当然在民族风俗习惯的传承中也有历史的变异，相对稳定中发生渐变。民族风俗习惯的变化是必然的，但不是突变而是渐变。

（5）极大的敏感性。由于民族风俗习惯的民族性、群众性特性，它关系到民族自尊平等，关系到民族之间的关系，是民族问题敏感因素之一。

4. 民族风俗习惯的社会功能与作用

民族风俗习惯是在民族形成发展过程中逐步形成的。民族风俗习惯一经形成，又对民族的发展过程逐步地、时时刻刻发生着其功能作用。按其反映的内容来说，可分为三类：好的、有益的；中性的、一般的；不好的、有害的。这三类民族风俗习惯的社会作用是不同的。

一个民族中好的、有益的风俗习惯，对于发展民族的优秀传统，提高民族的自尊、自信和自豪感，推动民族的政治、经济、文化的发展进步和繁荣，起积极的促进作用，对促进民族间交往联系、团结和睦起明显的推动作用。

一个民族中不好的、有害的风俗习惯，是对社会和自然等条件的歪曲的、片面的或不正确的反映。这种反映当初也许是不可避免的，但对民族发展起滞后作用。落后的民族风俗习惯，有的反映了听天命、信鬼神的宗教迷信观念，有的反映了剥削阶级的偏见和意识，有的又反映了人们的愚昧无知，有的还反映了民族之间的仇视和隔阂心理。这些都是民族文化中的糟粕或其残余的存留，对民族自身的发展、对民族之间关系的发展起着阻碍作用，甚至破坏作用。

一个民族中，不坏不好的、一般的风俗习惯，对民族社会生活不起明显的促进或阻碍作用，它仅仅是作为传统文化现象的一部分传承下来，为一民族的人们所使用、遵守的。比如，各民族戴的帽子各式各样，各民族行礼方式互有差别，这对社会生活没有多少明显的作用和意义。

民族风俗习惯反映着一个民族的共同心理感情，具有鲜明的民族性和地域性。各地各民族的风俗习惯一经形成就被该民族所公认和共同遵守。每个民族的群众对自己民族的风俗习惯都有深厚的感情，只有尊重当地的民族风俗习惯，才能创造一个和谐的人文外部环境。

在进行人文影响评价时，要对当地民族习惯进行调查，并对项目建设可能对此造成的影响进行评价。风景名胜项目在保护和开发的过程中，必须尊重各民族在其历史发展过程中相沿以传的生活方式，不违背当地习俗，不触犯当地禁忌。

风景名胜项目在使用当地文化资源时，要倡导弘扬当地传统文化中优秀的部分，积极改造消极的部分，革除社会文化传统中的陋习。对项目区传统文化的保留，并不意味着对所有的东西都一成不变的保留。风景名胜项目要大力提倡当地文化中优秀的部分，同时要对当地文化中与现代人权、民主和法治精神相违背的陈规陋习予以改造。在进行人文影响评价时，要对项目区在改造消极文化时所起的作用进行评价。

4.4.4 促进人文资源可持续利用

风景名胜项目在使用当地人文资源时，要严格保护、合理开发，以利于永续利用。

在各项目区，尤其是主要依靠人文资源吸引游客的地区，对人文资源的开发和利用要依规划进行，避免破坏性使用当地人文资源。进行人文影响评价时，要对当地人文资源通过项目建设被利用的程度和方式进行评价。

4.5 人文影响评价的方法

4.5.1 主导因素分析法

主导因素分析法是对人类文化的有机整体中居于主导地位的文化形态或文化要素进行分析的方法。主导因素是指经常影响或规定着相关文化或整体文化的变迁和基本面貌的因素。依据主导因素原则，结合指标要素选择方法，寻求、识别文化整体中的主导文化因素，分析其典型特征以及在地域分布上的连续性与断裂性。

4.5.2 专家访谈法

专家访谈法即邀请相关专家从各个层面对特定项目区的人文影响进行评价。运用专家访谈法时要注意所邀请专家的广泛性、权威性和代表性。

4.5.3 实地调查法

实地调查法指评价者亲临项目区，通过资料分析考察可视性的物质景观和非物质景观。该方法是人文影响评价中最重要、最基本的方法。

在对风景名胜进行人文影响评价时，除了对可视性的物质景观进行评价外，还要对诸多需要感悟才能体验理解的非物质景观进行评价，如人际关系、社交氛围、语言、制度、乡规民俗等。在对非物质景观进行观测时，实地调查法尤为适用。

1. 实地调查法基本概念

实地调查法，必须从社会学的实地研究说起。实地研究，也被称为人种志研究，是定性研究方法中发展较快、最有代表性的一种方法。这种研究方法起源于20世纪初，20世纪60年代兴起于美国，20世纪80年代后得到普及。所谓人种志研究“是在广义的文化概念下对特定的文化情境做深入、解析性的描述。人种志研究大量依赖于对研究对象的观察、描述、定性判断或解释。它发生在自然的情境中，重视过程，旨在获得整体画面。人种志研究经常没有坚实的理论基础，在研究着手之前很少有具体的假设。”

实地调查法是在没有理论假设的基础上，研究者直接参与研究活动并收集资料，然后依靠本人的理解和抽象概括，从经验资料中得出一般性结论的研究方法。实地调查所收集的资料常常不是数字而是描述性的材料，而且研究者对现场的体验和感性认识也是实地研究的特色。与人们在社会生活中的无意观察和体验相比，实地调查是有目的、有意识和更系统、更全面的观察和分析。

2. 实地调查法的特点

（1）研究过程持续时间长。实地调查者不可能在短期内对大量的现象进行细致深入的考察，通常以研究个案见长，需要经历较长的时间。

（2）研究者与研究对象之间有更充分的认识和情感交流。实地调查者需要结合当时、当地的情况并设身处地解释和判断观察到的现象。这往往渗透着研究者本人对现象本质和行为意义的理解。

(3) 采用多种方法收集资料。问卷调查、观察调查等收集资料方法比较单一。实地调查法综合了多种收集资料方法。这些方法包括观察法、访谈法、文件收集法、心理测验法（如投射法）等，常采用录像机和照相机等工具。其中以参与观察和访谈为最主要的资料收集方法。

(4) 强调研究者是收集和分析资料的一种工具。实地调查法非常强调研究者是收集和分析资料的一种工具，研究者在实地定性研究时，需要广泛地运用自己的经验、想象、智慧和情感。

(5) 采用定性分析的方法整理收集到的资料。实地调查法更多的是对研究对象和现场气氛的感悟和理解，没有实证性的数据。研究者根据一定的逻辑规则对资料实施定性分析。

(6) 研究结论只具有参考的性质。实地调查法结论并不是探究的最终结果，往往指导研究者进一步观察，以便获得更深刻、更新颖的资料，得出新的结论或改善先前的结论。

3. 实地调查法的优点和局限

(1) 实地调查法的优点。

①深入。实地调查法对于研究行为和态度的细微差异以及考察长时间的过程特别有效。它可以比较深入地探寻被研究对象的特征，通过尽可能直接地观察来考察一种教育现象，能给研究者提供系统的观点。

②灵活。可以随时修正研究设计，甚至可以在任何机会来临时奔赴进行现场调查。实地调查法的这种灵活性，随着研究的不断深入，研究结论和设想也会不断变更。

③经济。实地调查法的花费相对较少，极端情况下，研究者可只带着一个本子和一支笔就可开展。当然这并不是说实地调查的花费绝对很少，有些研究可能会需要许多训练有素的观察者，也可能需要昂贵的记录器材。

(2) 实地调查法的局限。

①很少能针对大型群体进行精确的统计性陈述。由于实地调查法是以定性为取向，所以很少能针对大型群体进行精确的统计性陈述。

②客观性、精确性无完全保证。实地调查法得出的结论只是可能的，而不一定是客观的、精确的。

4.5.4 问卷调查法

问卷调查法即从人文影响评价的角度出发，设计定性与定量问题相结合的问卷发放给相关人员，对问卷结果进行综合和分析。应用问卷调查法时，要注意问卷问题设计的全面性以及被调查者的广泛性。

1. 问卷调查法的概念

问卷调查法也称问卷法，它是调查者运用统一设计的问卷向被选取的调查对象了解情况或征询意见的调查方法。问卷调查法具有标准化、间接性、书面性、抽样性的特点。

2. 问卷调查法的种类

问卷调查，按照问卷填答者的不同，可分为自填式问卷调查和代填式问卷调查。其中，自填式问卷调查按照问卷传递方式的不同，可分为报刊问卷调查、邮政问卷调查和送发问卷调查；代填式问卷调查按照与被调查者交谈方式的不同，可分为访问问卷调查和电话问卷调查。

3. 问卷的设计

(1) 问题的种类。问卷中要询问的问题，大体上可分为四类：

①背景性的问题，主要是被调查者个人的基本情况，它们是对问卷进行分析研究的重要依据。

②客观性问题，是指已经发生和正在发生的各种事实和行为。

③主观性问题，是指人们的思想、感情、态度、愿望等一切主要世界观状况方面的问题。

④检验性问题，是为检验回答是否真实、准确而设计的问题。这类问题一般安排在问卷的不同位置，通过互相检验来判断回答的真实性和准确性。

四类问题中，背景性问题是任何问卷都不可缺少的。因为背景情况是对被调查者分类和对不同类型被调查者进行对比研究的重要依据。

(2) 问题的结构。问题的结构即问题的排列组合方式，它是问卷设计的一个重要问题。为了便于被调查者回答问题，同时也便于调查者资料的整理和分析，设计的问题一般可采取以下几种方式排列：

①按问题的性质或类别排列，即不把性质或类别不同的问题混杂在一起。

②按问题的复杂程度或困难程度排列，一般地说，应该先易后难，由浅入深；先客观事实方面的问题，后主观状况方面的问题；先一般性质的问题，后特殊性质的问题。特别是敏感性强或威胁性大的问题，更应安排在问卷的后面。

③按问题的时间顺序排列。一般地说，应该按调查事物的过去、将来、现在的历史顺序来排列问题。无论是由远到近还是由近及远，问题的排列在时间顺序上都应该有连续性、渐进性，而不应该来回跳跃，打乱被调查者回答问题的思路。问题的排列要有逻辑性。在特殊情况下，也不排除对某些问题做非逻辑安排。检验性问题也应分别设计在问卷的不同部位，否则就难以起到检验作用。

(3) 设计问题的原则。要提高问卷回复率、有效率和回答质量，设计问题应遵循以下原则：

①客观性原则，即设计的问题必须符合客观实际情况。

②必要性原则，即必须围绕调查课题和研究假设设计必要的问题。设计的问题数量过少、过于简略，无法说明调查的问题；数量过多、过于繁杂，不仅会大大增加工作量和调查成本，而且会降低回答质量，降低问卷的回复率和有效率，也不利于正确说明调查所要说明的问题。

③可能性原则，即必须符合被调查者是否自愿真实回答的问题。凡被调查者不可能真实回答的问题，都不应该正面提出。对这类问题被调查者一般都不可能自愿作出真实回答，或者干脆不予理睬，因此一般都不宜正面提出。

(4) 设计答案的原则。

①相关性原则，即设计的答案必须与询问问题具有相关关系。

②同层性原则，即设计的答案必须具有相同层次的关系。

③完整性原则，即设计的答案应该穷尽一切可能的、起码是一切主要的答案。当答案

过多时，可以只设计几种主要答案，然后加一个“其他”，这样就达到了完整性的要求。

④互斥性原则，即设计的答案必须是互相排斥的。

⑤可能性原则，即设计的答案必须是被调查者能够回答、也愿意回答的。

4. 问卷调查的实施程序

问卷调查的一般程序是：设计调查问卷，选择调查对象，分发问卷，回收和审查问卷。然后，再对问卷调查结果进行统计分析和理论研究。

5. 问卷调查法的优缺点

（1）问卷调查法的优点：易于操作；所收集的数据比较可靠，因为问题都是封闭式的（有固定的选择答案），这就可以大大减少可能由调查员的差异而引起的变差；数据的编码、分析和解释都比较简单；因为样本是有代表性的，可以对总体的情况做较为合理的判断。

（2）问卷调查法的缺点：问卷调查法的缺点也是非常明显的。最突出的一点就是它只能获得书面的社会信息，而不能了解到生动、具体的社会情况。问卷调查法决不能代替各种直接调查方法。问卷调查法的第二个缺点是缺乏弹性，很难做深入的定性调查。问卷调查，特别是自填式问卷调查，调查者难以了解被调查者是认真填写还是随便敷衍，是自己填答还是请别人代劳；被调查者对问题不了解、对回答方式不清楚，无法得到指导和说明。问卷调查还有一个缺点，就是缺乏真实性。有的被调查者对问卷或者是任意打钩、画圈，或者是在从众心理驱使下按照社会主流意识填答，不能如实反映情况。另外，问卷调查的回复率和有效率低，问卷调查只适用于有一定文字理解表达能力的调查对象，而不适用于文盲和半文盲，这也是问卷调查法难以克服的局限性。

4.5.5 文献调查法

文献调查法指通过查阅项目所在地相关部门以及民间所藏文献资料，对当地人文资源的历史和现状做充分了解的方法。

凡是有文字的材料都称为文化。文献方法包括搜集资料，考证资料，检索资料，如文化典籍的整理，文化报道的整理，文化名人的手稿、日记、家谱的整理。许多文化现象只能通过历史文献才能得到了解，文献方法是必不可少的文化学方法。从历史文献可以了解上古历史的演进。文献整理方法与其他方法是不能截然分开的。如文化学在进行资料准备阶段，必须把文献进行分类。分类是文化学的一个环节，分类的过程可促成观点形成，使学问升华。同时，要使用文献检索，文献检索是利用检索工具或系统便利地查出需要的文献信息的一种有效治学方法。人类已经进入信息化时代，“知识爆炸”已是不言而喻的事实。文献检索可以使我们迅速、准确、全面地得到研究资料的信息，在借鉴前人成果的基础上拓展和深化，达到事半功倍的效果。

应用文献调查法时，要注意文献的相互对应性，去伪存真。

4.6 人文影响评价的步骤

人文影响评价的步骤如下：

第一步，决定是否对该项目进行人文影响评价，判定的依据是根据第 2 章“风景名胜资源调查与价值评价”的结果，如果该项目具有人文价值，则一定要进行人文影响评价。

第二步，对确定具有人文价值的项目，成立评价小组进行人文影响评价，该小组主要由具有人文专业知识的有关专家组成，适当吸收其他有关人员。

第三步：确立评价的目的、内容、范围等，确立评价的方向。

第四步：进行项目地的人文资源现状调查，该部分可利用资源价值调查部分的相关材料，要注意方法的运用和指标的选取。

第五步：以现状调查为基础，根据人文影响的特点选取合适指标进行人文影响评价。

第六步：给出评价结论。

第七步：给出相应的措施。

4.7 人文现状调查

人文影响评价的现状调查：详细调查项目地的物质文化遗产和非物质文化遗产的相关情况以及项目地文化所属的文化类型，以此确定项目实施前当地文化的价值和整体状况，为确定评价指标、保护级别及保护措施提供依据。

调查是人文影响评价的基础，应在进行影响评价前进行。调查适用于项目区的文化资源没有具体统计资料的情况，如果该项目区的人文资源状况已经很明确，可以不再进行调查，直接进行评价。

现状调查的目的有两个：一是通过调查了解项目实施前该地人文资源的保存和开发状况，作为人文影响评价的参照系，以此说明造成的是正面还是负面影响；二是通过调查，判定项目所涉文化是历史文化为主、地域文化为主还是民族文化为主，并据此确定评价时的方法和指标。

在进行以上调查时，调查方法以问卷调查及访谈为主，并辅助资料分析法以及数量统计法等。在进行调查时，可以有选择性的运用以上内容与指标，项目区中没有的内容可以不调查，内容中不涉及的指标可以不用。

现状调查的内容分三个步骤：

第一步，调查项目涉及的物质文化遗产和非物质文化遗产状况，具体内容和指标见表 4-1。

第二步，调查项目所在地的文化类型，即项目所在地属于民族文化为主地区、地域文化为主地区还是历史文化为主地区，具体内容和指标见表 4-2。

第三步，综合前两部分的调查结果，具体内容见表 4-3。

4.8 人文影响评价结论

项目人文影响的评价内容分为两部分，第一部分为项目对当地民族文化、地域文化、历史文化造成的影响，评价内容、指标和等级见表 4-4；第二部分内容为项目对当地物质文化和非物质文化造成的影响，评价内容、指标和等级见表 4-5。

在分别得出评价结论后，评价小组综合两组信息得出综合评价结论，最终确定项目将对该地区的人文造成正面影响还是负面影响，如果造成负面影响，影响的程度多大，是否可以进入项目下一阶段。具体见表4-6。

表4-1　现状调查表一

<table>
<tr><td rowspan="2">文化类型</td><td>调查单体</td><td colspan="7">调 查 内 容</td></tr>
<tr><td></td><td>形态</td><td>年代</td><td>主体人群</td><td>保存方式</td><td>保存状况</td><td>保护级别</td><td>知名度</td></tr>
<tr><td rowspan="6">物质文化景观</td><td>1. 文物</td><td>化石，青铜器，雕塑，生产工具，其他</td><td rowspan="6">有具体年代表明具体年代，无具体年代表明时代</td><td rowspan="6">文物属于哪些民族</td><td rowspan="6">主体人群保存，国家和政府保存</td><td rowspan="2">完整，较完整，不完整</td><td rowspan="6">国家级，省级，地市级，县级</td><td rowspan="6">世界知名，全国知名，全省知名，本地知名</td></tr>
<tr><td>2. 建筑</td><td>木制，土制，石制，砖瓦制，其他</td></tr>
<tr><td>3. 工艺品</td><td>玩具，陶器，面具，民族乐器，首饰，其他</td><td rowspan="2">大量生产，少量生产，不生产，已经失传</td></tr>
<tr><td>4. 古城（镇）</td><td>历史文化古城，民族特色村寨</td></tr>
<tr><td>5. 民族服饰</td><td>棉麻制，丝制，化纤制，其他</td><td>全民族穿，大多数穿，少数人穿，无人穿</td></tr>
<tr><td>6. 风味饮食</td><td>主食，小吃，菜肴，其他</td><td>平时吃，过节吃，几乎不吃</td></tr>
</table>

续表 4-1

文化类型	调查单体	调查内容						
		形态	年代	主体人群	保存方式	保存状况	保护级别	知名度
	7. 传统节日与习俗	各族共有,民族特色		文物属于哪些民族	主体人群保存,国家和政府保存	重视,一般,不重视,不过传统节日		
	8. 乡规民约	不需要调查		—				
	9. 禁忌规范	衣,食,住,行			是否被法律认可	全体遵守,小范围内有效,已无约束力		
非物质文化景观	10. 宗教文化	原始宗教,基督教,佛教,道教,伊斯兰教,其他	有具体年代表明具体年代,无具体年代表明时代		有组织;自发	信徒众多,小范围内传播,几乎消失	国家级,省级,地市级,县级	世界知名,全国知名,全省知名,本地知名
	11. 民族歌舞乐、戏剧、竞技	祭祀类,节庆类,娱乐类,其他		文物属于哪些民族		影响到外族,本民族常用,少数人用,几乎失传		
	12. 民族与民间文学	书面文学,口传文学			主体人群保存,国家和政府保存			

表 4-2　现状调查表二

调查的内容	调查指标	调查二级指标	调查结果
项目地所有的人文资源	年代	古代	以历史文化为主地区 以民族文化为主地区 以地域文化为主地区
		近代	
		现代	
	主体人群	一民族专有	
		多民族共有	
	特色程度	本地特有	
		非本地特有	
	资源价值点	资源的民族特色	
		资源的地域特色	
		资源的历史积淀程度	

表 4-3　人文影响的现状调查结果

项目地所拥有的人文资源	种类
	形制
	年代
	保存方式
	保存状况
	保护级别
	知名度
	价值
项目地所属文化类型	民族文化
	地域文化
	历史文化

表 4-4　人文影响评价表一

内　容		评价指标	评价等级	评价结果
物质文化	文物 民居建筑 宗教建筑等	形制 种类 保存方式 保存状况 保护级别 价值	A 级：形制不变，文化资源种类增多，保存方式更科学，保存状况更完整，保护级别提高，价值显著提升 B 级：各项指标基本保持不变 C 级：形制改变，资源种类减少，保存方式发生不利于文化保护的变化，保存状况变得不完整，保护级别降低，价值降低	
非物质文化	传统节日 乡规民约 禁忌规范等			

表 4-5 人文影响评价表二

	评价指标		评价等级			评价结果
	共有指标	特有指标				
评价内容	保存状况，保存方式，价值，可持续能力	—	A 级：项目将对当地的文化造成正面影响	B 级：项目将对当地的文化造成的影响正负相抵或是无影响	C 级：项目将对当地的文化造成负面影响	
对历史文化的影响	—	传承能力，当地居民重视度	主要表现在当地的历史文化保存状况将更完整，保存方式更完善，当地居民对文化的重视度提高，价值提升，传承能力和可持续发展能力提高等方面	主要表现在当地的历史文化保存状况、保存方式、当地居民对文化的重视度、价值以及可持续发展能力等方面均无明显变化	主要表现在当地的历史文化保存状况将变得不完整甚至遭到破坏，保存方式不科学，当地居民对文化的重视度降低，价值减少、可持续发展能力降低等方面	
对地域文化的影响	—	文化特色程度，文化影响力	主要表现在当地的地域文化保存状况将更完整，文化成为本地独有文化，主流文化的影响能力增强，价值提升，可持续发展能力增强等方面	主要表现在当地的地域文化保存状况、保存方式、文化特色程度、核心辐射力、价值以及可持续发展能力等方面均无明显变化，对当地传统习俗也无影响	主要表现在保存状况将变得不完整甚至遭到破坏，文化特色被泛化甚至湮灭，文化不再居于核心地位，价值减少，可持续发展能力降低等方面	

续表 4-5

评价指标		评价等级			评价结果
	共有指标	特有指标				
评价内容	保存状况，保存方式，价值，可持续能力	—	A 级：项目将对当地的文化造成正面影响	B 级：项目将对当地的文化造成的影响正负相抵或是无影响	C 级：项目将对当地的文化造成负面影响	
对民族文化的影响		文化多样性，原生态文化保留度，对当地民族习俗的尊重程度	主要表现在当地的民族文化保存状况将更完整，各族文化和习俗得到充分尊重，文化变得更为多样，原生态文化得以保留，价值提升，可持续发展能力增强等方面	主要表现在当地的民族文化保存状况、文化多样性、原生态文化、价值以及可持续发展能力等方面均无明显变化	主要表现在保存状况将变得不完整甚至遭到破坏，弱势文化被强势文化同化，原生态文化被破坏，民族习俗不被尊重，价值减少，可持续发展能力降低等方面	

表 4-6　项目人文影响评价结论表

综合评价结果	程度	最终评价结论
项目将对当地人文资源的保护造成正面影响	—	可以通过
项目对当地的人文资源无明显影响	—	可以通过
项目将对当地人文资源的保护造成负面影响	不太严重	可以进行整改
	十分严重	不能通过

本章参考文献

[1] 克鲁克洪．文化与个人．杭州：浙江人民出版社，1986.

[2] 刘守华．文化学通论．北京：高等教育出版社，1992.

[3] E·A·瓦维林，等．历史唯物主义与文化范畴．雷永生，等，译．石家庄：河北人民出版社，1987.

[4] 庞朴．要研究“文化”的三个层次．光明日报，1986－01－17.

[5] 刘雪．文化分类问题研究综述．泰安教育学院学报岱宗学刊，2006（04）：9－11.

[6] Bob Makercher，Hilary du Cros．文化旅游与文化遗产管理．朱路平，译．天津：南开大学出版社，2006.

[7]《国家级非物质文化遗产大观》编写组．国家级非物质文化遗产大观．北京：北京工业大学出

版社，2006.

[8] 钟敬文. 民俗学概论. 上海：上海文艺出版总社，1998.

[9] 叶盛荣. 关于完善原生态文化法律保护体系的几点思考. 中南林业科技大学学报（社会科学版），2008（02）：37－40.

[10] 于民雄. 经济全球化与文化多元化. 理论与当代，2006（08）：22－24.

[11] 马中璞，丁刚. 宗教的民族性与对少数民族风俗习惯的尊重. 前线，2002（12）：80－82.

[12] 马继祖. 尊重少数民族风俗习惯. 中国民族，2001（03）：58－59.

[13] 靳中和. 论民族风俗习惯的概念、特性及社会功能. 黑龙江民族丛刊. 1989（03）：46－49.

[14] 王玉德. 文化学. 昆明：云南大学出版社，2006.

[15] 石振怀. 浅谈非物质文化遗产的传承形式和传承条件. 非物质文化遗产纵横谈——北京市非物质文化遗产保护工作高级研讨班论文集，2007.

[16] 武良田. 非物质文化遗产在传承中的变异性 [J]. 非物质文化遗产纵横谈——北京市非物质文化遗产保护工作高级研讨班论文集，2007.

[17] 赵怡平. 试论非物质文化遗产在传统家庭的传承. 非物质文化遗产纵横谈——北京市非物质文化遗产保护工作高级研讨班论文集. 2007.

[18] 白玉峰. 关于非物质文化遗产保护与利用的思考. 非物质文化遗产纵横谈——北京市非物质文化遗产保护工作高级研讨班论文集，2007.

5 生态影响评价

5.1 导论

5.1.1 生态影响评价是环境影响评价的重要组成部分

我国环境影响评价制度已有二十多年历史，从最初单纯的工程项目环境影响评价发展到包含或兼顾工程项目、区域开发和战略等方面的较为全面的环境影响评价体系，其程序、技术和方法也在发展中日趋完善。但现行的环境影响评价仍侧重于污染影响评价，其生态影响评价的内容和深度与实际需要有较大差距，在开发建设活动中，对作为环境重要组成部分的生态系统及其组分影响进行评价，是对环境影响评价的支撑。生态影响评价以生态学原理为基础，针对项目开发建设活动的特点，通过生态影响识别、现状调查与评价、影响预测与评价和生态保护措施等基本过程，为开发建设活动提供生态学后果及相关信息，同时也提出相应建议、措施和要求。

5.1.2 生态影响及评价的特点

生态是一个极为复杂的系统，项目开发建设活动的生态影响具有精细、复杂、间接、关联、延迟、累积和反映滞后的特性，其影响具有以下特点：

（1）开发建设活动的生态影响往往发生在全过程，而不是过程完成后才发生。因此，生态影响评价是一个在开发建设活动各阶段进行的“评价—决策，再评价—再决策”的过程。

（2）单个项目开发建设活动的生态影响结论不能代表其开发建设活动对生态的总体影响，这是因为项目层次上的生态影响往往难以被发现，或者看起来不重要，而累积影响造成的对生态系统及其组分的破坏往往是巨大的。因此，生态影响评价应向开发政策和发展规划延伸，并发展和建立相应的方法、技术和体系，才能从根本上控制区域、全国或国际范围内的累积影响，进而更有效地对环境进行评价和管理。

（3）项目，尤其是区域化和跨区域化的大型项目开发建设活动不但会对局部产生生态影响，也可能对可持续发展的战略、方针、政策或资源基础和环境构成重要影响，导致自然和生态灾害或其他重大经济、社会、文化损失。因此，在开发建设活动中，越早开始生态影响评价，越有利于从根本上避免和减少对生态的影响或降低对生态的影响程度，即只有基于战略层次生态评价的生态影响评价才会更有效。

5.1.3 主要引用标准

下列标准中的条款通过本方法的引用而成为本方法的条款，若下列标准被修订，其最新版本适用于本方法。

《中华人民共和国环境保护法》，《中华人民共和国环境影响评价法》，《风景名胜区条例》,《环境影响评价技术导则 非污染生态影响》HJ/T 19—1997。

5.1.4 主题内容与适用范围

本方法主要是针对风景名胜项目开发建设的生态影响评价,适用于项目开发建设对陆地生态系统造成的影响。

5.1.5 有关术语和说明

生态系统类型:主要指森林、灌丛、草地、水域湿地、农用地、其他。

景观:狭义景观是指在几十平方公里至几百平方公里的范围内,由不同类型的生态系统所组成的、具有重复性格局的异质性地理单元。广义景观则包括出现在从微观到宏观不同尺度上的,具有异质性或斑块性的空间单元。单位为 hm^2 或 km^2。

生态系统:是包括在一定时间和空间内,所有生物和非生物之间,通过能流、碳流和营养物质循环而互相作用、互相依存的统一整体,构成一个生态学的功能单位。生态系统包括各层次的空间尺度,并可包括整个地球,大到大陆尺度的生物群系,小到受到充分制约的小生物系统,如一个小池塘。

生物多样性:各种空间尺度(从基因到整个生物群系)上全部有机体和生态系统的总体多样性。

森林:一般是指以乔木或竹子为主,郁闭度大于(等于)20%的天然林和人工林。这里将郁闭度为10% ~20%的稀疏林地也包括在内。单位为 hm^2 或 km^2。

灌丛:指以灌木为建群层片,郁闭度大于10%,高度在2m以下的矮林地。单位为 hm^2 或 km^2。

草地:指以生长草本植物为主,覆盖度在5%以上的各类草地,包括以牧草为主的灌丛草地和郁闭度在10%以下的疏林草地和灌草地。单位为 hm^2 或 km^2。

农用地:指耕种农作物的土地,包括熟耕地、新开荒地、休闲地、轮歇地、草田轮作地;耕种3年以上的滩地和滩涂。单位为 hm^2 或 km^2。

斑块:斑块泛指与周围环境在外貌或性质上不同,并具有一定内部均质性的空间单元。单位为 hm^2 或 km^2。

土壤侵蚀程度:分为微度、轻度、中度、强度、极强度、剧烈六个级别,具体标准参见水利行业标准《土壤侵蚀分类分级标准》SL 190—2007。面积单位为 hm^2 或 km^2。

地质灾害类型:主要指滑坡、泥石流、崩塌等类型。

生物群落:在相同时间聚集在同一地段上的各物种种群的集合。

生境:生境又称栖息地,指生物的个体、种群或群落生活地域的环境,包括必需的生存条件和其他对生物起作用的生态因素。生境是由生物和非生物因子综合形成的,而描述一个生物群落的生境时通常只包括非生物的环境。

建群种:对群落结构和群落环境的形成具有明显控制作用的物种,它的破坏将导致群落生境和种类组成的变化。

优势种:群落中个体数量最多、盖度大、生命力强的物种。

种群:在同一时期内占有一定空间的同种生物个体的集合。

濒危物种:种群数量很低,有灭绝的很大风险。

迁徙物种：野生动物任何物种或其次级分类的全部种群或该种群在地理上彼此独立的任何部分，它们中相当大的部分周期性地可预见地穿越一个或多个国家管辖的边界。

外来物种入侵：一种生物以任何方式传入其原产地以外的国家或地理区域，并在那里定居、繁殖，建立自然种群，通常是通过与其他物种竞争或长势超过本土物种，该过程称为外来物种入侵。这种生物称为外来种。

遗传资源：一切具有一定种质或基因、可供育种及相关研究利用的各种生物类型称为种质资源，也称遗传资源、基因资源。其形式有：植株、种子、器官、组织、花粉、细胞、DNA 片段。

伞盖种：能使同一生境中的其他物种获益的物种。

关键物种：一个在影响许多其他生物过程中具有重要作用的物种。该物种的死亡可能导致其他一些物种的消失，并可能导致生态系统功能发生重大的变化。

异质性：在一个区域里（景观或生态系统）对一个种、或者更高级的生物组织的存在起决定作用的资源（或某种性状）在空间或时间上的变异程度（或强度）。

相对同质：自然等级体系中低于景观的等级系统（主要指生态系统）具有的不同于景观的基本特征，即它是由具有相似特征的组分或元素组成的系统。这些组分和元素即表现相对同质。

自然资源：在一定的技术经济条件下，自然界中对人类有用的一切物质和能量都称为自然资源，如土壤、水、草场、森林、野生动植物、矿物、阳光、空气等。

陆地生态系统：包括生态系统、自然资源、区域生态和敏感保护目标。

盖度：样地中植物地上部分垂直投影面积占样地面积的百分比，即投影盖度。

生物量：又称“现存量”，单位面积或体积内生物体的重量。

生态因子：生物或生态系统的周围环境因素。

区域环境：包括人工环境在内的占有一定地域空间的自然环境。

自然环境：环绕着人群的空间中可以直接、间接影响到人类生活、生产的一切自然形成的物质、能量的总和。

社会环境：在自然环境的基础上，人类通过长期有意识的社会劳动，加工和改造了的自然物质，创造的物质生产体系，积累的物质文化所形成的环境体系。

荒漠化：指包括气候变化和人类活动在内的种种因素所造成的干旱、半干旱和具有干旱的半湿润地区的土地退化，其中包括沙质荒漠化、砾石荒漠化、水质荒漠化和工矿型荒漠化。

物种：具有一定的形态和生理特征以及一定的自然分布区的生物类群。

连通程度：指一个地域空间成分具有的隔离其他成分的物理屏障能力和具有的适宜物种流动通道的能力。

敏感区：我国现存的著名自然历史遗产、自然保护区、风景名胜区和水源保护区、森林公园。

植被覆盖率：指某一地域植物垂直投影面积与该地域面积之比，用百分数表示。

密度：景观体系中某一类型拼块在某一地域中的数目与拼块总数的百分比。

盐渍化：土壤中盐分的积累。

5.1.6 生态影响评价基本原则

1. 保护与发展原则

考虑保护与发展的内在联系，注重自然资源的保护，以可持续利用自然资源为前提，反映生态环境、社会经济状况和技术水平的变化，服务于各级政府的战略管理和决策需要。

2. 科学性原则

以生态学和相关科学基本理论为依据，选取生态影响的关键指标，根据生态学和生态保护基本原理，阐明生态影响的特点、途径、性质、强度和可能的后果，寻求保护和开发的途径。

3. 针对性原则

在评价方法上与现有的标准（如《环境影响评价技术导则 非污染生态影响》HJ/T 19—1997等）相衔接，又针对风景名胜项目开发建设活动和生态受影响的特点开展分析与评价。

4. 政策性和法规性原则

贯彻国家资源环境政策和生态环境保护战略，以法规为准绳，明确各方责任，确保在项目建设中对资源、生态、环境的有效管理。

5. 协调性与可行性原则

协调生态环境与社会经济的关系，协调局部与整体、短期与长期、业主与社会的利益关系，协调区域与项目、生态系统与生态因子的内在关系，提高评价的可操作性、有效性和保护的可行性。

5.2 生态影响评价工作等级与范围

5.2.1 生态影响评价工作等级

生态影响评价工作级别划分按《环境影响评价技术导则 非污染生态影响》HJ/T 19—1997中关于工作级别划分的要求，针对项目对所在区域的生态影响程度和影响范围的大小进行初步分析后，将风景名胜项目生态影响评价工作级别划分为1、2、3级。具体见表5-1“生态影响分级表”。

表5-1 生态影响分级表

主要生态影响及变化程度	评价工作级别		
	范围＞50km^2	范围20～50km^2	范围＜20km^2
生物群落			
生物量减少（＜50%）	2	3	—
生产量锐减（≥50%）	1	2	3
异质性程度降低 相对同质	2	3	—
物种的多样性减少（＜50%）	1	2	3
物种的多样性锐减（≥50%）	2	3	—
珍稀濒危物种消失	1	2	3
	1	1	1

续表 5-1

主要生态影响及变化程度	评价工作级别		
	范围 >50km^2	范围 20~50km^2	范围 <20km^2
区域环境			
绿地数量减少，分布不均，连通程度变差	2	3	—
绿地减少 1/2，分布不均，连通程度变极差	1	2	3
水和土地			
荒漠化	1	2	3
理化性质改变	2	3	—
理化性质恶化	1	2	3
敏感地区	1	1	1

经过对项目所在区域进行初步分析，选择 1~3 个方面的主要生态影响，依据相关的生态影响及生态因子变化的程度和范围进行工作级别初步划分，如果选择的生态影响多于 1 个，则依据其中评价级别高的影响确定工作级别。可根据本章“5.4 生态资源现状评价”的结论对评价的级别作适当调整，并最终确定生态影响评价工作级别。

1. 评价工作级别确定的总体原则

根据项目所在区域生态的敏感程度、生态影响的空间分布情况和项目范围大小等，凡是风景名胜项目会造成生态不可逆变或影响程度大或影响到敏感环境目标的项目，应进行 1 级评价；风景名胜项目不会造成不可逆变生态影响，或通过人为努力可使生态功能得到恢复或补偿，或虽有不可逆变生态影响，但规模小、范围有限，不会对区域生态功能有影响，按 2 级进行评价；风景名胜项目本身无害于生态功能或影响很小，如中小型生态建设工程、防止生态或自然灾害工程等项目，按 3 级进行评价。2 级以上项目的评价，要满足生态完整性的需要，对生态影响是否超越了项目所在区域的生态负荷或环境容量进行分析。3 级项目的评价可以从简，但也要对主要生态影响进行分析。

2. 主要生态影响及其变化程度判定

生态影响的变化程度应采用定量或定量与定性相结合的方式判定。难以定量的应采取专家评估的方式确定，也可通过历史图件的综合比较，采用背景比较分析方法确定。要分析原自然系统或次生系统的生产力是否降低，降低的范围和程度作为判定的根据。判定内容及方法如下：

（1）生物量和生物多样性的减少。生物量减少的度量方法是对照历史上本系统的量值或经典文献提供的地球上本系统的平均值进行量算。异质性程度变化的量算要以历史上本系统的数值为基础进行估算。区域环境的变化要度量绿地的数量变化和空间分布状况的变化。在实际工作中，定量计算评价区生物量的变化值主要是通过现场调查和遥感更新解析来完成的，项目建设导致生物量和生物多样性的减少主要发生在项目占用的地段，如果植物群落和动物集中地分布在直接影响范围或者间接影响范围内，而这些生物群落在其他地区没有或极少分布，即属于本地特有，这时对生物多样性的影响比较大，现场调查时要进行样方调查，通过统计分析，确定损失量。

（2）荒漠化。潜在荒漠化的生物生产量为 4.5~3t/(hm^2·a)，正在发展的荒漠化为

2.9～1.5t/(hm^2·a)，强烈发展的荒漠化为1.4～1.0t/(hm^2·a)，严重荒漠化为0.9～0/(hm^2·a)。

(3) 水、土壤的理化性质变化。主要表现在水体污染和水体利用方向改变两个方面，需依据现行国家标准《地表水环境质量标准》GB 3838—2002、《地下水环境质量标准》GB/T 14848—93进行判定。水理化性质改变指水体质量类型在Ⅰ～Ⅲ类范围内的变化，水理化性质恶化指水体质量类型由Ⅰ～Ⅲ变为Ⅳ～Ⅴ。土壤理化性质变化要对照本类型土壤的背景值进行度量，土壤理化性质改变指生产能力在该类型土地生产能力范围内，理化性质恶化指由上一级别退化为较低的土地生产能力级别。

(4) 敏感地区。包括我国现存的著名自然历史遗产、自然保护区、森林公园、风景名胜区和水源保护区、基本农田保护区。

5.2.2 生态影响评价范围与期限

1. 生态影响评价范围

生态影响评价范围包含已建和拟建风景名胜项目全部活动对生态系统的直接和间接影响所及范围。其中，生态影响评价范围与间接影响范围一致。

(1) 直接影响范围。与风景名胜项目的时空范围一致，以地理坐标、四界范围和规划面积描述（经、纬度精确到秒；四界范围应以行政区界或明确的自然地形、永久性人工建筑物为基准；面积以hm^2为单位，保留两位小数点。含多个分散景区的应分别描述）。

(2) 间接影响范围。间接影响范围应大于直接影响范围。应根据风景名胜项目范围内的生态系统与周边地区生态系统的完整性、可能受影响的敏感保护目标、区域生态确定间接影响范围，并据此确定生态影响评价范围。对于1、2、3级评价项目，要以重要评价因子受影响的方向为扩展距离，一般不能小于8～30km、2～8km和1～2km。

2. 生态影响评价期限

风景名胜开发项目生态影响评价期限分为现状评价和预测评价，预测评价包括施工期预测评价和运营期预测评价。“现状评价水平年”为风景名胜项目可行性研究阶段的年份；“施工期预测评价水平年”为可行性研究拟定的施工高峰年；“运营期预测评价水平年”为项目建成后第3年。需要开展1级生态影响评价的项目应做后评价，并对项目所在区域的可持续发展情况进行分析论证。

5.3 生态资源现状调查

生态资源现状调查的目的是探明评价范围内当前生态资源信息，作为生态资源现状评价的基础。调查内容包括生态系统、自然资源、区域生态和敏感保护目标调查。

5.3.1 生态系统调查

生态系统调查的重点为植被、植物资源、动物及动物资源等。

1. 植被调查

调查的主要指标包括植被类型、分布、面积、盖度，优势种与建群种、生物多样性、珍稀濒危物种、生产量，历史演化，植被价值，外来入侵物种等。

2. 植物资源调查

调查的主要指标包括植物资源物种、生产力、利用情况、历史演变与发展趋势等。

3. 动物调查

调查的主要指标包括动物物种多样性，珍稀濒危物种状态、分布、种群量、食性与习性，生殖与栖息地历史演变，迁徙物种，外来种，有价值种，生态指示物种等。

4. 动物资源调查

调查的主要指标包括动物资源的类型、分布、生消规律、历史演变、利用情况等。

5.3.2 自然资源调查

自然资源调查的重点为气候气象和地质地貌、水土条件。

1. 气候与气象调查

调查的主要指标包括降水（降水量及时空分布、年最大或最小降雨量）、蒸发（蒸发量、土壤湿度）、光照（年日照时度、年积温、无霜期、最高最低温度）、风（风向、风力、风频、大风日）、极端气温（台风、尘暴、霜冻、暴雨）等。

2. 地理地质与水土条件调查

调查的主要指标包括地形地貌（类型、分布、比例、相对关系）、自然景观（类型、特点、区位等）、土壤（成土母质、演化类型、性状、理化性质、厚度、物质循环、肥分、有机质、土壤生物特点、外力影响等）、土地资源（类型、面积、分布、生产力、土地利用情况）、耕地（面积、分布、生产力、人均量、水利状况、基本农田）、地面水（水系水文、水资源量、水质、功能、利用等）、地下水（流向、资源量、水位、补排、水质、利用等）、地质（构造结构、特点）等。

5.3.3 区域生态调查

区域生态调查的重点为水土流失、沙漠和石漠化、盐渍化、污染影响、自然灾害。

1. 水土流失调查

调查的主要指标包括历史演变、流失面积与分布、侵蚀类型、侵蚀模数、水分肥分流失量、泥沙去向、原因与影响。

2. 荒漠化调查

调查的主要指标包括历史演变、面积与分布、侵蚀类型、侵蚀量、侵蚀原因与影响。

3. 盐渍化调查

调查的主要指标包括历史演变、面积与分布、程度、原因与影响。

4. 污染影响调查

调查的主要指标包括来源、主要影响对象、影响途径、影响后果。

5. 自然灾害调查

调查的主要指标包括类型、地区、面积、历史变迁、发生频率、危害等。

5.3.4 敏感保护目标调查

敏感保护目标是指从生态学价值的角度确定的“重要生态系统组分”，同时也是“生态影响评价重点”，其调查重点是物种、生境、特殊意义地区。

1. 物种调查

调查的主要指标包括珍稀或濒危程度、公众关注程度、经济价值、保护地位、指示物种、伞盖种、关键物种。

2. 生境调查

调查的主要指标包括处于危险中的生境、珍稀的生境、有珍稀或濒危物种生存的生境、有非常重要生态功能的生境。

3. 特殊意义地区调查

调查的主要指标包括自然保护区、保护地、保护点、有特殊科学意义的地区、重要生态功能区等。

5.4　生态资源现状评价

5.4.1　评价内容和要求

生态资源现状评价的内容与生态现状调查相一致，包括生态系统、自然资源、区域生态和敏感保护目标评价。生态资源现状评价以生态资源现状调查为基础，按生态系统特性、质量、关联程度分类、分级，进行生态资源现状质量评价。通过生态资源现状评价，定量、定性、定量与定性相结合地反映项目区生态资源现状质量状况和特征，为其后开展的生态影响分析与评价提供基础和依据，也是生态保护与恢复对策和措施的基础和依据。

5.4.2　评价方法

生态资源现状评价常用方法有《环境影响评价技术导则　非污染生态影响》HJT 19—1997 推荐的图形叠置法、系统分析法、生态机理分析法、质量指标法、景观生态学法、数学评价方法等，见本章附录 B。

本书推荐“生态资源现状指数法”，即专家根据对生态系统、自然资源、区域生态、生态敏感保护目标的现状调查及分析，各自写出专题报告，并按生态系统、自然资源、区域生态和生态敏感保护目标 4 个专题的现状评价内容中各因子间的相互地位和重要性，在“生态资源现状评价因子权值表”中对各因子按“极强、强、较弱、弱”分级评分，得到各因子的权值，经加权计算得到“生态资源现状指数分值”（背景值：BJ）。具体方法见本章附录 A“生态资源现状评价方法”。

5.5　生态影响预测与评价方法

5.5.1　工程调查与分析

1. 工程资料收集

（1）工程前期设计资料，包括项目可行性研究报告，主、辅工程布置、规模等。

（2）工程的平面图，在该图上应标明地表状况（主要包括地形地貌、主要水体、植被类型及分布、主要动物群落）以及周边村镇、厂矿及大型建筑物、构筑物分布，交通规划，并标明项目区及界外区范围。

（3）区域规划资料和图件。

2. 工程分析

（1）拟建主、辅工程简要描述及分析（主要工程措施、工艺、施工方法和运行特点）。

（2）同类工程的调查分析，收集国内外类似工程资料，1级生态影响项目要对类似项目调查，进行类比分析。

（3）施工期的工程措施对生态影响途径分析，主要包括施工人员施工活动、机械设备使用等使植被、地形地貌改变，使土地和水体生产能力及利用方向发生改变，以及由于生态因子的变化使自然资源受到影响。

（4）运行期工程对生态影响的途径分析，主要包括工程运行改变了区域空间格局、土地和水体的利用状况，以及由此而影响了自然资源状况。

3. 评价因子性质、变化过程、并初步判定

根据对拟建项目潜在的环境问题分析，以及对项目性质和项目区生态环境基本特征的分析，初步判定评价因子的性质、变化过程，并定性预测变化结果。

5.5.2 生态影响预测

生态影响预测需在生态资源现状调查与评价和工程调查与分析的基础上进行，主要过程和内容包括项目对生态的影响分析、主要影响对象和影响因子确定、生态影响分析判别和生态影响预测方法。

1. 项目对生态的影响分析

风景名胜项目对生态的影响分为物理性作用、生物性作用和化学作用。物理性作用是指因土地用途改变、清除植被、收获生物资源、分割生境、改变河流水系、以人工生态系统代替自然生态系统，使组成生态系统的成分、结构形态或支持生态系统的外部条件发生变化，从而导致系统的结构和功能发生变化；生物作用主要是指人为引入外来物种导致的生态影响；化学作用指环境污染导致的生态影响。项目对生态的影响分析可用列表清单或描述法阐述。

2. 主要影响对象和主要影响因子确定

主要影响对象指项目影响或涉及的生态系统和敏感保护目标，主要影响因子是组成主要影响对象系统的主要因子，可结合生态资源现状评价确定。

3. 生态影响分析判别

根据主要影响对象和主要影响因子，判别风景名胜项目使生态系统发生变化的性质、程度、特点、相关性和可能性。

（1）变化的性质。对生态系统是正影响还是负影响，导致的变化是不可逆还是可逆。

（2）变化的程度。影响的生态因子多少以及生态功能的损失程度。变化程度可以按分级的形式表达，如分为无影响、弱影响，一般、较强、强烈影响各级。

（3）变化的特点。生态系统或生态因子受到影响后，变化是渐进的、累积性的和从量变到质变的，还是受到影响后直接发生质变。

（4）变化的相关性。生态因子的相关性决定了生态系统发生变化的连锁性和因果性。

应注意生态系统的间接变化往往比直接变化要大。

（5）变化的可能性。通过区域生态变迁历史的了解、类比调查等，分析变化的可能性。变化的可能性可分级表示，如分为不可能、极小可能、可能、很可能、肯定发生等各级。

4. 生态影响预测方法

目前，生态影响预测常用的方法有景观生态学方法、类比分析法、列表清单或描述法等，见本章附录B。生态影响预测的结论可作为其后进行的生态影响评价的基础，也可作为是否继续进行对其评价的阶段性结论。

5.5.3 生态影响评价方法

生态影响评价是在生态资源现状调查与评价、项目工程调查与分析、生态影响预测等工作的基础上进行的。依据评价的目的、对象、内容、特点、要求等，生态影响评价可采用不同的评价方法，如《环境影响评价技术导则　非污染生态影响》HJT 19—1997 推荐的图形叠置法、生态机理分析法、类比法、列表清单法、质量指标法、景观生态学法、系统分析法、生产力评价法、数学模型评价法等，见本章附录C。此外，常用的评价方法还有指数法、层次分析法和生物多样性、森林生态系统环境功能、水土流失等专项评价方法，见本章附录D。

本书推荐“综合指数法"，即以生态资源现状评价成果为背景，结合工程调查与分析和生态影响预测成果，由各专家判定项目建设对生态资源现状评价因子的影响程度，并写出影响程度专题报告，在“生态资源现状评价因子影响程度评权值表”中，按基本无影响、较小影响、中度影响、较大影响、严重影响五级对生态资源现状评价因子生态影响程度权值打分，打分标准见表5-2，得到生态资源现状评价因子影响程度权值。之后，参照本章附录B“生态影响预测与评价方法”计算出“生态影响指数分值”（影响值：BY），并与“生态资源现状指数分值”（背景值：BJ）进行比对，得出项目对生态的影响程度值（BC），对应的生态影响程度分为五级，即基本无影响、较小影响、中度影响、较大影响、严重影响。见表5-3。

表5-2　生态资源现状评价因子影响程度表

级别	基本无影响	较小影响	中度影响	较大影响	严重影响
影响程度值	$QZ_n<0.05$	$0.05\leqslant QZ_n<0.15$	$0.15\leqslant QZ_n<0.25$	$0.25\leqslant QZ_n<0.35$	$QZ_n\geqslant 0.35$

表5-3　生态影响程度分级表

级别	基本无影响	较小影响	中度影响	较大影响	严重影响
影响程度值（BC）	$BC<5$	$5\leqslant BC<15$	$15\leqslant BC<25$	$25\leqslant BC<35$	$BC\geqslant 35$

注：$BC=(BJ-BY)/BJ\times 100\%$。

5.6 生态保护措施

生态保护措施是指在项目开发建设活动中从源头、范围和程度减少对生态负面影响的措施，包括避免影响，减少或减轻影响，影响补偿，替代方案。

5.6.1 避免影响

避免影响是预防性和策略性的生态保护措施，也是最有效的保护措施。因为是预防性和策略性的措施，主要是在开发政策和规划阶段引入，可以避免开发建设活动对那些稀有或受保护物种或生境处于危险状况的地区造成影响，如避免对自然保护区、保护地、保护点、有特殊科学意义的地区、重要生态功能区等造成影响，目的是将潜在的生态影响从源头消除。

5.6.2 减少或减轻影响

减少或减轻影响是项目层次的生态保护措施，指减少影响的数量和减轻影响程度，在负面影响确实发生时减轻它们的影响。如设置噪声屏障、遮蔽物、野生生物通道（隧道、桥梁等），控制建设和运营通道，迁移动植物，生境转移，生境复原等。

5.6.3 影响补偿

影响补偿是指对生态负面影响进行补偿的生态保护措施，如提供可替代的场址新建生境或生态系统，提供同类型资源。应注意的是，新建的生境或生态系统往往难以达到原状态相同功能，或需要相当长时间。

5.6.4 替代方案

替代方案主要指项目阶段的选址（线）、施工进场路线及方式等的可替代方案，也包括项目生态保护、恢复、补偿和建设措施及措施的可替代方案。替代方案应是环境损失最小、费用最少、生态功能最大的方案，应该是生态保护决定的最佳选择，替代方案原则上应保障拟建项目达到或接近原方案同样的目的和效益，同时经济上可行或可承受。在评价工作中应描述替代项目或方案的优点和缺点。1 级生态影响评价以上的项目要进行替代方案比较。要对关键的单项问题进行替代方案比较，并对环境保护措施进行多方案比较。

5.7 生态影响监测

5.7.1 生态影响监测的作用

生态影响监测是建设项目生态保护过程管理的重要环节和手段，其主要作用表现为确定项目进入实施阶段后的“某一时刻（段）”的生态系统状况和发展趋势，并以此设立一个背景值。借助生态影响监测活动与结果，可测量生态影响预测、评价的正确性或偏差，可验证生态影响预测、评价过程的有效性和实用性，可发现生态影响的延迟和累积效应，可查明生态保护措施成功与否，可为在生态保护措施失败的情况下制定并实施补救措施提供背景依据。

5.7.2 生态影响监测的要求

1. 生态影响监测的结果应具有可比性

生态影响监测的指标、范围和重点原则上应与生态资源现状调查与评价、生态影响预测与评价和生态影响评价等工作或过程的指标、范围和重点相一致，评价方法也应一致。

2. 生态影响监测应具有可行性

连续、全点、全因子的生态影响监测既不可行，也没有必要，监测时间及频率、监测点和因子的选择应定位于可以获得最有用的生态影响信息和可以较准确地确定生态系统变化趋势，即应选择适宜的监测时间和频率，同时选择有代表性的监测点和因子。代表性因子选择通常为指示器生物选择，指示器生物选择与监测目的有关，如选择成熟、老龄和长寿的动植物作为指示器进行长期监测，可以得到较为长期的生态影响结果，特别是可以发现生态影响的延迟和累积效应。

5.7.3 生态影响监测的重点和方法

1. 生态影响监测重点

生态影响监测包括生态系统、自然资源、区域生态和敏感保护目标监测。生态系统监测重点为植被、植物资源、动物及动物资源等监测。自然资源监测重点为气候气象和地质地貌、水土条件等监测。区域生态监测重点为水土流失、沙漠和石漠化、盐渍化、污染影响、自然灾害等监测。敏感保护目标监测重点是物种、生境、特殊意义地区等监测。

2. 生态影响监测方法

生态影响监测实质上是一个背景值更新的过程，即是再调查、再评价的过程，其方法与生态影响评价相同。

5.8 生态影响评价技术工作程序与评价报告主要内容

5.8.1 生态影响评价技术工作程序

生态影响评价技术工作程序见图 5-1。

5.8.2 生态影响评价报告主要内容

生态影响评价报告应全面、概括地反映影响评价的全部内容，文字应简洁、准确，并尽量采用图表和照片，以使提出的资料清楚，论据充分，论点明确，利于阅读和审查。原始数据、全部计算过程不必在报告书正文中列出，必要时编入附录。报告中所采用的主要参考文献应按其发表的时间次序列出目录。

生态影响评价报告一般应包含以下几个部分：

1. 项目概要

项目名称，评价委托单位，评价目的和方法，拟建项目概况，项目区概况，评价结论。

2. 评价依据

法律法规，规范，文件，参考资料，实地调查资料等。

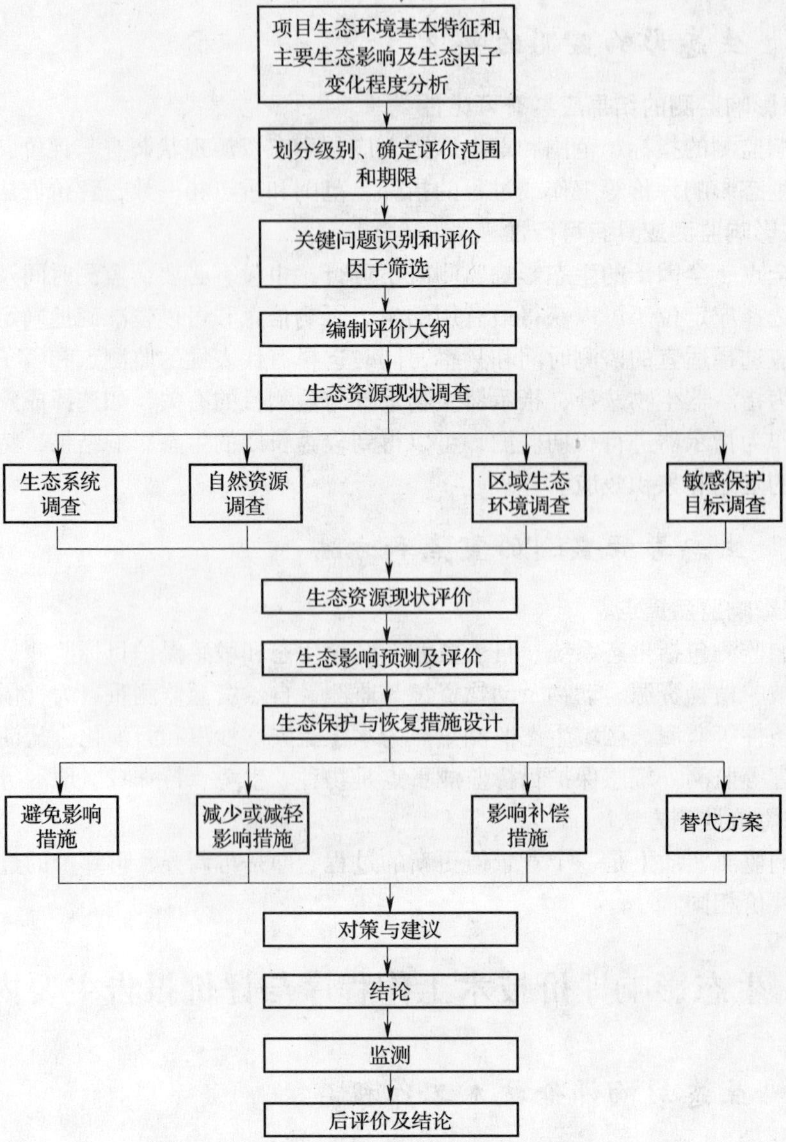

图 5-1　生态影响评价技术工作程序图

3. 建设项目概要

项目背景；项目区域社会经济现状；工程布置、建设内容及规模；施工方案和运营方案；“三废”的种类，排放量和排放方式；施工期和运行期的主要生态影响因子；项目规划的对生态影响的防护措施和恢复方案。

4. 生态影响评价工作等级与范围

生态影响评价工作等级，生态影响评价范围与期限。

5. 生态资源现状调查与评价

调查与评价方法，调查与评价结论。

6. 生态影响预测与评价

工程调查与分析，生态资源现状因子影响分析，生态影响预测与评价。

7. 生态保护措施

避免影响，减少或减轻影响，影响补偿，替代方案。

8. 结论与建议

总体结论，提出避免影响、减少或减轻影响、影响补偿、替代方案、生态影响监测等措施和建议。

9. 附录

包括附图、附件和附表。

附录A 生态资源现状评价方法

A.1 生态资源现状评价因子

1. 生态系统现状评价因子

（1）生态系统整体性评价因子。

①连续程度：指地域的连续或整体程度。如生境整体面积大于10000hm²，则可认为生态系统的连续或整体程度好，生境整体面积小于1000hm²，则可认为生态系统的连续或整体程度差。分为极强（极好）（9~8）、强（好）（7~6）、较强（较好）（5~3）、弱（差）（2~0）。

②协调程度：指生态系统和非生物组成成分的协调程度。如种群过多或过少、食物链“断链”或某种营养层次“缺失”、重大的资源“短缺”等均可视为不协调，即协调度弱。分为极强（8）、强（7~6）、较强（5~3）、弱（2~0）。

③完整程度：指生态系统的空间分布的完整程度。用同生物地理区内同类生态系统的“标准或理想”空间为参照，若评价对象的空间分布相似，则认为空间分布完整，即完整度强。分为极强（7）、强（6~5）、较强（4~2）、弱（1~0）。

（2）生态系统结构和状态评价因子。

①典型程度：指生态系统类型、分布、面积、多样性、生物组成、物种多样性、优势种或建群种、有价值的动植物资源、珍稀濒危生物在结构和状态方面的典型程度。分为极强（7）、强（6~5）、较强（4~2）、弱（1~0）。

②稳定程度：指生态系统在承受力、抵抗力、恢复力等方面的稳定程度。分为极强（7）、强（6~5）、较强（4~2）、弱（1~0）。

（3）生态系统功能评价因子。

①生产能力：指生态系统在生物量、生长量或生长率、资源生产能力等方面的生产能力程度。分为极强（6）、强（5~4）、较强（3~2）、弱（1~0）。

②环境功能：指生态系统在水源涵养、防水土流失、防风固沙、吸收二氧化碳、释放氧气等方面的环境功能程度。分为极强（6）、强（5~4）、较强（3~2）、弱（1~0）。

（4）生态系统抗拒压力和威胁评价因子。

抗压程度：生态系统会在植被破坏、资源过度开发、土壤侵蚀、脆弱性、受某种生态因子严重制约、进行性退化和恶化，或物种灭绝、系统存在等方面受到的压力和威胁，受到的压力和威胁越小，抗压程度越强。分为极强（10~8）、强（7~5）、较强（4~2）、弱（1~0）。

2. 自然资源现状评价因子

适宜程度：指自然资源中地质、水、土等方面的条件与项目开发的适宜程度，自然资源条件好，则资源的生产率和经济价值高，适宜程度强。分为极强（10~8）、强（7~6）、较强（5~3）、弱（2~0）。

3. 区域生态现状评价因子

承受程度：项目区存在的水土流失、荒漠化、自然灾害和污染危害等问题，与之相关的是生态系统会受到进一步不利影响，存在的问题越小，不利影响的程度就越小，承受程度越强。分为极强（10~8）、强（7~5）、较强（4~2）、弱（1~0）。

4. 生态敏感保护目标影响现状评价因子

敏感程度：指项目区生态敏感保护目标要素（物种、生境、特殊意义地区）的珍稀或濒危程度、公众关注程度、经济价值、特殊性、重要性等。分为极强（20~16）、强（15~11）、较强（10~5）、弱（4~0）。

A.2 生态资源现状指数分值计算

生态资源现状指数分值（背景值：BJ）按下式计算：

$$BJ = \sum L_i \times Q_i$$

式中 BJ——生态资源现状指数值；

L_i——资源现状类型评分值；

Q_i——资源现状类型权重。

生态资源现状评价因子权值和生态资源现状指数理想值计算见表 A-1 和表 A-2。

表 A-1 生态资源现状评价因子权值表

生态系统现状评价因子权值					
评价因子	理想权值	极强	强	较强	弱
连续程度	9	9~8	7~6	5~3	2~0
协调程度	8	8	7~6	5~3	2~0
完整程度	7	7	6~5	4~2	1~0
典型程度	7	7	6~5	4~2	1~0
稳定程度	7	7	6~5	4~2	1~0
生产能力	6	6	5~4	3~2	1~0
环境功能	6	6	5~4	3~2	1~0
抗压程度	10	10~8	7~5	4~2	1~0
自然资源现状评价因子权值					
适宜程度	10	10~8	7~6	5~3	2~0
区域生态现状评价因子权值					
承受程度	10	10~8	7~5	4~2	1~0
生态敏感保护目标现状评价因子权值					
敏感程度	20	20~16	15~11	10~5	4~0
专家签字：			年　月　日		

表 A-2 生态资源现状指数理想分值计算表

资源现状类型	评价因子	生态系统现状评价因子权值	合计	权重	生态资源现状指数理想值
生态系统	连续程度	9	60（L_1）	0.6（Q_1）	42.0 BJ
	协调程度	8			
	完整程度	7			
	典型程度	7			
	稳定程度	7			
	生产能力	6			
	环境功能	6			
	抗压程度	10			
自然资源	适宜程度	10	10（L_2）	0.1（Q_2）	
区域生态	承受程度	10	10（L_3）	0.1（Q_3）	
生态敏感保护目标	敏感程度	20	20（L_4）	0.2（Q_4）	
合　计		100		1.0	
注：$BJ = \sum L_i \times Q_i$					
所有专家签字：　　　　年　月　日					

A. 3 生态资源现状质量等级

根据生态资源现状指数值，将项目区生态资源现状质量划分三级，可作为确定生态影响评价工作级别的参考依据，即分别对应生态影响评价工作级别中的1、2、3级。

1级为32～42分，表明项目区生态资源现状价值高。

2级为25～31分，表明项目区生态资源现状价值较高。

3级为17～24分，表明项目区生态资源现状价值较低。

附录 B 生态影响评价方法

B. 1 生态影响因子

生态影响评价方法中的生态影响因子选择与生态资源现状评价因子选择一致。

B. 2 生态资源现状评价因子影响程度计算

以生态资源现状评价成果为背景，结合工程调查与分析和生态影响预测成果，由参与评价的各专家判定项目建设对生态资源现状评价因子的影响程度。即在以表 A-1 为基础的表 B-1 中按基本无影响、较小影响、中度影响、较大影响、严重影响五级对生态资源现状评价因子影响程度打分，得到生态资源现状评价因子影响程度权值 QZ_{1n}，QZ_{2n}，QZ_{3n}，…（n 为对应的专家及人数），打分标准见表 5-2。

生态资源现状评价因子影响程度理想权值表见表 B-1。

表 B-1　生态资源现状评价因子影响程度理想权值表

生态系统现状评价因子影响程度权值						
评价因子	生态系统现状评价因子理想权值	极强	强	较强	弱	生态影响程度权值
连续程度	9	9~8	7~6	5~3	2~0	QZ_{1n}
协调程度	8	8	7~6	5~3	2~0	QZ_{2n}
完整程度	7	7	6~5	4~2	1~0	QZ_{3n}
典型程度	7	7	6~5	4~2	1~0	QZ_{4n}
稳定程度	7	7	6~5	4~2	1~0	QZ_{5n}
生产能力	6	6	5~4	3~2	1~0	QZ_{6n}
环境功能	6	6	5~4	3~2	1~0	QZ_{7n}
抗压程度	10	10~8	7~5	4~2	1~0	QZ_{8n}
自然资源现状评价因子影响程度权值						
适宜程度	10	10~8	7~6	5~3	2~0	QZ_{9n}
区域生态现状评价因子影响程度权值						
承受程度	10	10~8	7~5	4~2	1~0	QZ_{10n}
生态敏感保护目标现状评价因子影响程度权值						
敏感程度	20	20~16	15~11	10~5	4~0	QZ_{11n}
专家签字：		年	月	日		

B.3　生态影响程度计算

根据表 B-1 计算出“生态资源现状评价因子影响程度权值 QZ_n”，按表 B-2 计算出生态影响指数值（影响值：BY），与“生态资源现状指数值”（背景值：BJ）进行比对，得出项目对生态的影响程度值（BC），按表 5-3 对应计算并确定生态影响程度级别，分为基本无影响、较小影响、中度影响、较大影响和严重影响五级。

表 B-2 生态影响指数理想值计算表

资源类型	评价因子	生态系统现状评价因子分值(A_i)	生态影响程度分值	生态影响指数分值	合计	权重	生态影响指数值
生态系统	连续程度	9	$\sum QZ_{1n}/n$	$9\times(1-\sum QZ_{1n}/n)$	$\sum(1-A_i\sum QZ_{in}/n)$ $i=1,2,3,\cdots,8$ (L_{11})	0.6 (Q_{11})	$\sum L_{ii}\times Q_{ii}$
	协调程度	8	$\sum QZ_{2n}/n$	$8\times(1-\sum QZ_{2n}/n)$			
	完整程度	7	$\sum QZ_{3n}/n$	$7\times(1-\sum QZ_{3n}/n)$			
	典型程度	7	$\sum QZ_{4n}/n$	$7\times(1-\sum QZ_{4n}/n)$			
	稳定程度	7	$\sum QZ_{5n}/n$	$7\times(1-\sum QZ_{5n}/n)$			
	生产能力	6	$\sum QZ_{6n}/n$	$6\times(1-\sum QZ_{6n}/n)$			
	环境功能	6	$\sum QZ_{7n}/n$	$6\times(1-\sum QZ_{7n}/n)$			
	抗压程度	10	$\sum QZ_{8n}/n$	$10\times(1-\sum QZ_{8n}/n)$			
自然资源	适宜程度	10	$\sum QZ_{9n}/n$	$10\times(\sum QZ_{9n}/n)$	$\sum(1-10\times\sum QZ_{9n}/n)$ (L_{22})	0.1 (Q_{22})	
区域生态	承受程度	10	$\sum QZ_{10n}/n$	$10\times(1-\sum QZ_{10n}/n)$	$\sum(1-10\times\sum QZ_{10n}/n)$ (L_{33})	0.1 (Q_{33})	
生态敏感保护目标	敏感程度	20	$\sum QZ_{11n}/n$	$20\times(1-\sum QZ_{11n}/n)$	$\sum(1-20\times\sum QZ_{11n}/n)$ (L_{44})	0.2 (Q_{44})	
合计		100					
注：$BY=\sum L_{ii}\times Q_{ii}$							
所有专家签字：		年 月 日					

附录C 《环境影响评价技术导则 非污染生态影响》HJ/T 19—1997推荐的评价方法

C.1 图形叠置法

该方法把两个或更多的环境特征重叠表示在同一张图上，构成一份复合图，用以在开发行为影响所及的范围内，指明被影响的环境特性及影响的相对大小。该方法使用简便，但不能做精确的定量评价。其基本意义在于说明、评价或预测某一地区的受影响状态及适合开发程度，提供选择的地点和线路。目前该方法被用于公路或铁路选线、滩涂开发、水库建设、土地利用等方面评价，也可将污染影响程度和植被或动物分布叠置成对生物的影响分布图。图形叠置法的实施步骤如下：

（1）用透明纸作底图，在图上标出开发项目的位置及即将受项目影响的地区范围。

（2）在底图上描出植被现状、动物分布或其他受影响因子的特征。

（3）绘出每个影响因子影响程度的透明图。

（4）将影响因子图和底图重叠，用不同的色彩和不同的色度表示不同的影响和不同的影响程度。

该方法的特点是预测结果直观，容易被人理解，如用带方格的透明纸还可以定量地估测受影响的地区的面积，但不易预测影响的时间上的延续。此外，此种方法需要大量的资料、经费和人力，使其应用受到一定的限制。由于其表达的环境特征大多为自然地理方面的，本方法应与计算机作图、地理信息系统等新技术结合起来，其应用范围必然更加广泛，效果也将得到提高。

C.2 生态机理分析法

动物或植物与其生长环境构成有机整体，当开发项目影响植物生长环境时，对动物或植物的个体、种群和群落也产生影响。按照生态学原理进行影响预测的步骤如下：

（1）调查环境背景现状和搜集有关资料。

（2）调查植物和动物分布，动物栖息地和迁徙路线。

（3）根据调查结果分别对植物或动物按种群、群落和生态系统进行划分，描述其分布特点、结构特征和演化等级。

（4）识别有无珍稀濒危物种及重要经济、历史、景观和科研价值的物种。

（5）观测项目建成后该地区动物、植物生长环境的变化。

（6）根据兴建项目后的环境（水、气、土和生命组分）变化，对照无开发项目条件下动物、植物或生态。

该方法系统地演替趋势，预测动物和植物个体、种群和群落的影响，并预测生态系统演替方向。评价过程中有时要根据实际情况进行相应的生物模拟试验（如环境条件），生物习性模拟试验、生物毒理学试验、实地种植或放养试验等，或进行数学模拟，如种群增长模型的应用。该方法需要较翔实的生态学知识，有时还需要与生物学、地理学、水文学、数学及其他多学科合作评价，才能得出较为客观的结果。

C.3 类比法

类比法可分成整体类比和单项类比。整体类比是根据已建成的项目对植物、动物或生态系统产生的影响来预测拟建项目的影响。该方法需要被选中的类比项目在工程特性、地理地质环境、气候因素、动物和植物背景等方面都与拟建项目相似，并且项目建成已达到一定年限，其影响已基本趋于稳定。在调查类比项目的植被现状之后，包括个体、种群和群落的变化，动物、植物分布和生态功能的变化情况，再根据类比项目的变化情况预测拟建项目对生态系统的影响。

由于自然条件千差万别，在生态评价时很难找到完全相似的两个项目，因此，单项类比或部分类比可能更实用一些。

C.4 列表清单法

该方法的基本做法是将实施的开发活动和可能受影响的环境因子分别列于同一张表格的列与行，在表格中用不同的符号判定每项开发活动给对应的环境因子的相对影响大小。该方法使用方便，但不能对环境影响程度进行定量评价。

C.5 质量指标法（综合指标法）

质量指标法是环境质量评价中常用的综合指数法的拓展形式。基本原理为：通过对环境因子性质及变化规律的研究与分析，建立其评价函数曲线，通过评价函数曲线将这些环境因子的现状值（项目建设前）与预测值（项目建设后）转换为统一的无量纲的环境质量指标，由好至差用1~0表示，由此可计算出项目建设前、后各因子环境质量指标的变化值。最后，根据各因子的重要性赋予权重，再将各因子的变化值综合起来，便得出项目对生态的综合影响。

环境质量指标法的基本公式是：

$$\Delta E = \sum (E_{A_i} - E_{B_i}) \times W_i (i = 1,2,\cdots n)$$

式中 ΔE——项目建成前、后环境质量指标的变化值，即项目对环境的综合影响；

E_{A_i}——项目建设后的环境质量指标；

E_{B_i}——项目建设前的环境质量指标；

W_i——权值。

该方法的核心问题是建立环境因子的评价函数曲线，通常是先确定环境因子的质量标准，再根据不同标准规定的数值确定曲线的上、下限。对于已被国家标准或地方标准明确规定的环境因子，如水、大气等，可以直接用标准值确定曲线的上、下限；对于一些无明确标准的环境因子，需要进行大量工作，选择其相对的质量标准，再用以确定曲线的上、下限。权值的确定大多采用专家咨询法。

C.6 景观生态学方法

景观生态学对生态质量状况的评判是通过两个方面进行的，一是空间结构分析，二是功能与稳定性分析。这是因为景观生态学认为，景观的结构与功能是相当匹配的，且增加景观异质性和共生性也是生态学和社会学整体论的基本原则。

空间结构分析基于景观是高于生态系统的自然系统，是一个清晰的和可度量的单位。景观由拼块、模地和廊道组成，其中模地是景观的背景地块，是景观中一种可以控制环境质量的组分。因此，模地的判定是空间结构分析的重要内容。判定模地有三个标准，即相对面积大、连通程度高、有动态控制功能。模地的判定多借用传统生态学中计算植被重要值的方法。该方法决定某一拼块类型在景观中的优势，也称优势度值（D_0）。优势度值由密度（R_d）、频率（R_f）和景观比例（L_p）三个参数计算得出。其数学表达式如下：

$$R_d = (\text{拼块 } i \text{ 的数目/拼块总数}) \times 100\%$$

$$R_f = (\text{拼块 } i \text{ 出现的样方数/总样方数}) \times 100\%$$

$$L_p = (\text{拼块 } i \text{ 的面积/样地总面积}) \times 100\%$$

$$D_0 = 0.5 \times [0.5 \times (R_d + R_f) + L_p] \times 100\%$$

上述分析同时反映自然组分在区域生态中的数量和分布，因此能较准确地表示生态的整体性。

景观的功能和稳定性分析包括如下四方面内容：

（1）生物恢复力分析，分析景观基本元素的再生能力或高亚稳定性元素能否占主导地位。

（2）异质性分析，模地为绿地时，由于异质化程度高的模地很容易维护它的模地地位，从而达到增强景观稳定性的作用。

（3）种群源的持久性和可达性分析，分析动、植物物种能否持久保持能量流、养分流，分析物种流可否顺利地从一种景观元素迁移到另一种元素，从而增强共生性。

（4）景观组织的开放性分析，分析景观组织与周边生境的交流渠道是否畅通。开放性强的景观组织可以增强抵抗力和恢复力。

景观生态学方法既可以用于生态现状评价也可以用于生境变化预测，目前是国内外生态影响评价学术领域中较先进的方法。

C.7 系统分析法

系统分析法因其能妥善地解决一些多目标动态性问题，目前已广泛应用于各行各业，尤其在进行区域规划或解决优化方案选择问题时，系统分析法显示出其他方法所不能达到的效果。

在生态系统质量评价中使用系统分析的具体方法有专家咨询法、层次分析法、模糊综合评判法、综合排序法、系统动力学、灰色关联等方法，这些方法原则上都适用于生态影响评价。这些方法的具体操作过程可查阅有关书刊。

C.8 生产力评价法

绿色植物的生产力是生态系统物流和能流的基础，它是生物与环境之间相互联系最本质的标志。该方法的评价由下述分指数综合而成，包括：

（1）生物生产力。是指生物在单位面积和单位时间所产生的有机物质的重量，亦即生产的速度，以 $t/(hm^2 \cdot a)$ 表示。目前，全面地测定生物的生产力还有很多困难。因此，多以测定绿色植物的生长量来代表生物的生产力，公式为：

$$P_q = P_n + R$$

$$P_n = B_q + L + G$$

式中 P_q——总生物生产量；

P_n——净生物生产量；

R——生物呼吸作用消耗量；

B_q——活物质生产量；

L——枯枝落叶损失量；

G——被动物消耗的生物量。

由于生长量的变化极不稳定，因此在生态影响评价中需选用标定生长系数的概念，即生长量与标定生物量的比值，它是生态学评价的一个分指数，以 P_a 表示。

$$P_a = B_a / B_{mo}$$

式中 P_a——标定生长系数；

B_a——生长量；

B_{mo}——标定生物量。

P_a 值越大，表示生态质量越好。

（2）生物量。生物量是指一定地段面积内某个时期生存着的活动有机体的重量，以 t/hm^2 表示，它又称现有量。森林生物量与草地生物量的测定不同，请查阅有关文献。在生态影响评价中一般选用标定相对生物量的概念，它是各级生物量与标定生物量的比值，它是生态学评价的又一个分指数，以 P_b 表示。

$$P_b = B_m / B_{mo}$$

式中 P_b——标定相对生物量；

B_m——生物量；

B_{mo}——标定生物量。

P_b 值增大，表示环境质量趋好。

（3）物种量。从生物与环境对立统一的进化观点看，生物种类成分的多样性及群落的稳定性是一致的，而群落的稳定性与种类成分之间互相利用环境的合理性也是一致的。在生态评价时，以群落单位面积内的物种作为标准，称为物种量（物种数/hm^2），而物种量与标定物种量的比值，称为标定相对物种量，这是生态学评价的又一指数，以 P_s 表示。

$$P_s = B_s / B_{so}$$

式中 P_s——标定相对物种量；

B_s——物种量；

B_{so}——标定物种量。

P_s 越大，环境质量越好。

生物生产力、生物量、物种量是环境质量生态学评价的三个重要的生物学参数。与这三者密切相关的还有非生物学参数，如土壤中的有机质和有效水分含量等，这些参数分别导出来的标定生长系数、标定相对生物量、标定相对物种量、标定土壤有机质相对贮量（P_m）、标定土壤有效水相对含量（P_w），均是环境质量生态学评价的重要分指数，它们的综合（等权相加）便是生态学评价的综合指数，以 P 表示。

$$\begin{aligned} P &= \sum P_i = P_a + P_b + P_s + P_m + P_w \\ &= B_a/B_{mo} + B_m/B_{mo} + B_s/B_{so} + S_m/S_{mo} + S_w/S_{wo} \end{aligned}$$

式中 S_m——土壤有机质贮量；

S_{mo}——标定土壤有机质贮量；

S_w——土壤有效水含量；

S_{wo}——标定土壤有效水含量。

只要参数选择得当，上式可以增到 N 项，即：

$$P = \sum P_i = P_a + P_b + P_s + P_m + P_w + \cdots + P_n$$

C.9 数学评价方法

在生态评价中，多元线性回归方程也较常见，其数学表达式为：

$$Y_a = \beta_0 + \beta_1 Xa_1 + \beta_2 Xa_2 + \cdots + \beta_k X_{ak} + \varepsilon_a$$

式中 β_0，β_1，β_2，...，β_k——待定参数；

ε_a——随机量。

为了估计 β 采用最小二乘法，则得回归模型为：

$$Y = b_0 + b_1 X_1 + b_2 X_2 + \cdots + b_k X_k$$

式中 b_0——常数项；

b_1，b_2，... b_k——偏回归系数（数学分析与计算过程从略）。

多元线性回归模型要进行显著性检验。

在生态领域中，少量的问题有线性关系，相当多的问题属于非线性关系。因此，也可以应用多元非线性回归模型进行评价和预测。

生态最重要的特征之一是它具有区域性，用数学模型模拟（或拟合）生态数据的空间分布及其区域性变化趋势的方法，称为趋势面分析，这也是生态评价的方法之一。用于计算趋势面的数学表达式是多项式函数和傅里叶级数，其中最常用的是多项式函数。

附录 D 生态影响专项评价方法

D.1 生物多样性定量评价法

生物多样性一般有物种多样性指数、均匀度和优势度三个指标表征。

（1）物种多样性指数 H：

$$H = -\sum_{i=1}^{n} P_i \log_2 P_i$$

式中 P_i——第 i 个种的个数占个体总数 N 的比例，即 $P_i = n_i/N$。

该式的含义是以各个种的相对多度来反映群落的物种多样性，即反映群落的物种丰富度。一般来说，北温带地区木本植物 H 值多小于 2，草本植物 H 值为 2～2.5。

（2）均匀度 E：

$$E = H/H_{max}$$

式中 H_{max}——最大多样性指数。

设群落中物种总数，即总丰富度为 T，当所有物种都以相同的比例（$1/T$）存在时，将有最大的多样性，即 $H_{max} = \log_2 T$。

样方中各个种多度的均匀度，即是每个种个体数量间的差异。种的多样性与种间个体分布的均匀度有关。

(3) 优势度 D：

$$D = \log_2 T + \sum_{i=1}^{n} P_i \log_2 P_i$$

式中 T——群落中物种总数，即总丰富度。

优势度表明群落中占统治地位的物种及其分布。

D.2 森林生态系统环境功能评价方法

1. 森林水分涵养 M (t)

指标：蓄水量或蓄水量增加［t/(hm^2·a)］，地表径流减少［t/(hm^2·a)］。

(1) 地表覆盖层（凋落层）涵水能力 M_1 (t)：

$$M_1 = W \times S$$

式中 W——地表凋落层现存量（t/hm^2）；

S——评价范围的森林植被面积（hm^2）。

在实地测得单位面积凋落层重量（干、湿）后，即可推算出单位面积涵水量，乘以所评价范围的森林植被面积，就可得出评价范围的森林区地表覆盖层涵水量。

(2) 林冠截留降水量 M_2：

$$M_2 = H \times J \times S/1000$$

式中 H——林外年平均降雨量（mm）；

J——截留率，一般取林外年平均降雨量的15%～45%；

S——评价范围的森林植被面积（hm^2）。

(3) 林下土壤涵水能力 M_3 (t)：

林下土壤涵水能力可参考以下方法估算。

①根据土壤理化性质估算。即估算土壤水分体积百分率，乘以土壤总体积（由面积和土壤厚度乘积得到），估算出单位体积土壤的涵水量。

②根据土壤孔隙度估算。原理：水分充满土壤的所有孔隙。

森林土壤蓄水量＝森林面积×土壤层平均厚度×非毛细管孔隙度－蒸发损失量－植被生理消耗量。

土壤厚度和孔隙度可通过土壤剖面实测和计算得到。

(4) 森林土壤吸（失）水量：

$$M = M_1 + M_2 + M_3$$

2. 森林保持土壤

以通用水土流失方程（USLE）计算土壤侵蚀：

$$A = R \times K \times L \times S \times C \times P$$

式中 A——单位面积土壤流失量；

R——降雨侵蚀因子；

K——土壤可侵蚀因子；

L——坡度因子；

S——坡长因子；

C——植被覆盖因子；

P——水土保持措施因子。

其中的 C、P 因子均与森林覆盖有关。

3. 森林改善气候的效应

原理：在森林，日间约有35%～75%的太阳辐射被林冠拦截吸收，20%～25%被林冠叶面反射回大气中，有5%～40%射入林内。林冠接收的太阳热能又因叶面水分蒸发和叶气孔蒸腾作用而消耗掉大部分。故林内夏日和白昼温度低于林外空旷地；而冬日和夜间因林冠遮蔽，林中热量不易散失，加之林内湿度大，水分多，气流小，风速弱，因而林内温度又总是高于林外空旷地。

在森林地区，白天林内温度低，空气密度高，空气由林内向林外流动；夜间林外热量散失快，温度低，空气由林外向林内流动。这种环流使林外温度受到调节。

森林通过蒸腾向空气中提供水分，林内风弱又使水分得以保留，因而林区的空气湿度高。林区湿度大、温度较低、水蒸气容易饱和凝结，成云致雨，因此林区比无林区雨多。

4. 改善空气质量

（1）吸收 CO_2 和释放 O_2。森林吸收大气 CO_2，进行光合作用，放出 O_2，维护大气中碳氧平衡。

光合作用：$6CO_2+12H_2O \rightarrow C_6H_{12}O_6+6O_2+6H_2O$

在树木光合作用中，每吸收44g CO_2，可放出32g O_2。

热带森林平均碳储量100t/hm^2，最高（郁闭林）达500t/hm^2；相比之下，作物的碳储量仅5t/hm^2。

热带森林的碳处于动态平衡中，即吸收与释放的同样多。

温带森林吸收并积累碳，其积累能力为1.4～5t/(hm^2·a)。

1hm^{2}阔叶林在生长季节，每天可吸收1t CO_2，生产730kg O_2。

森林每生产1t有机物（干物质），可释放1393～1423kg O_2。

森林干物质重量＝森林蓄积生长量（m^3）×比重0.48（t/m^3）。

（2）杀菌及净化空气。森林可分泌杀菌素杀死有害细菌，起到净化空气作用。如1亩松林，一昼夜内能分泌可杀死结核菌和伤寒病菌的杀菌素2kg。

油松、白皮松、云杉、核桃，分泌既能杀球菌又能杀死某些杆菌的杀菌素；紫薇、侧柏、法国梧桐能杀死某些杆菌；而白蜡、旱柳、花椒、桧柏的杀菌作用较小。

（3）吸收有害气体。各种树木吸收有害气体能力不同，但大多具有此种功能。

1hm^{2}15年生侧柏，其叶片每天可吸收1.5kg SO_2，随粉尘附着在叶表面的 SO_2 可达0.43kg。

合欢（干叶）吸收的 SO_2 可达37.7g/kg，悬铃木（干叶）达35.7g/kg，加拿大杨（干叶）为35.4g/kg。

氟化物的毒性较 SO_2 大10～1000倍，但某些植物却大量吸收：茶树含氟量高达 1309×10^{-6}，依然发育正常；龙柏树叶（干叶），95h内吸收氟化氢达1.7mg/kg。喜氟或耐氟植物有：女贞、木槿、洋槐、榆树、乌桕等；由棕榈、泡桐、女贞、臭椿等树种组成的宽48m、高5m、郁闭度0.6的林带，当含氟化氢的空气通过该林带后，能净减低氟化氢浓度35.87%。

（4）滞尘。森林林冠吸尘量可达30～70t/(hm^2·a)。

D.3 水土流失评价方法

1. 土壤侵蚀分类分级

中华人民共和国行业标准《土壤侵蚀分类分级标准》SL 190—2007对我国土壤侵蚀类型的区划、土壤侵蚀强度分级、侵蚀土壤程度分级作了规定。

（1）全国土壤侵蚀类型区划。按土壤侵蚀外应力将全国土壤侵蚀区划分为3个一级区：水力侵蚀为主区、风力侵蚀为主区、冻融侵蚀为主区；根据地质、地貌、土壤等形态又将3个区划分为5个、2个、2个二级区。区划的类型区为：

①水力侵蚀为主的类型区。

西北黄土高原区：主要在黄河中上游。

北方土石方山区：主要在淮河流域以北，黄河中下游、海河流域。

东北黑土区（低山丘陵和漫岗丘陵区）：主要在松花江流域。

南方红壤丘陵区：主要在长江中游及汉水流域、洞庭湖水系、鄱阳湖水系、珠江中下游，包括江苏、浙江等沿海侵蚀区。

西南土石山区：主要在长江中上游及珠江上游。

②风力侵蚀为主类型区。

“三北”戈壁沙漠及沙地风沙区：包括青海、新疆、甘肃、宁夏、内蒙古、陕西、黑龙江等省区的沙漠戈壁和沙地。

沿河环湖滨海平原风沙区：主要在山东黄泛平原、鄱阳湖滨湖沙地及福建、海南滨海区。

③冻融侵蚀为主类型区。

北方冻融土侵蚀区：主要在东北大兴安岭山地及新疆的天山山地。

青藏高原冰川侵蚀区：在青藏高原和高山雪线以上。

（2）土壤侵蚀强度分级。土壤侵蚀强度指地壳表层土壤在自然应力和人类活动综合作用下，单位面积和单位时段内被剥蚀并发生位移的土壤侵蚀量，以土壤侵蚀模数表示，通常为t/(km^2·a)。

①土壤侵蚀容许量标准。土壤容许流失量指在长时期内能保持土壤的肥力和维持土地生产力基本稳定的最大土壤流失量。根据我国地域辽阔，自然条件千差万别，各地区成土速度也不相同的实际情况，该标准规定了我国主要侵蚀类型区的土壤容许流失量（见表D-1）。

表D-1 主要侵蚀类型区的土壤容许流失量

侵蚀类型区	土壤容许流失量［t/(km^2·a)］	侵蚀类型区	土壤容许流失量［t/(km^2·a)］
西北黄土高原区	1000	南方红壤丘陵区	500
东北黑土区	200	西南土石区	500
北方土石山区	200		

②水力侵蚀、重力侵蚀的强度分级。

微度侵蚀：<200，500，1000t/(km^2·a)（分别为东北黑土区和北方土石山区；南方红壤丘陵区和西南土石山区；西北黄土高原区，达到其土壤容许侵蚀量即为微侵蚀）；

轻度侵蚀：200，500，1000~2500t/(km^2·a)（地域同上）；

中度侵蚀：2500~5000t/(km^2·a)（所有区域，下同）；

强度侵蚀：5000~8000t/(km^2·a)；

极强度侵蚀：8000~15000t/(km^2·a)；

剧烈侵蚀：>15000t/(km^2·a)。

③风蚀强度分级（见表D-2）。

表D-2 风力侵蚀强度指标划表

强度分级	植被覆盖度（%）	年风蚀厚度（mm）	侵蚀模数［t/(km^2·a)］
微度	>70	<2	<200
轻度	70~50	2~10	200~2500
中度	50~30	10~25	2500~5000
强度	30~10	25~50	5000~8000
极强度	<10	50~100	8000~15000
剧烈	<10	>100	>15000

2. 水力侵蚀模数的调查方法

分级标准中推荐了以下几种方法：

(1) 已有资料调查法。根据各地水土保持试验站、研究站所的实测径流、泥沙资料，经统计分析和计算后作为该类型区土壤侵蚀的基础数据。

(2) 物理模型法。在野外和室内采用人工模拟降雨方法，对不同土壤、植被、坡度、土地利用等情况下的侵蚀进行试验。

(3) 现场调查法。通过坡面侵蚀沟和沟道侵蚀量的量测，建立定点定位观测，对沟道水库、塘坝淤积量进行实测，可对已产生的水土流失量进行测算，计算侵蚀量。利用小水库、塘坝、淤地坝的淤积量进行量算，经来沙淤沙量折算，计算出土壤侵蚀量。

(4) 水文手册查算法。根据各地《水文手册》中土壤侵蚀模数、河流输沙模数等资料，推算侵蚀量。

(5) 土壤侵蚀及产沙数学模型法。主要有通用水土流失方程式（USLE）。

3. 土壤流失量计算

(1) 通用水土流失方程式（USLE）。目前较常用的是美国的通用水土流失方程式（USLE）。国内各地水土保持试验站对其中的参数作了很多试验，对影响水土流失的主要因子R（降雨侵蚀力）、K（土壤可蚀性）、L（地面坡长）、S（地面坡度）、C（林草植被）、P（土地管理）的取值作了大量的研究，可以参照应用。

$$A = R \times K \times L \times S \times C \times P$$

式中 A——单位面积土壤流失量；

R——降雨量侵蚀力因子；

K——土壤可侵蚀性因子；

L——坡长因子；

S——坡度因子；

C——植被覆盖因子；

P——控制侵蚀措施因子。

美国 USLE 方程主要用于工程性水土流失计算。

（2）区域性水土流失量计算。开矿或其他区域性开发活动破坏植被、产生弃渣，会增加水流失量。新增水土流失量计算时需估测：

①工程破坏的地面范围、程度和弃土石方量。

②区域年径流量及其变动态势。

③开发建设后，洪水含沙量（洪水泥沙特点，输沙特点，洪水频次、量级与输沙关系）。

④丰、平、枯水平年径流量与设计洪水量。

⑤开发建设后，洪水含沙量（洪水泥沙特点，输沙特点，洪水频次、量级与输沙关系）。

新增水土流失量 = 实测洪水含沙量 × 设计径流量 − 原生地面产生量（开发前）。

4. 水土保护工程效益

（1）水土保持措施保土量计算（水保计算法）。

计算适用范围：梯田、条田、沿河造地、坝地，水保林及种草。

$$\Delta S_b = \Delta S_{mb} F_{mb} \eta_{泥}$$

式中 ΔS_b——坡面单项措施保土量（t）；

ΔS_{mb}——坡面侵蚀模数（亩 · a）；

F_{mb}——坡面单项措施利用面积（亩）；

$\eta_{泥}$——坡面单项措施保土率（%）。

（2）水土保持措施蓄水量计算（水保法）。

计算适用范围：梯田、条田（埝地）、沿河造地、坝地、水保林、种草。

蓄水量计算：

$$\Delta \overline{W} = F_e \times \Delta W_m \times \eta_{水}$$

$$\Delta W_m = \overline{W}_{mb} - \overline{W}_{md}$$

式中 $\Delta \overline{W}$——单项措施蓄水量（m^3）；

F_e——单项措施利用面积（亩）；

ΔW_m——单项措施单位面积蓄水量（m^3/亩）；

$\overline{W}_{mb}$——地面无措施时的径流模数（m^3/亩）；

$\overline{W}_{md}$——地面有措施时的径流模数（m^3/亩）；

$\eta_{水}$——单项措施蓄水率（%）。

参数：黄土高原梯田拦蓄径流约 75%，林草约 35%。各项措施的蓄水定额为：梯田（条田、埝地）为 $20m^3$/亩，林草为 $10m^3$/亩，坝地为 $100m^3$/亩。

（3）水土保持措施经济效益的计算。

①水土保持经济效益计算应包括的内容。

直接经济效益：基本农田的粮食作物、经济作物增加的产值，木材、薪材、果品、牧草、枝条等增加的产值，水产品及其他因工程增加的直接产值，因水土保持促进牧业生产的部分产值。

社会经济效益：减少河道、水库淤积，减少洪水灾害，防风固沙等。保留氮、磷、钾有机质肥分的效益，在农田中因体现在农业产值中可不予计算；在草地和林地中，在不计直接收入时，可予计入。蓄水量按水资源价或抽水灌溉计量。

②计算效益期。

久远性措施：如基本农田建设、废弃地复垦、水土保持工程，可以30年计算效益。

长期性措施：如用材林、经济林、灌木林等，可以10～20年计算效益。

短期性措施：如植草，可以2～3年计算效益，并可连续几个经济周期，但也应计算措施更替或维护费用。

计算起点年：一般淤地坝从3～5年后计起；梯田从第4年起计算；苹果园第4年部分挂果，第6年全部挂果，第8～20年为盛果期；枣树2年挂果，6年进入正常生产期。

③计算方法。

效益净现值（P_0）：

$$P_0 = \sum_{n=1}^{n} [B_0 - (C_0 + K_0)]$$

式中 B_0——产出（效益）折现值（基准年）；

C_0——年运行费折现值（基准年）；

K_0——建设投资折现值（基准年）；

n——计算年限。

效益费用比（R_0）：

$$R_0 = \sum_{n=1}^{n} B_0 / \sum_{n=1}^{n} (C_0 + K_0)$$

风景名胜项目生态影响评价案例

一、项目概要

1. 项目名称

某国家级森林公园（以下简称“森林公园”）建设项目生态影响评价。

2. 评价单位

某生态规划研究院牵头，联合其他单位的生态及动、植物专家组成项目生态影响评价组。

3. 评价委托单位

项目属地的某县林业局。

4. 评价目的和方法

本着科学、客观、实事求是的原则，分别从空间和时间上就生态系统、自然资源、区域生态调查、敏感保护目标调查与评价4个方面进行评价，在方法上以综合指数法为主，其他方法为辅，视评价的具体子项目情况和特点灵活运用。具体为评价专家组在进行实地考察、调研后，根据专业知识和经验，使用评分表对各专题内容的每项评价指标进行评分，并计算出项目区生态资源现状指数和生态影响指数，以此综合确定拟建项目生态影响程度。

5. 拟建项目概要

森林公园布局于某省级自然保护区试验区范围内，总面积1047hm^2，占试验区面积的40%；规划可供游览面积约500hm^2，约占森林公园总面积的48%。森林公园建设以中山山地地貌为特征，以半湿润原始常绿阔叶林景观为元素，以佛教文化、茶马古道风情为特色，规划将公园建成以森林生态、滇藏木莲、大树杜鹃、宝光寺、民俗风情为主题的四大景区，一个科考探险区，一个接待服务休闲区共23个景点，年游客容量可达60万人，游客日容量为3000人，日环境容量7500人次，住宿和会议接待能力为250人，餐饮为350人规模，属于原生态型的国家森林公园。

6. 项目区概况

（1）植物资源。森林公园独特的气候条件，复杂的地势地貌，植物起源古老而成分复杂，使得区内形成植物种类繁多、植被保持完好、层次多郁闭度大、保护较完整的原始森林生态体系。根据调查，森林公园内有各类植物1001种，其中蕨类植物22科，41属、90种，种子植物134科，433属、911种。中山湿性常绿阔叶林为公园的基本植被类型，约占公园总蓄积的80%以上，在海拔1700～2900m均有分布。大多数森林植被为保存完好的原生类型。其中，珍稀植物有滇藏木莲、绒叶含笑、水青树（水青树科）、云南枫杨等15种；国家二类保护植物有水青树、大树杜鹃、云南山茶、白菊木、滇藏木莲（木莲花）；林下灌木主要有厚皮香、南烛、杜鹃、野山茶等。主要树种有云南松、华山松、栎类、樟木等；经济林木主要有泡核桃、油桐、蓝桉、花椒、白木瓜等；花卉植物以木莲花和九心十八瓣红山茶最为驰名，还有久享盛名的黄、白、绿缅桂。草本花卉中尤以兰花资源最为丰富，主要品种有莲瓣兰（其中代表名兰为春蕾）、春兰、虎头兰。珍稀花卉植物有凸尖杜鹃等。观赏花卉植物丰富，如杜鹃花科、山茶花科、木兰科、蔷薇科、兰科等。特别是木兰科的木莲花、杜鹃花科的杜鹃、山茶花科的山茶花更以花色艳丽，分布广而著称；药用植物共有117科439种，其中珍贵药材有：天麻、三七、虫蒌、锁阳、杜仲、茯苓、红花等。

（2）野生动物资源。根据野生动物资源常规样带调查结果显示，在保护区核心区内有重点动物68种，其中，一级保护动物有7种（哺乳类3种，鸟类4种）；二级保护动物27种，其他34种。

（3）人文景观资源。古迹与建筑共有7处。以宝光寺为代表的寺庙建筑（包括宝光寺、宝屏寺、慧光寺、普照寺等遗址、历代僧尼塔墓等）历史悠久，在周边有很高的知名度。还有民族传统节庆、舞蹈、服饰、传统饮食等。

7. 评价结论

拟建森林公园项目对生态的影响程度值BC为10.79%，对照表5-3生态影响程度分级表，项目建设对生态的影响程度级别为较小影响。

二、评价依据

1. 法律法规

(1)《中华人民共和国环境保护法》、《中华人民共和国环境影响评价法》、《中华人民共和国森林法》、《中华人民共和国野生动物保护法》、《中华人民共和国陆生野生动物保护实施条例》、《中华人民共和国自然保护区条例》等。

(2) 省《森林条例》、《自然保护区管理条例》、《珍贵树种保护条例》、《陆生野生动物保护条例》、《森林和野生动物类型自然保护区管理细则》和《环境保护条例》等。

2. 规范和标准

(1)《环境影响评价技术导则 非污染生态影响》HJ/T 19—1997;

(2)《国家重点保护野生植物名录》(1999 年);

(3)《省第一批省级重点保护野生植物名录》;

(4)《省珍稀保护动物名录》;

(5)《风景名胜区条例》。

3. 文件和参考资料

(1)《森林公园可行性研究报告》及批复;

(2)《森林公园总体规划》以及《关于设立森林公园的行政许可决定》;

(3)《县旅游发展规划(2003—2020)》;

(4)《项目区生态旅游区旅游总体规划》;

(5)《某省级自然保护区规划》及其批复。

4. 实地调查资料

依据评价专题组实地调查获取的资料和文案资料。

三、建设项目概况

1. 项目背景

森林公园位于某省级自然保护区试验区范围内,经批复的《某省级自然保护区规划》明确:"试验区面积2600hm^2,占保护区面积的22%。试验区主要是保护区内的村寨、农耕区和人为活动较频繁的边缘地带,是民族聚居的山区,贫困面大且人口较多,给保护区带来较大的压力。故发展社区经济,促进资源有效保护显得十分迫切,针对保护区自然条件和周边社区经济薄弱的特点,周边社区最佳产业结构模式之一是依托旅游资源,在全面保护和恢复保护区特有森林生态环境,防止环境破坏和污染的前提下,在实验区内具有一定景观资源的区域开展适当的森林生态旅游,既可以解决部分社区群众的就业问题,也能使部分社区群众从第三产业中获得利益。"《某省级自然保护区规划》中的这些内容和要求是拟在该自然保护区试验区内开发建设旅游项目时避免影响的生态保护措施,即生态保护措施已在规划引入,为本项目开发建设提供了依据。此外,项目于×年×月完成《公园可行性研究报告》,×年×月获×批复,并于×年×月完成《森林公园总体规划》,获得《关于设立森林公园的行政许可决定》。

2. 项目区域社会经济现状

(1) 基本情况。2006 年,全县总人口 27.46 万人,居住着汉、彝、回、白、苗、傈傈等民族。生产总值完成102900万元，一、二、三产业比例44∶19∶37。农民人均纯收入1555元，城镇居民年人均可支配收入13200元。

（2）旅游资源。全县有省和县自然保护区各一个，水域湖泊众多，名木古树，文物古迹较多，经国家、省、州、县人民政府公布的重点文物保护单位有12点21处。

3. 工程布置、建设内容及规模

根据《森林公园总体规划》资料，森林公园采用“一带、二核、六大区、二十三个景点”的空间布局结构。主要建设工程有景观（绿化）工程、旅游服务设施工程、基础设施工程。

（1）景观（绿化）工程。森林公园自然旅游资源丰富，生物景观较为突出，珍稀植物景观特色明显。同时，森林公园内以宝光寺为代表的寺庙建筑、宗教文化旅游资源比较有特色，自然景观与人文景观的有机结合使其具有自身的特色优势，景观（绿化）坚持以保护和利用为主，改造为辅。主要通过疏伐、补植、林相改造等措施，在保护原始生态植被的前提下，增加花果、色叶、芳香类植物，对景区、景点进行美化和香化，突出林相、季相、林层、林冠轮廓和森林整体结构景观效果，提供不同植被群落的观赏内容，将森林公园建设为森林茂密、郁郁葱葱、繁花似锦的绿色生态旅游区。景观（绿化）工程建设内容及规模见下表1。

表1　景观（绿化）工程内容及规模表

序号	建设内容	单位	规模	备注
1	绿化带（点、线绿化）	m	2000	森林公园游道补植补种
2	区域绿化（面绿化）	m^2	5000	景点补植补种

（2）旅游服务设施工程。森林公园的旅游服务设施主要包括森林公园管理区内的森林公园入口、餐饮、住宿、停车、娱乐、购物等和旅游区内的标志牌、亭、石桌椅、公厕等两大部分，总计占地面积278亩，占保护区面积的0.16%，占试验区面积的0.71%，占森林公园面积的1.77%。旅游服务设施工程建设内容及规模见下表2。

表2　旅游服务设施工程内容及规模表

序号	内容	单位/规格	数量	备注
（一）	服务区			
1	用地指标			
1.1	总用地面积	m^2	148022	占保护区面积的0.13%；占试验区面积的0.57%；占森林公园面积的1.41%
1.1.1	森林公园中心停车场用地面积	m^2	5550	8.3亩
1.1.2	民俗一条街用地面积	m^2	9163	13.7亩
1.1.3	民俗广场用地面积	m^2	23679	35.5亩

续表2

序号	内容	单位/规格	数量	备注
1.1.4	民俗休闲区	m^2	35167	52.7亩
2	建筑物指标			
2.1	总建筑面积	m^2	14500	
2.1.1	餐饮会议建筑面积	m^2	2700	
2.1.2	集中酒店建筑面积	m^2	4300	
2.1.3	休闲独栋旅馆建筑面积	m^2	4500	
2.1.4	民俗一条街建筑面积	m^2	3000	
2.1.5	外围公路至服务区道路（进森林公园道路）	m^2	5400	6m宽，900m长，混凝土路面
（二）	管理区			
1	山门	座	1	
2	管理区至服务区道路	m^2	5400	9m宽，600m长，混凝土路面
3	保护区管理所办公及生活设施			水电设施改造
4	医疗救护站	m^2	50	利用管理所现有的办公用房改造
（三）	标志牌			
1	广告宣传牌	500×8000	1	
2	导游牌	300×400	23	
3	景区与景点介绍牌	400×500	29	
4	植物介绍牌	200×300	200	
5	界标牌	300×400	8	
6	危险告示牌	300×400	6	
7	公共及服务设施标识牌	400×400	3	
（四）	游道	m^2	37270	占保护区面积的0.03%；占试验区面积的0.14%；占森林公园面积的0.36%
1	主游道	m	3500	宽4.5m
2	游道A	m	2000	宽2.0m
3	游道B	m	2000	宽2.0m
4	游道C	m	1350	宽2.0m
5	游道D	m	2100	宽2.0m
6	游道E	m	2300	宽2.0m

(3) 基础设施工程。基础设施工程主要是服务区和管理区的供水、供配电、通讯电视和环保配套工程等。

4. 施工方案和运营方案

根据《森林公园总体规划》中设计的施工方案和运行方案，施工作业主要集中在服务区、管理区和进森林公园道路、游道，服务区和管理区子项目以及进森林公园道路的施工以机械为主，人工为辅，游道以人工施工为主，施工由经招标中标的有资质施工单位承担。项目建成后，由经招标中标的酒店管理公司经营，同时配备专门的森林公园管护人员，负责森林防火、动植物保护、安全和卫生等。

5. “三废”的种类，排放量和排放方式

根据《森林公园总体规划》中的设计，森林公园游客规模，按年开放300天计，森林公园接待规模为1064～1400人/天，平均1233人/天，游客产生的主要污染为粪便、垃圾、污水等，排放方式为集中收集，处理排放。森林公园游客平均产生的主要污染物量见下表3。

表3 游客产生的主要污染物量

种类	单位	污染物产生指标	森林公园平均日接待游客（人）	污染物量（kg/日）
粪便	kg/(人·日)	0.4	1233（不居住游人）	493
悬浮固体	kg/(人·日)	0.06		74
垃圾	kg/(人·日)	0.2		247
污水	kg/(人·日)	20		24660

6. 施工期和运行期的主要生态影响因子

(1) 生态系统方面：植被、植物资源、动物及动物资源等。

(2) 自然资源方面：地质地貌、水土条件。

(3) 区域生态方面：水土流失、污染影响、自然灾害。

(4) 敏感保护目标方面：物种、生境、特殊意义地区（自然保护区）。

7. 项目规划对生态影响的保护措施

(1) 保护目标。

①大气保护目标。目前森林公园大气质量较好，应确保大气质量稳定在《大气环境质量标准》GB 3095—82 中的国家一级标准。

②水体保护目标。防止各种形式的污染行为，确保森林公园内饮用水源保护在国家一类标准，森林公园内地表水优于国家二类水标准。

③生态保护目标。进一步提高森林公园的森林覆盖率，加强生物多样性的保护，严格禁止乱砍滥伐、狩猎捕猎。

④噪声控制目标。噪声控制达到《城市区域环境噪声标准》GB 3096—93 中的一类标准，噪声白天控制在45dB以下，夜间控制在35dB以下。

(2) 保护等级划分。森林公园动植物资源种类众多，与人文建筑构成了森林公园旅游发展的基础。按森林公园各功能区特点和重要程度划分保护等级。在坚持开发服从于保护的原则下，根据区内资源价值的高低，进行不同级别的保护。保护等级划分见表4。

表4　保护等级划分表

级别	划分标准	划分区域
一级保护区	旅游资源赋存良好，景观价值高，能反映地方旅游特色的核心精华旅游区	科考探险区
二级保护区	资源价值良好，能反映旅游区特色的精华地区，以保持景观、景物的长久性	佛圣景区、杜鹃花景区、森林生态体验区
三级保护区	二级保护区外的景物、景观、有游览价值的地区，对旅游资源的保护具有重要意义的区域	田园风光区、接待服务休闲区

（3）保护措施。

①一级保护区保护措施。只对特殊群体，普通游人不得入内，严禁任何砍伐和狩猎，严禁开山炸石，主要任务是保护；保护其物种多样性，使之尽量不受人为干扰，能自然生长和发展成为遗传的基因库，并可用作生态系统基本规律研究和作为对照区监测环境的场所；严格保护区内的原生资源，确保区内大气质量、声场状况达到并保持国家一级标准，水体质量至少达到二级水质要求；对区内的木莲花及其他古树名木、奇花异草、珍禽异兽等生物资源应采取相应的重点保护措施；对区内重点资源的观景如木莲花观赏点等，必须注重与景观的协调；配置专门的环境监测人员。

②二级保护区保护措施；区内的大气、水体、声场标准参照核心保护区执行，严格监测水质和大气，防止水源和大气的污染；大力植树绿化，恢复木林植被，提高区内的森林覆盖率；严禁乱砍滥伐；道路及游路沿线实行重点绿化；在景点和主要游路旁设立垃圾桶，做好旅游废弃物的清理和运送；注重对少数民族生活习俗的开发和利用，挖掘各种健康、有益的民俗风情。

③三级保护区保护措施。加强水土治理，大力植树造林，逐步退耕还林，防止泥石流和水土流失；在农村推行沼气、太阳能等新型能源，实施节能改造工程，减少对空气的污染和对森林资源的消耗；改善农村卫生状况，妥善处理农村生活垃圾及牲畜粪便；对当地居民进行环保教育，使他们认识到环境保护对旅游业及自身居住的重要性。

四、生态影响评价范围与工作等级

1. 生态影响评价范围与期限

（1）直接影响范围。根据《森林公园总体规划》中的设计内容，项目直接影响范围（工程占地面积）为19.07hm^2。其中，房建工程占地面积为14.2hm^2，道路和游道占地面积为4.8hm^2。

（2）间接影响范围确定。项目工程占地面积19hm^2，占保护区面积的0.13%，占保护区试验区面积的0.57%，占森林公园规划面积的1.41%。间接影响范围确定如下：

将道路路径两侧各200m区域作为间接影响范围；

将游道路径两侧各100m区域作为间接影响范围。

考虑带保护区试验区的面积为2600hm^2，南北宽约2～3km，东西长约8～9km，地势地貌复杂，与保护区缓冲区之间被多道峡谷所隔，故取服务区与管理区两区之间为中心，南北扩展距离1km，东西扩展距离2km作为间接影响范围。

经计算本项目间接影响范围为5.6km²，其中道路间接影响范围为0.6km²，游道间接影响范围为3.0km²，游道间接影响范围为3.0km²，取服务区与管理区间接影响范围为2km²。项目间接影响范围确定见表5。

表5 项目间接影响范围确定表

森林公园道路		森林公园游道		服务区与管理区	
长度（m）	间接影响面积（km²）	长度（m）	间接影响面积（km²）	占地面积（km²）	间接影响面积（km²）
1500	0.6	13250	3	0.148	2

2. 生态影响评价工作等级

本项目位于某省级自然保护区试验区范围内，生态影响范围106.6km²，按照生态影响评价工作级别划分方法和原则，将本项目生态影响评价工作级别初步确定为1级。

3. 生态影响评价期限

评价期限与《森林公园可行性研究报告》建设期一致，即评价期限为2年。

五、生态资源现状调查与评价

1. 调查与评价方法

（1）调查方法。项目建于某省级自然保护区试验区范围内，调查由动植物和工程等方面的专家组成专家组，采用文案与实地考察相结合的方法。文案调查主要是查阅《某省级自然保护区规划》、《森林公园可行性研究报告》和《森林公园总体规划》资料，特别是《某省级自然保护区规划》中“基本情况”部分。实地考察则是对照《森林公园总体规划》中的工程情况，结合《某省级自然保护区规划》中“基本情况”部分按生态系统、自然资源、区域生态和敏感保护目标4个专题进行调查，其中生态系统和敏感保护目标是调查重点。调查使用GPS测定各基本地理信息，并结合1:50000地形图和SPORT－5卫星影像材料和数据，采用线路调查与典型样地相结合的调查方法，调查方法和过程如下。

植物调查：详细记录评价区主要森林类型及其分布范围，以及地形状况和土壤条件，并记录地理基本信息；生物群落的边界、面积调查，则是利用卫星影像结合地形图现地调绘；野外调查时，群落调查和植物种群/物种专题调查合在一起完成；记录所见到的植物种类，并对重要物种的种群数量进行测量，如植物个体数量、高度等数量特征。

动物调查：观察植被类型、生境条件、溪流水塘等哺乳动物生存的资源条件，同时重点观察动物的足迹、叫声、粪便、取食等；还要采取访谈周边群众特别是保护区管理人员和护林员，了解他们平常所观察到的哺乳动物分布情况，最后结合文案资料得出评价区域兽类分布的资源情况。

其他专项调查：其他专项调查主要是自然资源、区域生态调查。调查方法以收集、查阅并分析当地社会经济、林业、水文、地质等资料为主，同时对地质、水、土等建设条件和水土流失、污染危害、珍稀濒危物种等进行实地调查。

（2）评价方法。调查完成后，专家各自写出专题报告，并按生态系统、自然资源、区域生态和敏感保护目标4个专题对生态资源现状评价因子表打分。之后采用综合指数法计算出调查范围内的生态资源现状指数，作为下一步生态影响评价的基础，即背景值。

2. 调查和评价结论

（1）调查。项目建于某省级自然保护区的试验区内，根据《某省级自然保护区规划》中“基本情况”资料，保护区内野生动植物资源如下。

植被：分为5个植被型，12个群系，16个群丛：

①半常绿季雨林：高榕、羊蹄甲林（Form *Ficus altissima*，*Bauhinia varienata*）：高榕、羊蹄甲群落（*Ficus altissima*，*Bauhinia variegate comm.*）

②常绿阔叶林

湿性常绿阔叶林：元江栲林（Form *Castanopsis orthacantha*）：元江栲群落（*Castanopsis orthacantha* comm.），元江栲、银木荷群落（*Castanopsis othacantha*，*Schima argenta* comm.），元江栲、多变石栎群落（*Castanopsis othacantha*，*Lithocarpus variolosus* comm.），元江栲、云南松群落（*Castanopsis othacantha*，*Pinus yunnanensis* comm.）。

湿性常绿阔叶林：变石栎林丛（Form *Lithocarpus variolosus*）：多变石栎群落（*Lithocarpus variolosus* comm.）；

硬斗石栎林（Form *Lithocarpus hancei*）：硬斗石栎群落（*Lithocarpus hancei* comm.）。

山顶苔藓矮林：多变石栎、露珠杜鹃林（Form *Lithocarpus variolosus*，*Rhododendron irroratum*）：多变石栎、露珠杜鹃、海桐山矾群落（*Lithcarpus variolosus*，*Rhododendron irroratum*，*Symplocos pittospotifolia* comm.）。

③落叶阔叶林：栓皮栎林（Form *Quercus variabilis*）：栓皮栎群落（*Quercus variabilis* comm.）；

旱冬瓜林（Form *Alnus nepalensis*）：旱冬瓜群落（*Alnus nepalensis* comm.）；

青榨槭、滇藏木兰林（Form *Acer davidii*，*Magnolia campbelii*）：青榨槭、滇藏木兰、水青树群落（*Acer davidii*，*Magnolia campbelii*，*Tetracentron sinense* comm.）。

④针叶林：云南松林（Form，*Pinus yunnanensis*）：云南松、栓皮栎群落（*pinus yunnanensis*，*Quercus variabilis* comm.），云南松群落（*Pinus yunnanensis* comm.）；华山松林（Form *Pinus yunnanensis*）：华山松群落（*Pinus armandii* comm.）。

⑤稀树灌木草丛：含栓皮栎的中草草丛（Form *Medium grassland containing*，*Quercus*）：皮栎、虾子花、扭黄茅群落（*Heteropogon contortus*，*Quercus variabilis*，*Woodfordia fruticosa* comm.）。

动物：分布有国家Ⅰ级重点保护动物云豹（*Neofelis nebulosa*）、金钱豹（*Panthera pardus*）、绿孔雀（*Pavo muticus*）、黑颈长尾雉（*Syrmaticus humiae*）、金雕（*Aquila chysaetos*）和蟒（*Python molurus*）等6种；国家Ⅱ级重点保护动物有黑熊（*Ursus thibetanus*）、林麝（*Moschus berezovskii*）、猕猴（*Macaca mulatta*）、岩羊（*Pseudois nayaur*）、红隼（*Falco tinnunculus*）、红腹角雉（*Tragopan temminckii*）、白鹇（*Lophura nycthemera*）、白腹锦鸡（*Chrysolophus amherstiae*）、斑头鸺鹠（*Glaucidium cuculoides*）、领角鸮（*Otus bakkamoena*）、长尾阔嘴鸟等（*Psarisomus dalhousiae*）11种。

在本次项目生态资源现状调查中，5.6km^2间接影响范围内未发现国家Ⅰ、Ⅱ级重点保护植物云南红豆杉、水青树等，也没有调查到项目有国家Ⅰ、Ⅱ级重点保护动物云豹、金钱豹、黑颈长尾雉、绿孔雀等出没。

森林公园项目规划总面积1047hm²，占试验区面积的40%；规划可供游览面积约500hm²，约占森林公园总面积的48%。在森林公园建设的前期工作（《某省级自然保护区规划》、《森林公园可行性研究报告》和《森林公园总体规划》）中，已按避免或最大限度减少项目建设对生态的影响为前提设计或规定了生态保护措施，如《某省级自然保护区规划》明确规定项目在自然保护区的试验区范围内建设，由于有占保护区面积33%的缓冲区隔离，基本上可消除项目建设和营运对保护区核心区的影响。此外，在《森林公园可行性研究报告》和《森林公园总体规划》中对选址、选线进行了多方案比较，重在减少项目建设对生态的影响，如服务区和管理区及道路选址（线）于保护区试验区边缘靠近村寨的区域，该区域次生林较多，周围是华山松人工林，游道主要以改造村寨居民生产生活活动使用的“山间小道”为主。并且保护区制度健全，管理严格，即使是当地居民也很难穿越缓冲区进入核心区，因此项目运营对保护区，特别是核心区不会造成影响。加之《森林公园总体规划》设计了严格、完善的生态保护措施，项目运营对评价区生态的影响也有限。

（2）评价结论与评价工作等级再确定。

参加本次调查与评价共有5位专家，调查完成后，专家各自写出专题报告，并根据对生态系统、自然资源、区域生态和生态敏感保护目标4个专题的现状调查及分析，按评价内容中各因子间的相互地位和重要性，在“生态资源现状评价因子评分值表”中对各因子按“极强、强、较弱、弱”分级评分得到各因子的权值（详见表6～表10）。专家组采用综合指数法（详见附录A）计算出“生态资源现状指数值”（背景值：*BJ*）为26.6。按项目区生态资源现状质量等级划分标准（详见附录A），即：

表6 专家A生态资源现状评价因子评权值表

生态系统现状评价因子权值					
评价因子	权值	极强	强	较强	弱
连续程度	5			5	
协调程度	6		6		
完整程度	4			4	
典型程度	6		6		
稳定程度	6		6		
生产能力	6	6			
环境功能	6	6			
抗压程度	3			3	
自然资源现状评价因子权值					
适宜程度	9		9		
区域生态现状评价因子权值					
承受程度	9	9			
生态敏感保护目标现状评价因子权值					
敏感程度	14		14		
专家签字：专家A		×年×月×日			

表7 专家B生态资源现状评价因子评权值表

生态系统现状评价因子权值					
评价因子	权值	极强	强	较强	弱
连续程度	4			4	
协调程度	7		7		
完整程度	3			3	
典型程度	6		6		
稳定程度	6		6		
生产能力	5		5		
环境功能	6	6			
抗压程度	2			2	
自然资源现状评价因子权值					
适宜程度	8		8		
区域生态现状评价因子权值					
承受程度	9	9			
生态敏感保护目标现状评价因子权值					
敏感程度	13		13		
专家签字：专家B		×年×月×日			

表8 专家C生态资源现状评价因子评权值表

生态系统现状评价因子权值					
评价因子	权值	极强	强	较强	弱
连续程度	3			3	
协调程度	6		6		
完整程度	4			4	
典型程度	5		5		
稳定程度	6		6		
生产能力	6	6			
环境功能	5		5		
抗压程度	3			3	
自然资源现状评价因子权值					
适宜程度	7		7		
区域生态现状评价因子权值					
承受程度	9	9			
生态敏感保护目标现状评价因子权值					
敏感程度	13		13		
专家签字：专家C		×年×月×日			

表9 专家D生态资源现状评价因子评权值表

生态系统现状评价因子权值					
评价因子	权值	极强	强	较强	弱
连续程度	4			4	
协调程度	6		6		
完整程度	2			2	
典型程度	5		5		
稳定程度	5		5		
生产能力	5		5		
环境功能	6	6			
抗压程度	2			2	
自然资源现状评价因子权值					
适宜程度	8	8			
区域生态现状评价因子权值					
承受程度	8	8			
生态敏感保护目标现状评价因子权值					
敏感程度	12		12		
专家签字：专家D		×年×月×日			

表10 专家E生态资源现状评价因子评权值表

生态系统现状评价因子权值					
评价因子	权值	极强	强	较强	弱
连续程度	4			4	
协调程度	5			5	
完整程度	3			3	
典型程度	4			4	
稳定程度	6		6		
生产能力	5		5		
环境功能	5		5		
抗压程度	1				1
自然资源现状评价因子权值					
适宜程度	7		7		
区域生态现状评价因子权值					
承受程度	8	8			
生态敏感保护目标现状评价因子权值					
敏感程度	11		11		
专家签字：专家E		×年×月×日			

1 级为 34 ~ 42 分，表明项目区生态资源现状价值高。

2 级为 25 ~ 31 分，表明项目区生态资源现状价值较高。

3 级为 17 ~ 24 分，表明项目区生态资源现状价值较低。

本项目区生态资源现状质量等级为二级，项目区生态资源现状价值较高。鉴于项目区生态资源现状质量等级仅为二级下限，即项目区生态资源现状价值一般，本次生态影响评价工作等级正式确定为按 2 级进行评价。

汇总五位专家评价权值，生态资源现状评价结果见表 11。

表 11　生态资源现状指数值计算表

生态资源现状指数值计算表					
资源现状类型	评价因子	权值	合计	权重	生态资源现状指数值
生态系统	连续程度	4.0	37.4 (*L*1)	0.6 (*Q*1)	26.6 (*BJ*)
	协调程度	6.0			
	完整程度	3.2			
	典型程度	5.2			
	稳定程度	5.8			
	生产能力	5.4			
	环境功能	5.6			
	抗压程度	2.2			
自然资源	适宜程度	7.8	7.8 (*L*2)	0.1 (*Q*2)	
区域生态	承受程度	8.5	8.5 (*L*3)	0.1 (*Q*3)	
生态敏感保护目标	敏感程度	12.6	12.6 (*L*4)	0.2 (*Q*4)	
合　计		66.3		1	
注：$BJ = \sum L_i \times Q_i$					
所有专家签字：A；B；C；D；E　　×年×月×日					

六、生态影响预测与评价

1. 工程调查与分析

参加本次调查与评价共有五位专家。依据《森林公园总体规划》，工程建设项目由 5 条游道、进公园道路和公园服务区与管理区连通道路各 1 条、服务区和管理区房建及配套设施等组成，总占地面积 19.4122 万m^2，占公园规划面积（1049.8014 万m^2）的 1.85%，占评价范围面积（560 万m^2）的 3.47%。工程建设内容和占地面积见表 12。

表 12 工程建设内容和占地面积表

子项目	内容	单位	占地	备注
公园游道	主游道	m^2	15750	宽 4.5m，长 3500m
	游道 A	m^2	4000	宽 2.0m，长 2000m
	游道 B	m^2	4000	宽 2.0m，长 2000m
	游道 C	m^2	2700	宽 2.0m，长 1350m
	游道 D	m^2	4200	宽 2.0m，长 2100m
	游道 E	m^2	4600	宽 2.0m，长 2300m
公园道路	外围公路至服务区道路（进公园道路）	m^2	5400	宽 6m，长 900m
	外围公路至服务区道路（进公园道路）	m^2	5400	宽 9m，长 600m
旅游服务设施工程	服务区	m^2	148022	占地面积
	管理区	m^2	50	占地面积
合计		m^2	194122	总占地面积

综合上述数据分析，项目工程建设占地面积与森林公园规划面积的比例很低，只有 1.85%，但有 5 条游道和 2 条道路布局于公园中，景观被切割、破碎，对生态的影响不可忽视。

2. 生态资源现状因子影响程度分析

在工程调查与分析和生态资源现状调查与评价的基础上，五位专家在进行实地考察、调研和工程分析后，根据专业知识和经验，分别写出生态影响程度专题报告，判定项目建设对生态资源现状评价因子的影响程度，并在“生态资源现状评价因子影响程度权值表”中按基本无影响、较小影响、中度影响、较大影响、严重影响五级对生态资源现状评价因子的影响程度打分（打分标准详见表 5-2），得到“生态资源现状评价因子影响程度权值 QZ_n（$0 \leqslant QZ_n \leqslant 1$）”，其中 $QZ_n \geqslant 0.35$ 就视为“严重影响”。计算过程及结果详见表 13～表 17。

表 13 专家 A 生态资源现状评价因子影响程度权值表

生态系统现状评价因子影响程度权值						
评价因子	生态系统现状评价因子权值	极强	强	较强	弱	生态影响程度权值
连续程度	5			5		0.30
协调程度	6		6			0.20
完整程度	4			4		0.25
典型程度	6		6			0.10

续表 13

稳定程度	6		6			0.03
生产能力	6	6				0.02
环境功能	6	6				0.03
抗压程度	3			3		0.02
自然资源现状评价因子影响程度权值						
适宜程度	9		9			0.05
区域生态现状评价因子影响程度权值						
承受程度	9	9				0.01
生态敏感保护目标现状评价因子影响程度权值						
敏感程度	14		14			0.1
专家签字：专家 A			×年×月×日			

表 14　专家 B 生态资源现状评价因子影响程度权值表

生态系统现状评价因子影响程度权值						
评价因子	生态系统现状评价因子权值	极强	强	较强	弱	生态影响程度权值
连续程度	4			4		0.28
协调程度	7		7			0.19
完整程度	3			3		0.26
典型程度	6		6			0.09
稳定程度	6		6			0.04
生产能力	5		5			0.03
环境功能	6	6				0.04
抗压程度	2			2		0.03
自然资源现状评价因子影响程度权值						
适宜程度	8		8			0.08
区域生态现状评价因子影响程度权值						
承受程度	9	9				0.02
生态敏感保护目标现状评价因子影响程度权值						
敏感程度	13		13			0.12
专家签字：专家 B			×年×月×日			

表15 专家C生态资源现状评价因子影响程度权值表

生态系统现状评价因子影响程度权值						
评价因子	生态系统现状评价因子权值	极强	强	较强	弱	生态影响程度权值
连续程度	3			3		0.32
协调程度	6		6			0.18
完整程度	4			4		0.23
典型程度	5		5			0.12
稳定程度	6		6			0.03
生产能力	6	6				0.03
环境功能	5		5			0.03
抗压程度	3			3		0.03
自然资源现状评价因子影响程度权值						
适宜程度	7		7			0.05
区域生态现状评价因子影响程度权值						
承受程度	9	9				0.05
生态敏感保护目标现状评价因子影响程度权值						
敏感程度	13		13			0.15
专家签字：专家C		×年×月×日				

表16 专家D生态资源现状评价因子影响程度权值表

生态系统现状评价因子影响程度权值						
评价因子	生态系统现状评价因子权值	极强	强	较强	弱	生态影响程度权值
连续程度	4			4		0.25
协调程度	6		6			0.15
完整程度	2			2		0.20
典型程度	5		5			0.10
稳定程度	5		5			0.02
生产能力	5		5			0.02
环境功能	6	6				0.02
抗压程度	2			2		0.02
自然资源现状评价因子影响程度权值						
适宜程度	8	8				0.04

续表 16

区域生态现状评价因子影响程度权值						
承受程度	8	8				0.04
生态敏感保护目标现状评价因子影响程度权值						
评价因子	生态系统现状评价因子权值	极强	强	较强	弱	
敏感程度	12		12			0.10
专家签字：专家 D		×年×月×日				

表 17　专家 E 生态资源现状评价因子影响程度权值表

生态系统现状评价因子影响程度权值						
评价因子	生态系统现状评价因子权值	极强	强	较强	弱	生态影响程度权值
连续程度	4			4		0.32
协调程度	5			5		0.20
完整程度	3			3		0.26
典型程度	4			4		0.12
稳定程度	6		6			0.05
生产能力	5		5			0.02
环境功能	5		5			0.03
抗压程度	1				1	0.02
自然资源现状评价因子影响程度权值						
适宜程度	7		7			0.06
区域生态现状评价因子影响程度权值						
承受程度	8	8				0.02
生态敏感保护目标现状评价因子影响程度权值						
敏感程度	11		11			0.15
专家签字：专家 E		×年×月×日				

3. 生态影响预测与评价

专家组依据生态资源现状评价因子影响程度权值，参照附录 B“生态影响评价方法”计算出“生态影响指数分值”（影响值：*BY*）为 23.7，计算过程及结果见表 18。并与“生态资源现状指数分值”（背景值 *BJ* 为 26.6）进行比对，按表 5-3 计算出项目对生态的影响程度值 *BC*。

$$
\begin{aligned}
BC &= (BJ - BY)/BJ \times 100\% \\
&= (26.6 - 23.7)/26.6 \times 100\% \\
&= 10.90\%
\end{aligned}
$$

4. 生态影响评价结论

项目对生态的影响程度值 BC 为10.79%，对照表5-3生态影响程度分级表，项目建设对生态的影响程度级别为较小影响。

表18 生态影响指数值计算表

资源类型	评价因子	生态资源现状指数分值	生态影响程度分值	生态影响指数分值	合计	权重	生态影响指数值
生态系统	连续程度	4.0	0.29	2.8	33.3（L_{11}）	0.6（Q_{11}）	23.7（BY）
	协调程度	6.0	0.18	4.9			
	完整程度	3.2	0.24	2.4			
	典型程度	5.2	0.11	4.6			
	稳定程度	5.8	0.03	5.6			
	生产能力	5.4	0.02	5.3			
	环境功能	5.6	0.03	5.4			
	抗压程度	2.2	0.02	2.1			
自然资源	适宜程度	7.8	0.06	7.4	7.4（L_{22}）	0.1（Q_{22}）	
区域生态	承受程度	8.5	0.03	8.3	8.3（L_{33}）	0.1（Q_{33}）	
生态敏感保护目标	敏感程度	12.6	0.12	11.0	11.0（L_{44}）	0.2（Q_{44}）	
合计		66.3		59.9		1	
注：$BY = \sum L_{ii} \times Q_{ii}$							
专家签字：专家A；B；C；D；E				×年×月×日			

七、生态保护措施

1. 避免影响

本项目为森林公园开发建设，属典型风景名胜开发建设项目，森林公园布局于某省级自然保护区试验区范围内，除茶马古道、宝光寺、民俗风情等人文景观资源外，主要是利用保护区内的中山山地地貌、半湿润原始常绿阔叶林、我国独有的滇藏木莲、大树杜鹃等自然景观作为公园旅游资源。在该项目立项之前，省政府已完成《某省级自然保护区总体规划》，规划中考虑到位于保护区北部边缘地带有相当数量的原住民生产生活，还有历史悠久、香火甚旺的宝光寺建筑群，属人为活动较频繁的地带，特别是原住民大部分是少数民族，贫困面大且人口较多，生产方式落后，生产生活全部依赖保护区内的林、地资源，给保护区带来较大的压力。本着在保护的前提下开发，以开发助保护的原则，该项目被纳入《某省级自然保护区总体规划》，是将保护区的进一步影响从源头消除的预防性生态保护措施，即避免生态影响的生态保护措施已在规划引入，同时也为项目开发建设提供了依据。

2. 减少或减轻影响

本项目对生态影响最大的工程是13250m长的游道。减少或减轻生态影响的主要措施为：

（1）在游道建设中应完全避让胸径大于20cm的树木。

（2）为保证野生生物通道，应设置足够数量的涵洞。

（3）工程绿化一律采用本地树（草、藤等）种，避免外来物种（或有害生物）入侵。

（4）工程中取弃土应在保护区以外的合适地点进行。

（5）游道应采用石板铺面，石板下换填透水层，尽量避免混凝土使用量。

（6）暗埋管线开挖时必须尽量保护好原植被，管线铺设后就地用原土回填，原植被覆盖，并实施人工养护，保证成活及植被恢复，避免景观或生态系统切割。

（7）因工程建设而形成的裸露地表景观必须采用人工恢复。

（8）根据《森林公园总体规划》要求按质按量地完成环保、卫生、安全和宣传设施建设，100%收集处理游客产生的所有污染物。

3. 影响补偿和替代方案

（1）影响补偿。鉴于本项目的实际情况和原场址生态资源现状质量或价值，直接意义的影响补偿，如提供可替代的场址新建生境或生态系统，提供同类型资源等无法实施，也无必要。但项目业主要按照国家的有关规定，对林地、林木和生物多样性造成的损失进行补偿，按规定缴纳森林植被恢复费。

（2）替代方案。在《森林公园总体规划》中已对选址（线）、施工进场路线及方式等进行多方案比较，本评价认为，选择的方案满足了环境损失最小、费用最少、生态功能最大的要求，同时方案可保障拟建项目达到或接近原方案同样的目的和效益，经济上可行或可承受。

八、结论与建议

拟建森林公园项目位于某省自然保护区的实验区，是《某省自然保护区总体规划》中推荐的“以产业开发建设助保护”的主要项目。对减轻保护区压力，带动和帮助当地原住民脱贫致富和推动当地第三产业发展具有十分重要的意义。

专家组按国家和地方有关规定开展森林公园项目生态影响评价，得出的结论是“较小影响”。因此，专家组一致同意在确保落实上述保护措施的建议以及与自然保护区管理部门签订相关补偿协议等措施的条件下，开展森林公园的建设。

九、附录（略）

1. 图件

（1）评价范围1:50000的地形图。

（2）评价范围SPORT—5卫星影像材料和数据。

(3) 平面图（包括评价范围地形地貌、主要水体、植被类型及分布、主要动物群落以及周边村镇、交通规划）。

(4) 项目工程总平面图、主要建筑方案图等。

2. 附件

(1) 专家生态资源现状调查专题报告。

(2) 专家生态影响程度专题报告。

(3) 生态资源现状评价因子评权值表。

(4) 生态资源现状指数值计算表。

(5) 生态资源现状评价因子影响程度权值表。

(6) 生态影响指数值计算表。

(7) 评价范围植物名录。

(8) 评价范围兽类名录。

(9) 评价范围鸟类名录。

(10) 评价范围两类爬行动物物种名录。

本章参考文献

[1] 毛文永. 生态环境影响评价概论. 修订版. 北京：中国环境科学出版社，2003.

[2] Jo Treweek. 生态影响评价. 国家环境保护总局环境工程评估中心，译. 北京：中国环境科学出版社，2006.

[3] 刘胜祥，薛联芳. 水利水电工程生态环境影响评价技术研究. 北京：中国环境科学出版社，2006.

[4] 高岚，王富炜，李道和. 森林资源评价理论与方法研究. 北京：中国林业出版社，2006.

[5] 国家环境保护总局. 环境影响评价技术导则——非污染生态影响（HJ/T 25－98）. 北京：中国环境科学出版社，1998.

[6] 国家环境保护总局自然生态保护司. 非污染生态影响评价技术导则培训教材. 北京：中国环境科学出版社，1999.

[7] 沈渭寿，张慧，邹长新. 青藏铁路生态影响预测与评价. 北京：中国环境科学出版社，2005.

[8] 国家林业局. 森林生态系统服务功能评估规范 LY/T 1721—2008. 北京：中国标准出版社，2008.

6 社会评价

6.1 社会评价目的和意义

6.1.1 社会评价概念

社会评价是项目评价的重要组成部分，与工程技术评价、经济评价、环境评价相互补充，共同构成项目评价体系。由于不同行业或项目造成社会影响的程度和范围不尽相同，对于社会评价内涵的界定较为模糊，尚无一致定义。我国学者对社会评价内涵的界定主要有以下两类：一类认为社会评价是应用社会学和人类学的一些基本理论与方法，系统调查和收集与项目相关的社会因素和社会数据，了解项目实施过程中可能出现的社会问题，研究、分析对项目成功有影响的社会过程，提出保证项目顺利实施和效果持续发挥的措施的一种方法。另一类认为社会评价是根据发展经济学的观点，从社会角度出发，考察、研究和预测投资项目对实现社会目标的贡献，评价的核心是该项目的国家利益和项目对地区发展的贡献。

本书参考世界银行的理念和实践，结合中国的实际情况，注重社会评价的实用性，认为社会评价是调查收集项目影响和影响项目的社会因素，分析预测项目建设和运营期间可能出现的社会问题，采取措施降低项目的社会风险，保证项目顺利实施，实现社会可持续发展目标。

6.1.2 投资项目社会评价背景

在旧的投资体制下，项目批准立项的主要依据是可行性研究报告，而可行性研究报告只重视技术和经济方面的分析，忽视社会影响评价，导致一些投资项目盲目追求经济效益，忽略项目建设所造成的社会、环境等不良后果，背离了可持续发展；其次，投资者为了促使项目能够被政府主管部门批准立项，在可行性研究报告中虽然也有社会评价，但只进行正面影响评价，而且往往夸大正面影响，忽视或回避负面影响；另外，没有专门机构对投资项目尤其是社会公共项目的社会评价进行监测评估，从而导致一些项目上马后引发许多社会问题，由于事先没有考虑应对措施，给社会和人民造成了不同程度的危害；经济增长优先的旧投资体制还加重了贫富差距和环境污染，与以人为本、科学发展的战略方针格格不入。2004 年 7 月国务院作出投资体制改革的决定，新的投资体制要求政府投资项目的核准必须关注经济与社会协调发展，从项目可能产生的社会影响、项目与当地社会环境的相互适应性和项目的社会可接受性等方面判断项目的社会可行性；要求企业投资重大项目应该维护社会公众利益、兼顾社会发展，引入社会评价进行核准，以规避投资项目的社会风险，促进社会经济协调发展。

6.1.3 社会评价目的

社会评价的主要目的是消除或尽量减少因项目的实施所产生的社会负面影响，使项目的内容和设计符合项目所在地区的发展目标、当地具体情况和目标人口的发展需要，为项目地区人口提供更加广阔的发展机遇，提高项目实施的效果，并能使项目为所在地的社会发展目标（如减轻或消除贫困、促进社会性别平等、维护社会稳定等）作出贡献，促进经济与社会的协调发展。

6.1.4 社会评价的意义

做好投资项目的社会评价工作，有利于社会经济持续发展。

1. 社会评价有助于社会持续发展

社会评价要求受项目影响和影响项目的当地居民、政府、企业、社会团体、专家等利益相关者参与，对投资项目进行社会评价的目的是促进地区经济发展、保护弱势群体和少数民族、关注社会分配的公平性、减少社会问题、化解社会风险，最终实现社会持续发展。

2. 社会评价有利于提高项目的经济收益

旧的投资体制下，一些项目由于决策上的失误，导致项目很难实现全生命周期效益，甚至对社会造成严重的负面效应。1985 年 Kottak 对世界银行资助的 57 个项目进行研究，发现 30 个与当地社会经济相协调的项目平均收益率为 18.3%，27 个不具有社会协调性的项目的收益率为 8.6%，这说明社会评价与项目高回报密切相关。

6.2 风景名胜项目社会评价

6.2.1 风景名胜项目社会评价定义

风景名胜项目社会评价旨在分析项目社会影响区的社会环境对项目的适应性、可接受程度、项目产生的社会风险和项目的社会可持续性，评价项目的社会可行性，提出协调项目与项目社会影响区的关系、规避项目产生的社会风险、促进项目顺利实施的措施。

风景名胜项目社会评价强调以人为本，关注项目对社会的贡献和影响，促进项目适应社会发展，有利于贯彻执行可持续发展战略。

6.2.2 风景名胜项目社会评价内容

风景名胜项目社会评价内容包括界定项目社会影响区、项目社会影响区社会现状调查和社会影响分析、分析项目与项目社会影响区的互适性、识别项目产生的社会风险、评价项目的社会可持续性、确定项目的社会可行性等。

项目社会影响区的社会现状调查是调查与项目有关的社会基础资料及现状信息和确定定量指标的评价基准。

项目的社会影响分析指预测项目可能产生的正面社会影响（通常称为社会效益）和负面影响，要求重点分析和预测负面影响及其不良后果。

项目与项目社会影响区的互适性分析是分析项目所在区域的社会环境接纳项目的能力以及项目与当地社会环境的相互适应性。

项目产生的社会风险分析是选出负面影响大、影响持续时间长、容易导致较大矛盾的社会因素，分析出现这类社会因素的社会环境和条件。

项目的社会可持续性是分析可能影响项目效果持续性的社会因素。

6.2.3 风景名胜项目社会评价原则

（1）符合国家和地方的社会发展政策和战略规划。社会发展政策包括就业、收入分配、医疗保健、教育、住房和社会保障等方面的法规、条例等。

（2）项目的实施不能降低项目社会影响区居民的生活水平、生活质量、社会稳定程度和社会可持续发展能力。生活水平、生活质量、社会稳定程度和社会可持续发展能力可以用指标进行测度。

6.2.4 风景名胜项目社会评价范围

风景名胜项目社会评价的范围包括空间范围与时间范围。风景名胜项目社会评价的空间范围指项目社会影响区，时间范围指项目的整个寿命周期。

风景名胜项目社会影响区指居民、社区和社会组织受到项目直接或间接影响和能够影响项目的人群或社会组织覆盖的区域。项目社会影响区需要综合考虑项目所在区域的社会组织结构和行政区划的完整性，分自然村（社区）、村民委员会（街道办事处）、乡（镇）、和县（市）几个层面。

项目前期包括规划、机会研究（或预可行性研究）、项目建议书和可行性研究、项目申请报告和资金申请报告、政府投资项目初步设计审查阶段。项目实施阶段和后评价阶段可以参照项目前期的社会评价方法执行。项目周期在我国包括立项、可行性研究、评估、实施（包括设计、建设与运营）和后评价五个阶段。

6.2.5 风景名胜项目社会评价侧重点

项目社会影响区内没有居民，可以不进行社会评价。项目涉及征地或移民以及项目在少数民族地区，要进行项目的社会影响、项目与项目社会影响区的互适性、项目产生的社会风险和项目的社会可持续性评价。如果项目不涉及上述规定，只需要进行项目的社会影响、项目与项目社会影响区的互适性评价。

风景名胜项目多位于少数民族地区、贫困地区、城市区域等社会构成复杂区域，因此，风景名胜项目的社会评价以当地居民在项目中受益为宗旨。

6.2.6 风景名胜项目社会评价程序

风景名胜项目社会评价程序包括筹备与计划、确定项目目标与评价范围、选择评价指标、明确评价基准、项目立项阶段的社会评价（初步评价）、项目可行性研究阶段的社会评价（详细评价）、得出评价的初步结论、专家论证、提交项目评价成果（包括评价报告和基础资料）九个步骤。

（1）筹备与计划指成立社会评价小组并制定工作计划。项目不同阶段的社会评价详略程度不同，需要的时间和经费也不同，必须根据评价要求制定详细的评价方案和财务预算。

（2）确定项目目标和评价范围时，对涉及移民、征地和少数民族地区的项目，应重点进行详细的调查和分析。根据国家和地方的社会发展目标与社会政策，按照风景名胜项目的社会评价内容，结合受评项目的功能、产出等具体情况，确定项目的评价指标。收集项目影响区现有的社会经济与项目评价指标涉及的现状信息（资料、数据），列出评价指标在无项目时的基准，并预测项目影响时限内的可能变化。

（3）立项评价的时间约2周。需要明确项目的目标群体与受影响群体，预测项目可能产生的主要社会影响，了解利益相关群体的基本需要及其对项目的认可程度，预测项目产生的社会风险，明确项目是否需要进行详细的社会评价。评价结论包括项目的目标、功能与项目社会影响区的适应程度，项目社会影响区利益相关群体接受、参与项目的可能性和程度，项目详细社会评价的重点等。

（4）详细评价的时间为2~3个月。需要全面详细地对项目的社会影响、项目与项目社会影响区的互适性、项目产生的社会风险和项目的社会可持续性进行分析和评价。评价结论主要包括项目与项目社会影响区的互适性、影响区各利益相关群体认可和参与项目的程度、项目产生的社会风险、项目的负面社会影响、项目需要改进的方面和项目的社会可行性等。

（5）针对评价结果，召开专家、管理者、受影响群体代表、投资者参加的论证会，根据评审意见修改项目方案。项目社会评价报告作为项目可行性研究报告的重要组成部分，并上报项目审批单位。

6.2.7 社会现状调查

1. 社会现状调查内容

所有的项目必须调查项目社会影响区的历史、人口、居民从业、家庭及个人收入、公共基础设施、社会政策与规章制度、居民对项目的态度、社区文化、社区的资源利用与分配、社区宗教活动、项目对社区生产和生活的影响等（见表6-1）。如果项目涉及移民和征地，还应调查项目造成的拆迁损失、迁移人口等情况（见表6-2）。表6-1中带有*的指标是所有的项目必须调查的基本内容，不带*的指标根据项目需要选取调查。

表6-1 风景名胜项目社会影响区的社会现状调查内容

调查内容	参考指标	调查方法
1. 历史情况	社会经济发展过程*	二手资料查阅
	项目开发经验	二手资料查阅、访谈
	从事开发活动的主要人士	
	现在困扰社会影响区的主要问题*	访谈
2. 人口、居民职业和收入	总人口数	二手资料查阅
	居民职业结构*	二手资料查阅、访谈
	居民年龄和性别构成	二手资料查阅
	居民受教育程度*	
	少数民族人口比例*	
	受项目直接、间接影响的人数*	访谈按个人或家庭进行
	居民从事的职业*	二手资料查阅、访谈

续表 6-1

调查内容	参考指标	调查方法
2. 人口、居民职业和收入	妇女参与劳动的情况 *	访谈
	少数民族参与劳动的情况 *	
	人均收入	
	受影响家庭或个人的年收入 *	
3. 基础设施与服务	基础设施和公共服务的现状	二手资料查阅、访谈
	项目拆除、新建基础设施的情况 *	
	项目造成公共服务价格和服务质量的变化 *	
4. 社会规章制度	项目涉及管理部门（建设、风景名胜管理、国土资源、文物保护、水利、……）的规章制度	
5. 社会组织	从宗族和宗教信仰分析优势群体和从属群体 *	访谈、问卷调查
	人口居住的稳定性和居民之间的联系程度	
	社区社会群体的构成	
	居民对外来人口的态度 *	
	社区的民间组织及其活动	
6. 居民对项目的态度	居民对项目的态度（支持和反对的程度）*	
	居民对现有服务设施的评价和要求	
	居民对项目社会影响的认识和关注 *	
7. 资源利用与分配	资源（土地、水源、环境、森林、……）分配和利用的方式及其评价 *	
	当地居民所用资源的情况（种类、数量、来源地）	
	当地已有的资源环境保护方式 *	
8. 项目对社区生产、生活的影响	项目对社区自然资源（土地、水源、环境、森林、……）的影响和占用 *	访谈、问卷调查、地图分析
	项目利用人文资源的情况 *	
9. 项目实施机构的情况	经营和管理经验	访谈、问卷调查
	组织结构	
	激励体制	
	拥有的资源状况（人力、财力、管理机制、……）*	

表6-2 涉及征地和移民的调查内容

调查类别	内容	参考指标	调查方法
1. 拆迁公共设施的损失	基础设施	拆除水利设施的等级与长度	实地勘测
		拆除供电与通信设施的等级与长度	
		拆除道路的等级与长度	
		各类公共设施的补偿标准	二手资料查阅
	社会设施	拆除学校的面积与类型	实地勘测
		拆除卫生设施（医院、公厕、垃圾处理设施、……）的面积与类型	
		拆除广播设施的类型与数量	
		各类补偿标准	二手资料查阅
		政府/企业对补偿的态度	
2. 迁移户调查	家庭经济	家庭收入与来源	访谈
		人均收入及来源	
		消费性支出	
		生产性支出	
	家庭人口	技能情况	访谈、二手资料查阅
		户主性别和民族	
		家庭人口年龄构成	访谈
	迁移户类型	种植业户（户数和人口）	访谈、二手资料查阅
		养殖业户（户数和人口）	
		经商户（户数和人口）	
		外出务工户（户数和人口）	
		临时占用土地影响户（户数和人口）	
		少数民族家庭（户数和人口）	
		残疾人家庭（户数和人口）	
		老人家庭（户数和人口）	
		贫困户（户数和人口）	
	土地	永久性征占土地的类型和面积	二手资料查阅
		各户被占用永久性土地的类型和面积	
		分类型土地补偿标准	
		临时性占地面积及其补偿	
		居民对征地补偿标准的态度	访谈

续表 6-2

<table>
<tr><th>调查类别</th><th>内容</th><th>参考指标</th><th>调查方法</th></tr>
<tr><td rowspan="4">2. 迁移户调查</td><td rowspan="4">房屋</td><td>拆除居住房屋的面积</td><td rowspan="2">实地勘测</td></tr>
<tr><td>拆除营利性房屋的面积</td></tr>
<tr><td>拆除房屋分类补偿标准</td><td>二手资料查阅</td></tr>
<tr><td>居民/企业对拆除房屋补偿标准的态度</td><td>访谈</td></tr>
<tr><td rowspan="9">3. 迁移人口</td><td rowspan="5">数量</td><td>总数</td><td rowspan="9">此部分数据由本表中2综合得出</td></tr>
<tr><td>儿童人口</td></tr>
<tr><td>残疾人口</td></tr>
<tr><td>老年人口</td></tr>
<tr><td>无收入人口</td></tr>
<tr><td rowspan="4">构成</td><td>性别构成</td></tr>
<tr><td>民族构成</td></tr>
<tr><td>职业构成</td></tr>
<tr><td>学历构成</td></tr>
</table>

2. 社会现状调查步骤

包括确定调查的目标和内容、设计调查方案、实地调查、分析总结并形成调查报告四个步骤。

根据风景名胜项目的类型确定项目的调查内容。不涉及征地和移民的项目，包括调查表 6-1 中带 * 的内容；涉及征地和移民的项目，包括调查表 6-1 和表 6-2 的全部内容。

调查方案包括组织调查人员、确定调查对象、选择调查指标、安排调查时间、选取调查方法以及经费预算等内容。

调查范围和样本数量：①如果项目涉及移民或征地，必须按户进行全面调查；②项目的调查必须覆盖项目社会影响区的所有民族；③调查的样本数建议值参考表 6-3 "抽样调查样本数量建议值"。

社会调查必须全面收集与项目社会评价有关的资料即现状信息。

表 6-3 抽样调查样本数量建议值

总量（户）	样本量（户）	抽样百分比（%）
100	15	15
200	23	10
500	50	10
1000	100	10
5000	250	5

3. 社会现状调查常用方法

采用专家讨论会法或访谈法获取第一手资料，采用文献调查法或问卷调查法获取第二手资料。

（1）专家讨论会是邀请有关专家讨论项目社会评价的调查内容。通常需要邀请社会、人类、经济、环境保护、生态、考古、地理、项目管理等学科背景的专家参加。组织和主持专家讨论会应注意做好以下工作：

①至少提前一个月将讨论会的时间、地点和意图通知相关人员，尽可能请专家提供书面材料。

②提前寄背景材料，让专家了解项目背景。

③召开讨论会时，主持人应介绍参会专家和项目概况及进展。

④举行专家讨论会时，主持人应尽量使用行话或技术术语。

⑤应创造自由发言、自由讨论的氛围，允许辩论。

⑥不要随时打断发言，要准确记录会议中的观点和建议。

⑦一般不要延长时间，除非大家同意。

⑧专家的意见应分析处理后再采用。

（2）访谈法是调查人员通过与被调查者交谈，了解信息。根据被访谈者的数量，可分为个别访谈法和集体访谈法。个别访谈主要用于调查项目的不同利益相关群体；集体访谈法适用于利益一致的人群，这样比较节省时间和费用。访谈中应注意以下问题：

①访谈时间、访谈地点的选择一般不应影响被访者的正常生活和工作，应预先通知被访者。

②要随时了解当地的风俗习惯，做到入乡随俗。

③访谈语言应通俗易懂。

④提问方式要恰到好处。

⑤要善于引导和控制访谈进程。

⑥访谈结束后，应尽快整理资料。

（3）文献调查法是收集项目影响区的社会经济资料，摘取其中对社会评价有用的信息。文献调查法一般需要与其他调查方法结合使用，并注意以下问题：

①要利用各种途径尽可能全面地收集基线信息。

②阅读文献，认真做好信息摘录。

③列出收集到的所有文献的目录清单，以便查阅。

（4）问卷调查法是一种以书面提问的方式调查社会信息的方法。设计调查问卷应注意以下问题：

①可以采取开放、封闭或半开放半封闭的方式。

②问题中尽量不要使用不确定性的词语。

③不能提有诱导性或倾向性的问题。

④注意问题的排序。

⑤不要直接提出敏感性问题。

⑥问卷应先在小范围内进行检验。

4. 社会现状调查总结和提交调查报告

调查报告应结合项目社会评价的内容对基线信息进行详细说明。

5. 社会现状调查报告的主要内容

社会现状调查报告的主要内容包括项目概况（包括项目目标、地址、涉及范围、投资额、进度安排、受益人、主要投入和产出），项目所在地的社会概况，调查说明（包括委托人、调查人员、调查时间、调查地点、主要内容、对象、调查经费决算等方面），详细的调查资料和基线信息及有关建议。

6.2.8 社会评价

1. 社会评价具体内容

包括项目的社会影响、项目与项目社会影响区的互适性、项目产生的社会风险和项目的社会可持续性等方面。

(1) 项目的社会影响分析是预测项目可能产生的正面影响（即社会效益）和负面影响，对负面影响应重点分析。社会影响分析的主要内容见表6-4“风景名胜项目社会影响分析表”。建议项目的社会影响分析采用利益相关群体分析方法。风景名胜项目涉及的利益相关群体较多，采用利益相关群体分析方法，有助于准确、快速地明确项目社会影响的范围、程度和后果。风景名胜项目可能涉及的利益相关群体有项目投资者、项目受益者、项目受损者、社会影响区居民、风景名胜管理机构、政府相关管理部门（国土、环保、林业、规划、文物、建设、……）等。以下是利益相关群体分析的步骤：

第一步：界定利益相关群体。

第二步：分析利益相关群体的利益和项目对利益相关群体利益的影响。

第三步：对每一个利益相关群体的重要性和影响力进行分析。

第四步：针对重要利益相关群体制定相应的参与方案。

表6-4 风景名胜项目社会影响分析表

序号	社会因素	影响范围、程度	可能出现的后果	措施建议
1	对居民收入的影响			
2	对居民生活习惯、生活方式和生活质量的影响			
3	对居民从业的影响			
4	对文化活动场所的影响			
5	对教育场所的影响			
6	对卫生服务场所与服务性价比的影响			
7	对宗教活动场所的影响			
8	对当地基础设施（水、电、路、通信）及其服务容量的影响			
9	对当地风俗习惯（尤其是对少数民族风俗习惯）的影响			

续表 6-4

序号	社会因素	影响范围、程度	可能出现的后果	措施建议
10	项目对社区资源和利用方式的影响			
11	项目对当地居民活动空间（生活空间和生产空间）的影响			
12	项目利益分配的公平性分析			

注：社区资源是指与社区居民生产与生活相关的自然资源、环境和人文资源等。包括社区居民个人和集体拥有的土地及其所有的附属体（如河流、森林、各种自然与人文遗迹等），以及社区居民的文化、习俗。

（2）项目与项目社会影响区互适性分析是分析、预测项目所在地的社会环境能否接纳、支持项目的存在和发展，考察项目与当地社会环境的相互适应关系。主要分析内容见表6-5“项目社会影响区对项目的适应性及可接受程度分析表”。

表 6-5　项目社会影响区对项目的适应性及可接受程度分析表

序号	社会因素	对项目的适应性和可接受程度	可能出现的问题	措施建议
1	项目影响区内的居民			
2	项目所在地政府及其行政部门			
3	项目所在地现有文化状况			
4	项目所在地现有基础设施			
…	……	……	……	……

（3）项目产生的社会风险分析是在对可能影响项目的各种社会因素进行识别排序的基础上，选择负面影响大、影响持续时间长并容易导致较大矛盾的社会因素，分析产生社会风险的社会环境和条件。风景名胜项目的社会风险主要有移民、占用当地居民赖以生存的自然资源和宗教圣物、区域社会风俗习惯发生变化、社会发展不可持续等。社会风险分析的主要内容见表 6-6“项目社会风险分析”。

表 6-6　项目社会风险分析

序号	风险因素		发生的可能性和持续时间	可能产生的后果	规避措施
1	移民风险	丧失赖以生存的自然资源（土地、水源、……）			
		失业			
		失去房屋			
		社会影响区内居民被边缘化			
		社区关系网络解散			
		公共服务水平与质量降低			

续表 6-6

序号	风险因素	发生的可能性和持续时间	可能产生的后果	规避措施
2	社会风气变坏			
3	当地违法、犯罪率上升			
4	当地宗教活动场所、宗教圣物和宗教信仰受到影响			
5	疾病流行、传染病突发			
6	当地居民资源来源消失			
7	当地居民生活空间被占用			
8	当地居民的少数民族习俗被破坏			
9	当地居民的社会组织结构发生改变			
10	少数民族边缘化			
11	妇女地位下降			
12	社区教育水平下降			
13	当地居民价值观受冲击			
14	当地居民收入差距增大			

风景名胜项目社会风险分析步骤：

第一步：风险调查。通过与项目执行机构、规划设计人员、风景名胜区管理机构、政府有关部门、项目直接影响的居民进行充分的交流和磋商，收集必要信息。

第二步：风险识别与评估。诊断风景名胜项目建设、运营过程中可能出现的社会风险因素，分析风险发生和可能持续的时间，评价社会风险的性质，预测社会风险的强度和可能产生的后果。

第三步：提出规避风险的措施。甄别需要规避或减少的社会风险，提出解决问题可能采用的政策、策略、措施和建议。

第四步：制定风险规避方案。

（4）项目的社会可持续性评价是分析可能影响项目效果持续性的外部因素。影响项目持续性的社会因素应在项目周期的各阶段都进行分析。在项目立项阶段是确定影响项目效果持续性的主要因素，在项目可行性研究阶段是评价实现项目效果持续性的方案。项目社会可持续性评价的内容见表6-7“项目的社会可持续性评价内容”。

项目的社会可持续性评价可分为项目的实施机构自身（内部）的评价和影响项目持续性的外部因素的评价。在项目的社会可持续性评价中应考虑以下几个方面的内容：

①资金能否按时供应，中途是否会被截留，尤其是用于补偿项目区居民的资金。

②及时告知项目区居民，项目建设中需要提供服务的内容、数量、质量和时段。

③项目运营中有无停顿的风险。

④项目如何应对政策和体制的变化。

⑤项目建设机构、使用机构、维护机构、管理机构是否会影响项目的持续进行。

表 6-7 项目社会可持续性评价内容

序号	影响项目持续性的社会因素	对项目持续性的影响（范围、程度）	可能出现的后果	应对措施
1	影响区居民的参与			
2	项目的负面影响			
3	项目与社会的适应程度			
4	项目社会风险			
5	项目经营机构的稳定性			
6	项目经营机构的能力			

2. 风景名胜项目社会评价常用方法

风景名胜项目社会评价采取以定性为主、定量为辅的综合分析方法。选取评价方法应综合考虑评价内容、评价要求和评价需要的时间、经费等。主要采用的方法是社会调查法、有无对比分析法、利益相关群体分析法、受益人评估法、参与式评估法、逻辑框架分析法等。

3. 风景名胜项目社会评价结论

风景名胜项目社会评价结论，应按照评价内容对比每一指标的基线信息和项目建成后的预测状况，分析项目对项目社会影响区的社会影响、判断项目与项目社会影响区社会因素的适应程度、评价项目产生的社会风险和项目的社会可持续性，提出避免项目产生社会负面影响的方案和措施，给出项目是否可以进入下一步骤的结论。社会评价结论的内容见表 6-8“风景名胜项目社会评价”。评价结论应重点分析项目产生的负面效应，判断项目的应对措施是否完备、可行，并提出进一步完善的建议。

表 6-8 风景名胜项目社会评价

序号	类别	评价标准	项目社会评价结论
1	社会影响	发生负面影响的程度，应对措施是否完备	
2	互适性程度	互适性程度（强、一般、差），应对措施	
3	社会风险	风险是否可以完全规避或降低到可以接受的程度	
4	项目的社会可持续性	项目的持续性及应对措施	

风景名胜项目社会评价案例①

一、概述

1. 项目背景

昭山是湖南省内一座历史悠久的名山，耸立在湘江之畔，海拔185米，位于湘潭市东北20公里的易家湾镇，是长、株、潭三市水陆交通的咽喉。昭山在省内久负盛名，有“潇湘八景”之一的美誉，它既有景色秀美的自然环境，又有众多历史文化古迹，文化底蕴丰富。有始建于唐初的昭山古寺、清朝乾隆年间的青石古道、北宋四大抗金名将之一的刘琦故居、秋瑾墓穴、黄兴二母墓、伟人亭、将军渡等古、近代人文景观。由于历史原因，昭山的生态环境与人文景观遭到过破坏，加之许多人文古迹年久失修，无法体现湖湘文化历史原貌。所以昭山风景区的建设，加强对昭山自然景观的保护和人文景观的修复，开发建设昭山风景区，对推动长、株、潭经济一体化的进程，加快易家湾地区的城市现代化步伐，提高城市文化、环境品位和整体竞争力，以及建设新的行政中心都有着巨大的效用和十分深远的意义。

2. 工程概况

本工程主要建设内容为景点建设和配套基础设施建设。

(1) 昭山风景区建设。

①恢复昭山八景自然景观。即：桃林花雨、古寺飞钟、狮子啸月、双井清泉、屏风夕照、拓岭丹霞、石港远帆、老虎听经等自然景观。

②维修和恢复昭山古寺、观音寺、刘琦故宅、将军渡、伟人亭、秋瑾墓、岳家坡、黄兴二母墓、烈士坡等人文景观。

③昭山风景区林木植被建设。

(2) 昭山风景区配套基础设施建设。

①景区东大门及票务接待中心。

②东大门广场及停车场建设。

③东大门外旅游商品及纪念品市场建设。

④景区南大门及票务接待中心。

⑤南大门广场及停车场建设。

⑥南大门旅游商品及纪念品市场建设。

⑦南大门外快餐服务中心。

⑧东大门进山公路建设和已有道路的路面硬化。

⑨原有石级修整。

⑩通往各景点的游路建设。

⑪景区现有民房拆迁。

---

① 本案例摘自世界银行贷款的湖南城市发展项目昭山风景区建设工程《移民安置规划报告》。

3. 项目投资估算及计划进度

本项目规划总面积为2850亩（190hm^2），规划新建建筑总面积为7180m^2，维护及修缮现有寺庙及人文景点9处，建筑面积2300m^2，总投资7212万元。工程占地拆迁补偿投资966.89万元。项目总工期为5年，其中：前期工作时间1年，建设期4年，2004年10月开工至2008年10月完工。

4. 项目影响范围

工程共涉及1个区2个乡（办事处）2个村（社区）5个组，共需迁移42户121人，拆迁房屋1.43万m^2，占用土地309.92亩（其中国有土地162.62亩）。另外还影响一部分专项设施。

5. 移民安置规划编制的依据、目标及方法

（1）编制依据：相关政府文件（略）。

（2）政策目标。

①采取工程、技术、经济等措施尽量避免或减少征地拆迁移民实物数量；在征地拆迁不可避免时，应尽可能采取有效措施减少征地拆迁对当地居民生产生活的影响。

②在工程准备阶段进行社会经济调查并编制相应的移民安置规划。

③移民安置以拆迁实物指标和补偿标准为基础，以提高或至少恢复移民原有生产生活水平为目标。

④倡导开发性移民。农村移民安置将采取以土地为基础，依托当地发达的二、三产业拓宽就业门路的方针。

⑤鼓励移民和安置区原有居民参与移民安置规划。

⑥移民将优先考虑在原社区内安置。

⑦移民和安置区原有居民均将从工程中获益。

（3）编制方法。移民安置规划工作由湖南省长株潭经济一体化办公室组织，有关设计单位、移民安置咨询单位以及各地政府共同参加。2003年7月，专业人员在项目区各级政府的积极配合下，对本项目征地影响范围内的实物指标及移民家庭基本情况进行了全面调查统计，对移民意愿进行了抽样调查。同时召开了由业主单位、移民设计人员、受影响区各级政府部门和移民代表参加的安置协调会，听取各方意见，并就安置方案、移民生计恢复方案、补偿所采用的法律框架及标准等方面的意见进行了讨论，提出了移民安置初步规划方案。根据我国现行的政策、法律法规和世界银行对移民安置的要求，针对项目区各乡（街道办事处）受影响的程度进行了合理性和可行性分析，并按照世界银行技术援助专家及莫特麦克唐纳公司咨询专家阅读、现场考察后提出的意见予以了修改完善，在此基础上最终编制完成了移民安置规划报告，并由项目区当地人民政府审阅认可。

二、项目影响

1. 避免或最大限度减少征地拆迁的措施

为了减少项目建设对当地的社会经济影响，昭山风景区方案应进行修改和优化，并进行专门的技术论证。优化方案的主要目的是减少工程占地、减少移民搬迁，降低工程造价，方便工程施工。

（1）设计阶段的措施：在项目规划设计阶段，当进行方案优化比选时，尽可能多考虑项目建设对当地社会经济的影响，并将此作为方案优化比选的关键性因素。2003 年 9 月，湖南大学设计研究院专门论证了昭山风景区允许现有居民与景区共存的设计方案，以减少或避免移民。经过多方面的考虑，最后确定景区内的房屋还是全部搬走，以便管理。

(2) 施工阶段的措施：本项目征地拆迁局限于景区内，对整个项目区而言，项目建设对当地的工农业生产、人民生活及社会经济的影响不大。但为了尽可能减少因工程实施对当地的影响，施工中应注意施工场地的布置及施工方案的选择，尽量避免不必要的征地和房屋拆迁。

2. 项目影响实物指标

(1) 调查方法及过程：2003 年 7 月，调查人员协同镇（乡）、村工作人员，根据设计所确定的工程占地范围，对影响区人口数量、土地种类和面积、房屋的结构和面积及附属设施、林果木数量进行了全面调查登记。工程占地调查范围为昭山风景区规划范围 2850 亩（190hm^2）内的所有民房、工业用房和少量公共建筑。工程占地以组为单位进行全面调查，调查人员持 1∶2000 地形图，在现场勾绘土地界线，然后用计算机量图，计算土地面积。调查人员持图现场核对范围内需拆迁房屋，房屋分户分结构丈量，附属设施、零星果木、杂树逐户登记，并经移民户签字认可。对因受项目影响需恢复或改建的简易公路、广播线路、邮电线路、输电线路等专项设施进行现场调查登记。

(2) 项目影响土地。

①工程永久征地：

经测量计算，工程共需征用土地 309.92 亩，其中国有土地 162.62 亩，集体土地 147.30 亩。国有土地中菜地 13.51 亩，水塘 12.22 亩，用材林 10.11 亩，草地 14.93 亩，建筑用地 34.88 亩，公共用地 60.65 亩，道路用地 3.84 亩，其他用地 12.47 亩；集体土地中菜地 14.79 亩，水塘 6.96 亩，用材林 29.95 亩，宅基地 5.93 亩，道路用地 25.35 亩，其他用地 64.32 亩（见下表）。

项目征用土地指标表

项目	单位	昭山乡						易家湾镇大塘社区	总计
		小计	昭山村	开发区	东南机电厂	昭山乡政府	预制厂		
合计	亩	298.97	147.30	6.07	118.83	15.24	11.52	10.95	309.92
一、国有土地	亩	151.67		6.07	118.83	15.24	11.52	10.95	162.62
1. 耕地	亩	13.51		6.07	7.44				13.51
菜地	亩	13.51		6.07	7.44				13.51
2. 水塘	亩	12.22			10.97		1.25		12.22
3. 林地	亩								
用材林	亩	10.11			10.11				10.11
4. 草地	亩	14.93			13.76	1.17			14.93
5. 建筑占地	亩	23.93			17.72	4.49	1.72	10.95	34.88
6. 公共用地	亩	60.55			42.51	9.59	8.55		60.65
7. 道路用地	亩	3.84			3.84				3.84
8. 其他用地	亩	12.47			12.47				12.47

续表

项目	单位	昭山乡						易家湾镇大塘社区	总计
		小计	昭山村	开发区	东南机电厂	昭山乡政府	预制厂		
二、集体土地	亩	147.30	147.30						147.30
1. 耕地	亩	14.79	14.79						14.79
菜地	亩	14.79	14.79						14.79
2. 水塘	亩	6.96	6.96						6.96
3. 林地	亩								
用材林	亩	29.95	29.95						29.95
4. 宅基地	亩	5.93	5.93						5.93
5. 道路用地	亩	25.35	25.35						25.35
6. 其他用地	亩	64.32	64.32						64.32

②施工临时用地：由于施工场地可在永久征用土地上进行，因此工程不考虑临时占地影响。

(3) 项目影响人口：

①单拆迁人口：59人。

②既征地又拆迁人口：62人。

③单征地人口：79人。

④企事业单位人口：154人。

⑤项目影响总人口：项目影响总人口为354人（见下表）。

工程占地影响人口表

县（区）	乡（镇）	农村人口（人）			企事业单位人口（人）	合计（人）
		单拆迁	既征地又拆迁	单征地		
岳塘区	昭山		62	79	154	295
	易家湾	59				59
合计		59	62	79	154	354

(4) 拆迁房屋和附属建筑物：项目共涉及岳塘区的2个乡（办事处）、2个村5个组，项目影响47户133人（其中农业人口72人），需搬迁移民42户121人（其中农业人口61人），需拆迁房屋1.43万m^2，其中砖混0.91万m^2，砖木0.17万m^2，土木（木房）0.1万m^2，杂房0.25万m^2。影响晒坪0.55万m^2，围墙0.1万m^2，水井11口。

在需拆迁的房屋中，住宅为5107.96m^2，其中砖混2995.88m^2，砖木200.05m^2，土木

（木）房571.74m²，杂房66.69m²；非住宅为9173.26m²，其中企业用房为7747.43m²（砖混4742.78m²，砖木1523.41m²，土木房416.66m²，杂房1064.58m²），商业门面为1425.83m²（其中砖混1321.71m²，杂房104.12m²）见下表。

项目不影响临时建筑和非法建筑。

房屋拆迁指标表

	县（区）	乡（镇）	村数（个）	组数（个）	砖混（m²）	砖木（m²）	土木（m²）	木房（m²）	杂房（m²）	合计
住宅	1	2	2	5	2995.88	200.05	505.05	66.69	1340.29	5107.96
	岳塘	昭山	1	4	1562.43	59.16			620.67	2242.26
		易家湾	1	1	1433.45	140.89	505.05	66.69	719.62	2865.70
单位企业					4742.78	1523.40	338.94	77.72	1064.58	7747.43
商业门面	1	2	2	4	1321.71				104.12	1425.83
	岳塘	昭山	1	3	889.95				59.20	949.15
		易家湾	1	1	431.76				44.92	476.68
合计	1	2	2	5	9060.37	1723.40	843.99	144.41	2508.98	14281.21

（5）零星树木及坟墓：

项目影响零星树木489株，其中零星果树141株、杂树348株。

项目不影响坟墓搬迁。

（6）基础设施和专项设施：共影响水泥路面2280m²，简易公路1.2km，低压线8.2km，邮电线路6.6km，有线电视线路2.3km（见下表）。

专项设施影响表

县（区）	乡（镇、办事处）	村	道路设施		电力设施			邮电线路（km）	有线电视（km）
			简易公路（km）	水泥路面（m²）	高压线（km）	低压线（km）	变压器（座）		
岳塘			1.2	2280		8.2		6.6	2.3
	昭山		1.2	2280		7.4		4.9	1.1
		昭山	0.8	960		3.2		2.3	1.1
		单位	0.4	1320		4.2		2.6	
	易家湾					0.8		1.7	1.2
		大塘社区				0.8		1.7	1.2

（7）单位企业和个体商业门面：

项目影响涉及企业为2个，一个是东南电机厂，该厂已停产，现有职工148人；另一个是昭山预制场，现有职工6人。这两个企业在拆除后，都不考虑复建。利用货币补偿方式进行安置。影响到的7个商业门面，均为家庭自营式店铺，拆除后，对项目区的商业不会造成大的影响。利用货币补偿方式进行安置。

（8）文物及弱势群体：

①文物：工程建设不影响文物。

②弱势群体：项目区内不存在鳏寡孤独群体和少数民族等弱势群体。

3. 项目影响分析

项目建设将使得受影响范围内原有的生产体系遭到一定程度的破坏，给当地居民的生产生活带来一定程度的影响。土地资源的减少，使部分农民失去赖以生存的物质基础，导致他们必须重新去适应新的生活、生产环境。但由于设计单位在工程设计过程中，充分考虑了征地对当地生产、生活系统的破坏性，并不断优化工程设计，采取工程措施尽量减少征地拆迁范围，减缓工程建设对当地生产、生活的影响，因此，本项目的建设不会对各村原有的生产、生活条件造成大的破坏。同时由于此项目工程占地范围不大且分散分布，因此对项目区而言，项目建设的影响只是局部的，不会给当地工农业生产、人民生活及社会经济的发展带来大的影响。当地居民可利用土地补偿费，通过改善农田水利配套设施、改造中低产田、调整产业结构等措施，充分挖掘现有土地资源的潜力，提高单位产出，从而弥补因耕地面积减少所带来的收入损失，尽快达到或超过原有水平。

三、项目影响各乡（镇）、村社会经济概况

1. 易家湾镇

（1）自然条件。易家湾镇地处湘潭市东北角，北接长沙市暮云镇，东靠株洲市白马镇，南邻湘潭市荷塘乡，西濒湘江，位于长株潭三市相接的金三角地段，地理位置十分优越。易家湾镇属亚热带季风湿润气候区，受季风影响，湿度大，雨水多，夏季平均气温为28.1℃，持续时间长，约为125天；冬季平均气温为6.6℃，约为95天。年降雨量在1300mm左右，年平均日照为1640～1700小时，相对湿度为81%。全年以西北为主，且夏季风速较大。

（2）基础设施条件。

①交通：易家湾镇对外交通十分便利，公路、铁路、水运、航空面面俱全。107国道、320国道、长潭、潭邵高速公路贯穿全镇；京广铁路从北向东穿境而过；湘江常年可行驶500吨级的轮船；利用长潭高速公路达长沙黄花机场仅半小时路程。镇域道路有一定基础，已达到村村通路的目的，但路况差，有待改善。

②给排水：昭山风景区的供水系统主要由湘潭市三水厂供水，经长潭路敷设管道至镇区；各村村民用水主要采用水井、水压泵井供水，一部分村民用水来自东风水库；目前工业废水的处理率只达80.85%，必须加大技术改造；昭山风景区的排水系统尚未形成，生产、生活、污水、雨水主要靠天然水塘、沟渠排入河流，进行自净；昭山风景区内湘江堤内地势低洼，一到洪水季节，湘江水位上涨，积水排不出去，易造成农田受淹。

③电网：镇内有易家湾110kV变电所，1998年易家湾镇总用电负荷8820kW，其中农

业用电负荷2803kW，企业用电负荷1417kW，其他负荷4600kW，输电线路150多公里，易家湾镇已实现了村村通电，家家用电，居民生活用电发展快，用量递增率为21.16%，农业用电日渐增长。

④邮电系统：昭山风景区内有一个邮政兼电信支局和一个电信局，从板塘铺经长潭路敷设光缆至昭山，开通了自动电话、电讯、电报、邮件等业务，邮电、通信业务可四通八达。镇域内各村居委会均已开通了程控电话，镇区电话已达400门，农村普及率较低，有待提高。

⑤燃气情况：湘潭市液化气大都来自东北、山东、华北和西北，从外地运来的液化气在易家湾站卸货后运往全市。易家湾镇有3座储气站，镇区居民基本上用液化气，农村村民一小部分用液化气，大部分烧煤。据统计气化率达到44.7%。

⑥环卫设施：易家湾镇内环卫设施欠缺，全镇有公厕5座，垃圾站6个。垃圾站主要位于企业内，大部分居民、村民的生活垃圾为自然容纳。

⑦防灾设施：易家湾镇自然灾害种类少。没有地震火山这类自然灾害；风灾影响小；偶尔有冰雹降临，对农业有一定影响，损失不大。消防设施严重缺乏，除湖南南天股份有限公司有专职消防队外，没有消防站，消防栓严重欠缺。

(3) 人文、自然景观。昭山是一个精品型风景区，人文景观丰富，自然资源优越，山水相融，环境优雅。景观内现有主要人文景观11处、自然景点8处；景观内文化内涵较为丰富，主要有宗教文化、名人文化、古迹文化及诗词文化。

①人文景观：人文景观主要有古道、昭山古寺、刘琦故居、岳公岭、秋瑾墓穴、黄兴二母墓、将军渡、伟人亭、烈士坡、千年银杏和观音寺。

②自然景观：昭山风景区内现有八大自然景观，它们分别是：桃林花雨、古寺飞钟、狮子啸月、双井清泉、屏风夕照、拓岭丹霞、石港远帆及老虎听经。

③文化：

宗教文化：昭山的佛教文化渊源于唐初，至今昭山古寺和观音寺的香客络绎不绝。从寺庙中可以看出历代佛教文化发展的痕迹。

名人文化：景区内留有不少名人足迹和美丽动人的故事，如刘琦、秋瑾、黄兴、毛泽东、彭德怀等。

古迹文化：景区内最显而易见的古迹是古道、千年银杏、昭山古寺、刘琦故居。

诗词文化：景区内现留有不少历代诗人、词人的名词、名句、名诗。如宋代的米芾、刘琦、苏轼等。

2. 昭山乡

昭山乡地处湘潭市的北大门，是长、株、潭三市的金三角，107国道、302国道、长潭高速公路、莲易高等级公路贯穿全乡，京广铁路途径境内，濒临湘江，水陆交通十分便利。有15个行政村，13464人，总面积47km^2，其中水田面积10845亩，旱地1014亩，水塘1439亩，林地48968亩。

(1) 农业：农业和农村经济发展平稳。2002年完成农林牧渔总产值2562万元，同比增长4.7%，其中：农业总产值2241万元，林业总产值5万元，牧业总产值93万元，渔业总产值223万元。年末实有耕地面积11859亩。近两年来，在市、区各级领导高度重视和关心下，乡党委、政府积极响应产业结构调整为主线，以市场为导向，利用该乡独特的地理优势和资源优势，因地制宜，重点以发展花卉苗木为主菜单，以牲猪品改、无公害蔬菜为第二菜单，精心打造昭山乡农业产业结构新理念，2002 年全乡花卉苗木种植面积达3000 亩，并于同年 8 月被省评为“花卉苗木之乡”，2003 年 5 月，花卉苗木种植面积增长到 4200 亩。做到了走产业化之路，实现农民增收。

（2）工业和建筑业：工业生产稳定增长，2002 年完成全部工业总产值 16212 万元，比上年增长 10.8%；建筑业生产经营稳定增长，建筑企业完成产值 37764 万元，同比增长 23.2%。

（3）固定资产投资：固定资产投资持续、快速增长。大力实施“经营城市”的思路和加快推进城市化进程的战略决策。投资项目大幅增加。全年固定资产投资 16 个项目，较上年增加 4 个。全乡固定资产投资共完成 51162 万元，同比增长 58.3%。

（4）商贸：消费品市场保持旺盛的增长态势。2002 年，在会展和节假日的带动下，实现社会消费品零售总额 51348 万元，比 2001 年增长 14.2%。分经济类型看，公有经济实现消费品零售额 4305 万元，同比增长 15.2%，占全社会消费品零售总额的比重为 8.4%；非公有经济实现消费品零售额 47043 万元，同比增长 17.2%，占全社会消费品零售总额的比重为 91.6%。分行业看，批发零售贸易业零售额 40267 万元，同比增长 18.1%；餐饮业零售额 10271 万元，同比增长 15.4%；其他行业零售额 810 万元，同比增长 4.3%。

（5）教育：教育事业稳步发展。辖区共有中学 2 所，小学 14 所，幼儿园 9 所。在校学生共计 7586 人，其中小学在校学生 4932 人，中学在校学生 1864 人，在园幼儿人数 790 人。2002 年教育改建办学条件投资 112 万元。小学适龄儿童入学率 100%，小学毕业生升学率 100%。

（6）卫生、文化和体育卫生事业稳步发展：辖区内拥有卫生机构 32 个，卫生技术人员 225 人，其中：医生 184 人，护师、护士 41 人。农村有医疗网点的村 8 个，农村卫生技术人员 20 人。2002 年，孕产妇死亡率为 0，婴儿死亡率为 8‰。文化体育活动蓬勃发展，体育工作坚持群众体育与竞技体育协调发展。

（7）人口：按公安部门统计，年末全乡农业人口为 13464 人，全乡人口出生率为 6.58‰，比上年增长了 0.34 个千分点；死亡率为 6.01‰，比上年增长了 2.1 个千分点；自然增长率为 0.57‰，比上年下降了 1.89 个千分点。

3. 各村基本情况

项目影响涉及昭山乡的昭山村和易家湾镇的大塘社区，详见下表。

项目影响涉及各村基本情况表

村名	组数	人口（人）			耕地（亩）				人均耕地（亩/人）
		小计	农业人口	非农人口	小计	水田	旱土	菜地	
昭山	11	1701	1682	19	413.2	259.1	6.2	147.9	0.25
大塘				965					

4. 项目影响移民户家庭经济基本状况

社会经济调查的主要任务是调查工程项目范围内的社会经济情况、工程规模、项目对地区的社会经济影响，为编制征地拆迁计划、移民项目投资概算以及移民安置实施与监测评估等提供基础资料。

2003 年 7 月设计单位调查小组对项目影响范围内的各项实物指标进行了详细全面的调查，调查前组织了专门的技术培训。

(1) 调查内容：社会经济调查分为两类：一类是移民基本情况调查，另一类是移民意愿调查。移民基本情况调查的内容主要有家庭基本情况、家庭财产、经济收支情况、承包集体土地情况等。

①家庭基本情况：包括家庭成员、年龄、性别、文化程度、民族构成、住房面积及结构等。

②家庭财产：生活资料包括家庭拥有大件家具、彩色（黑白）电视机、电冰箱、洗衣机、VCD（DVD）机、空调、摩托车、自行车、电话等；生产资料包括联产承包的土地、水塘、家庭工副业、生产机械（含车、船等）。

家庭收入与支出：家庭收入包括：①经营收入（含种植业、林业、畜牧业、渔业、工商收入等）；②非经营收入（含参股分红、家庭外馈赠、各种补助、其他收入等）。家庭支出包括：①生产支出（含种子、化肥、农药、苗木、饲料等）；②税费支出（含农业税与提留、农机租用、灌溉、水电、社会义务负担及其他等）；③生活消费支出（含主副食品、衣着鞋帽、日用杂品、书报学杂、燃料水电、医药费等）。

移民意愿调查内容包括移民对昭山风景区建设工程的认识程度、对工程的态度或已接受的生产安置方式和搬迁安置方式、对新建房屋宅基地的要求等。

(2) 调查方法与过程：2003 年 7 月，移民设计单位组织专业人员，在项目区各级政府的积极配合下，对影响范围内的移民家庭基本情况和移民意愿进行了调查。移民家庭基本情况采用全面调查、抽样分析的办法，由移民户填写。项目影响范围内共向移民发放了 40 份调查表，回收有效调查表 38 份，有效率达 95%。对移民意愿调查采用抽样调查的方式，抽样率为 25%，由设计单位提出调查表格，业主单位组织发放，由移民户填写，并签字认可。

(3) 项目区的社会经济状况：对项目受影响居民逐户进行调查。调查的内容包括：姓名、性别、与户主的关系、年龄、文化程度、民族、职业、安置地点意愿及安置方式意愿等。

根据调查统计，项目影响人群特征如下：

①本项目需搬迁 42 户 121 人，其中农业人口 61 人。项目影响人群中农业人口占 52.5%，其余 47.5% 为单位上班或已退休老职工。

②性别比例：男女比例为 1∶0.83。

③年龄结构组成：17～60 岁的劳动力占总人口的 67%，17 岁以下的占 17%，60 岁以上的占 16%。

④受教育情况：接受过高中以上文化教育的为 104 人，高中文化教育的为 17 人，初中文化教育的为 53 人，小学文化教育的为 48 人，文盲 8 人，分别占总受影响人数的 6%、13%、39%、36% 和 6%。

⑤受影响家庭规模：每个家庭平均人口为 2.85 人，其中 17～60 岁的劳动力占 1.92 人，17 岁以下为 0.48 人，60 岁以上为 0.45 人。

⑥家庭财产：项目影响区平均每百户移民拥有电视机118.6台（其中黑白电视机30.2台，彩色电视机88.4台），电风扇241.3台，电冰箱57.5台，洗衣机63.2台，自行车119.4辆，摩托车21.2辆，沙发、大衣柜、写字台等大件家具765.7件等。

⑦家庭收入：家庭年收入为15630.94元，人均年收入5484.54元。由于居住靠近城市，家庭收入对土地的依赖性相对较低，多数在周围企业就业或自己经商。

⑧家庭支出：家庭年支出为12494.83元，人均年支出为4384.15元。

⑨住房现状：现有住宅条件较好，其建筑大部分为砖混结构的楼房，大部分有独立卫生间、压水井。房屋面积较大，户均面积为140.21m^2，人均面积为49.1m^2。

⑩承包集体土地：农户平均每户承包了集体土地0.24亩，其中水田0.15亩，旱土（菜地）0.09亩。

⑪移民意愿：大部分家庭（90%左右）选择在现住宅附近修建新的住宅，方便就业和儿童上学，并熟悉周围环境。一部分家庭将重新选择居住地，目的是考虑就业或离亲戚邻近的地点。

⑫脆弱群体：家庭中的老人和儿童与家庭成员共同生活，他们的生活得到家庭其他成员的照顾；湘潭市妇女的权益、地位与男性完全相同，她们充分参与了项目的全过程；项目影响范围内的居民全部为汉族，不用特别注意；到目前为止项目区内不存在经济上和生活能力上有不足，导致在搬迁安置过程中有特殊困难的群体。

(4) 项目区生活水平情况：项目区居民家庭的主要经济收入来源为家庭经营收入，目前，人均年收入为5484.54元，人均纯收入为3731元。在农民人均总收入中：种植业收入1287.33元，占23.47%；林业收入42.96元，占0.78%；畜牧业收入为1825.17元，占33.28%；工副业收入69.29元，占1.26%；其他收入2259.79元，占41.20%。人均生活消费支出4384.15元，其中：生活支出2567.5元，占58.56%；生产支出1413.85元，占32.25%；其他支出402.8元，占9.19%。

(5) 项目区公共设施情况：项目区的道路交通、供水、用电、邮电通信等公共基础设施建设相对比较发达：对外交通十分便利，公路、铁路、水运、航空面面俱到；供水系统主要由三水厂供水；排水系统尚未形成；供电由易家湾变电所引入，已实现家家用电；有一个邮政兼电信支局，已开通程控电话。

5. 征地对受影响人口的社会经济影响

本项目的实施，对受影响人口来讲，将在社会、经济等方面产生一定的影响：

(1) 土地的征用，对当地居民有一定程度的影响：由于本项目区内的居民都以非农业生产为主，土地的征用对他们的生产、生活不会有大的影响。他们的主要收入来自二、三产业，种植业收入只占其总收入的很小一部分。不管征地后采取哪种方式进行安置，土地的减少导致的总收入减少，并不会对他们的生活产生大的影响。

(2) 居民搬迁，会使居民消耗一定的人力、物力。对受工程负面影响的居民，项目主管部门将采取移民搬迁补助、过渡期补偿、尽量缩短过渡期、困难户建房补助、脆弱家庭生活补助、新址选址、搬迁活动安排在农闲期等一系列措施，尽量帮助移民搬迁，减少移民损失，从而保证项目的顺利实施。

(3) 企业拆迁，可能给企业造成一定的损失。对于该项目需关停的两个企业，拆迁对其影响不是很大。拆迁主管部门将对这些企业进行货币补偿，同时做好职工的再就业工作，尽量保障职工的生活不受大的影响。

四、法律框架和政策依据

世界银行、国家与湖南省有关移民安置的法规、政策、补偿标准等文件（略）。

五、移民安置规划

由于本项目是一项景观工程，给项目区带来的是美化休闲，所以该项目在项目区居民内受到广泛的欢迎。即使在工程占地和拆迁影响区，几乎所有受影响的居民对本项目均持赞成态度。

1. 移民安置策略

（1）移民安置目标：对工程影响进行合理补偿、妥善安置，确保受影响人安置后恢复或超过原有生产水平、收入水平和生活水平。

（2）移民安置规划原则：根据移民安置法律框架所述的法律、条例及其他有关法规的原则，结合国内已建堤防移民经验教训，在项目区各级政府的积极配合下，初步拟定了以下移民安置原则：

①移民安置计划的编制应以对项目区内的社会经济调查和对受影响的实物指标统计为依据，以国家和地方的各项征地拆迁政策、法规，以及世界银行的《非自愿移民业务政策 OD4.12》为原则。

②优化工程设计，注意保护耕地，尽可能减少征地拆迁影响范围，尽量避开人口稠密区或多层、高层建筑物，将非自愿性移民减少到最低程度，施工中采用各项便民措施和减少扰民的施工方案。

③所有对非自愿移民的补偿和安置活动都是项目建设的一部分，要及时为移民提供充足的资金，并使移民从项目中受益。

④确保各类受影响人员能够在实际搬迁之前获得移民损失的全部费用，要给予合理的生活安置和有效的生产恢复，对他们暂时的困难给予补助和帮助。

⑤确保所有受工程影响的人在征地拆迁结束之后，他们的生活水平、生产能力和收入要恢复并提高到征地拆迁之前的水平。

⑥对房屋或其他财产的补偿为重置价，不应扣除折旧或其他形式的折扣，补偿可采用货币补偿方式，也可采用实物补偿方式，不论是货币补偿还是实物补偿（如产权交换）应至少满足在相同地区购买相等面积、相似结构、相近条件的房屋，项目单位应向拆迁户推荐经济适用房，并协助有关机构办理搬迁手续（包括按规定可以享受的优惠政策）。

⑦本项目将对项目区内所有受工程负面影响的人和所有的建筑物给予补偿。个别人户籍手续或租赁手续不完备，经营手续不完备，某些建筑物法律手续不完备，都不能成为拒绝给予补偿和帮助的理由。

⑧对超过规定期限进入项目区擅自占地、占房者不予补偿安置，对不签补偿安置协议或签订协议后又拒绝搬迁者，应按有关行政司法程序处理。

⑨移民在搬迁过渡期和搬迁过程中将得到补偿，推荐的安置区必须具备起码的基础设施和服务设施。

⑩非住宅单位搬迁得到搬迁补助和停产停业损失补助，当地重建或异地安置都必须符

合规划，要避免近期内的二次搬迁。

⑪对弱势群体给予合理照顾，帮助他们选择安置房屋，并协助其搬家。

⑫对基础设施的产权单位给予补偿，用于受项目影响的基础设施的迁建及功能恢复。

⑬对征用的土地及所造成的损失进行合理补偿，土地补偿费归农村集体组织所有，用于发展集体经济、改善公益设施、安置受影响村民；安置补助费支付给安置单位或被安置人员个人，或支付被安置人员的保险费用。

⑭征用土地的各项费用应当自征地补偿、安置方案批准之日起三个月内全额支付，最迟不得晚于该幅土地开始用于建设目的之日。

⑮对所有因征地拆迁受影响的劳动力都必须给予工作安置，保证其生活水平和收入不因征地拆迁而有所减少。鼓励依土安置，支持发展二、三产业。如有条件，农民可自愿选择自主就业，如要转为城镇人口，原集体经济组织应协助完成安置人口的各项保险费用的缴纳工作。

⑯在编制移民计划和实施安置过程中鼓励移民参与，及时公开和公布补偿安置的政策及标准。在对受影响人员调查过程中广泛征求他们对补偿安置的意见，并将这些意见反映在报告中。

⑰重视受影响人员抱怨的投诉，及时合理地帮助他们解决征地拆迁过程中遇到的困难和不便，移民对补偿标准的意见应尽量通过协商解决。如协商不成，可通过裁决，甚至起诉解决。拆迁方任何的强制行为都必须按有关法律程序执行。

⑱移民工作有关单位要加强配合与协作，健全各级移民机构，培训所有上岗人员。

⑲在项目实施期间由业主对项目实施情况实行内部监测，并聘请独立监测单位进行外部监测，定期向世行提交监测报告。全部活动完成以后进行移民安置工作评价。

⑳移民计划实施过程中如有重大变化（包括调低补偿标准、改变工程征地拆迁的位置与规模、增加新的子项、某个子项改为国内投资项目等）都应事先报告世界银行，如有需要，可修改移民安置计划或另外准备移民安置实施计划。

㉑在世界银行项目区内，如遇非世界银行项目提前或同时与世界银行项目征地拆迁工作重合，世界银行项目可以“搭车”，但所有的补偿安置政策与标准必须符合移民安置计划的要求。

2. 移民生活恢复规划

2003 年 7 月，移民设计单位组织专业技术人员，在各单位的大力配合下，对项目区内的移民安置区进行了实地查勘、优化和论证。根据项目影响地区的实际情况，结合移民意愿，本项目拟定了分散后靠安置为安置方式。

（1）安置点选择原则及程序：

①原则：住宅迁建的宗旨是给移民提供一个安全、方便和优美的生活环境：新居民点必须具备良好的地形地质条件和可靠的饮用水源；居民点必须适合生产开发规划；有利生产，方便生活，便于管理；节约用地，尽量控制不占或少占耕地；考虑将来人口增长，必须留有发展余地；住宅群布置应根据地形条件，并考虑采光、通风、卫生及绿化等条件；房屋设计应符合移民的意愿，并应符合移民的投资能力。

②程序：安置点新址是根据以上原则，由当地政府和有关技术人员通过实地查勘选点，综合分析了安置点新址的地质、地形、交通、电力、水资源等条件，在考虑移民生

产、生活条件（耕作半径）的情况下，与移民代表及安置区政府协商确定的。

（2）搬迁建房规划：

①安置对象及安置范围：根据移民安置的原则，结合本地方的实际情况及移民意愿，确定分散后靠安置作为本项目区的安置方式，安置的对象为所有移民户，安置范围位于本村组。

②用地标准：根据国家现行《土地管理法》、湖南省《土地管理实施办法》中住宅占地的有关规定和标准，确定了分散后靠移民户的宅基地标准为130～210m²/户。

③住宅重建：移民安置区由政府部门统一规划，安置房由设计部门统一设计3～5种房型由移民自行选择，自行建设。移民建房安置规划见下表。

搬迁规划表

区	乡	村	组	户数	分散后靠安置	
					安置人数（人）	安置地点
岳塘	2	2	5	42	121	
	昭山	1	4	18	62	
		昭山	4	18	62	
			昭霞	3	11	本组
			昭山	6	18	本组
			昭兴	1	4	本组
			昭联	8	29	本组
	易家湾	1	1	24	59	
		大塘社区	1	24	59	
			向阳	24	59	本组

（3）基础设施及专项设施：安置区基础设施建设由政府有关部门统一负责。在移民户建房前，政府部门应完成土地征用、土石方工程、道路工程、供水、供电、通信及绿化工程等。

3. 移民生产安置规划

（1）移民生产安置的任务：对于那些因工程占压而失去土地的农业人口，需要进行生产安置规划。经调查，项目影响区需进行生产安置的人口为141人。

项目区生产安置人口详见附表3（略）。

（2）移民生产安置目标：重建生产活动，恢复移民生活标准是判断移民安置方案是否可行的一条主要标准。就农业收入而言，在任何地区总不免存在水平高低不同的现象，为确保移民安置后个人生活水平不至于降低，应该把恢复并超过移民现有人均纯收入作为移民安置规划的目标。

2003年7月，移民设计单位在各级政府的大力配合下，对受影响农户进行了家庭财产调查和家庭收支情况调查，并逐户登记造册。根据对农业家庭的收支情况分析，2002年项目区人均纯收入为3731元。无论有无工程，项目区的社会经济水平在不断增长，居民的人均纯收入也随之增长。2000—2002年项目区农村人均纯收入年增长率为6.5%。为保证移民迁移后达到或超过原有的生活水平，至2006年移民搬迁完成，其人均纯收入目标值必须达到4392元。

(3) 环境容量分析：移民安置区环境容量是指一个区域在保证自然生态良性循环，并保持一定生活水平与环境质量的条件下，该区域内经济开发所能稳定供养和吸收移民人口的数量。本次移民环境容量的调查范围，以《移民安置规划报告》提出的移民安置方案为基础。

①土地承载能力分析：项目影响范围内的现有耕地极少，即使采取增加农业投资、改善土地肥力、调整农作物品种、改造低产田和旱地改水田等方式，效果也不会很明显。

②二、三产业容量分析：近几年来，项目区二、三产业发展较快，2002年二、三产业增加值占国民生产总值的比重分别达到19.5%和38.1%。由于电力、通信、交通等基础设施投资力度加大，与省内外的信息交流和物质交流加强，二、三产业将得到进一步的发展。随着本项目及其他项目的实施，人口城镇化的进程逐步加快，项目区产业结构发生变化，二、三产业的比重将逐步加大。在项目影响范围内，从事农业生产的人数越来越少，农民对土地的依赖性越来越小，加上本项目区交通便利，位于著名的昭山风景区，区位优势明显，从事二、三产业的人数在逐年增加。预计在项目影响区通过发展交通运输业、饮食服务业、商业等二、三产业完全可以安置好移民。

随着本项目的实施建成，项目区的交通条件将进一步改善，昭山风景区的品位、规模和知名度等将进一步提升，二、三产业的市场将更加广阔。昭山风景区道路改建后，规划在路两侧修建门面100余间，发展旅游服务业；同时，项目实施后，给运输业、餐饮业、服务业等提供了发展空间，预计可容纳180余人，其中运输业45人，餐饮业55人，服务业80人。

(4) 农业安置方案：因项目影响范围内土地资源有限，故不采用农业安置方案。

(5) 非农业安置方案：昭山村靠近城区，交通便利，为二、三产业的发展提供了有利条件。规划以二、三产业方式安置移民141人，其中运输业安置30人，服务业安置69人，餐饮业安置42人。

(6) 企事业及个体商业、村组副业恢复方案：

①拆除的昭山乡人民政府办公用房和昭山风景管理区用房采取现金补偿的方式由其自主建设。

②经过调查，工程征地范围内共影响涉及企业2家，即湘潭市东南电机厂（已停产7年，职工148人，已进入社保）、昭山乡预制场（个体户正常经营，职工6人）。在与受影响企业、企业主管部门、当地政府协商的基础上，这2个企业拆除后都不考虑重建，企业关停后职工将按照下列方式进行再就业安置：昭山开发区长株潭大市场目前还剩余门面60余个，计划按优惠政策安置50人到该市场经商，商业门面可以按移民意愿采取购买或租赁的形式进行；昭山开发区长株潭大市场物业公司目前需要清洁工、装卸工、仓库保管员等80余人，计划安排60人到该公司从事上述工作，其中清洁工15人，装卸工35人，仓库保管员10人；湖南省农资批发交易大市场目前需要清洁工、装卸工、仓库保管员60人，计划安排44人到该市场从事上述工作，其中清洁工10人，装卸工25人，仓库保管

员9人。

③拆除的店铺采取现金补偿的方式进行安置。

(7) 移民经济收入恢复措施：在整个移民生计恢复过程中，负责征地拆迁单位将对移民尽量予以帮助、扶持：

①发放安置补助费，帮助移民自谋职业。

②加强移民生产技能培训，邀请有经验的专家指导移民发展种植业和养殖业。

③项目建设用工优先照顾移民。项目施工将给移民提供一些就业机会，包括平整土地、绿化工程等。虽然一些工程作业是临时的，但是给当地移民提供了短期的收入来源，有利于帮助提高受影响者的生活水平，恢复他们的生计。

④地方政府将对那些从事二、三产业的移民给予减税和补贴的财政鼓励政策。银行将优先考虑提供贷款。

4. 移民前后家庭经济收入水平对比

移民迁移后，以二、三产业方式安置的移民户，以工副业收入作为主要经济收入来源。移民后，工副业收入将达到4487元，人均纯收入4399元，超过了4392元的经济目标值。

移民前、后家庭经济收入水平对比详见下表。

移民安置前、后家庭收入水平对比表

项目	单位	2003年	2004年	2005年	2006年
一、家庭人员组成	人	2.9	2.9	2.9	2.9
1. 17~60岁劳动力	人	1.9	1.9	1.9	1.9
2. 非劳动力	人	0.9	0.9	0.9	0.9
二、承包集体土地	亩	0.24	0.24		
1. 水田	亩	0.15	0.15		
2. 旱地（菜地）	亩	0.09	0.09		
三、家庭收支情况					
1. 收入	元	15630.94	16056.10	16294.81	17610.17
种植业收入	元	3668.89	3826.65		
林业收入	元	122.44	124.03	124.83	125.64
畜牧业收入	元	5201.73	5435.81	5667.87	5899.94
工副业收入	元	197.48	217.22	3727.10	4486.97
其他收入	元	6440.40	6452.38	6775.00	7097.62
2. 支出	元	12494.83	13306.99	13525.65	13744.31
生活支出	元	7317.38	7793.00	8377.48	8961.96
生产支出	元	4029.47	4412.27	4743.19	5074.11

续表

项目	单位	2003年	2004年	2005年	2006年
其他支出	元	1147.98	1101.71	1184.34	1266.97
3. 总纯收入	元	11601.47	11643.83	12089.94	12536.06
4. 人均收支					
人均收入	元/人	5484.54	5633.72	5906.36	6179.01
人均支出	元/人	4384.15	4669.12	4745.84	4822.57
人均纯收入	元/人	3731	4086	4242	4389
四、经济目标值					4392

六、机构及职责

(1) 参与移民规划的机构（略）。

(2) 移民实施管理机构（略）。

(3) 监督机构（略）。

(4) 移民管理制度（略）。

(5) 职责（略）。

(6) 移民机构人员及设施配备（略）。

(7) 培训。

为了移民安置实施工作的顺利开展，必须对移民及移民工作人员进行培训，制订培训计划。

①移民管理人员培训计划：建立市、县、乡、村各级移民机构的人员培训和人力资源开发体系。培训工作可采取领导/专家讲座、各单位设技术培训班、去其他移民工程进行参观学习以及技术与管理人员现场培训等多种形式。培训内容包括：移民安置的原则与政策；移民工程规划管理培训；移民实施规划设计；移民实施进度管理；移民财务管理；移民工程质量控制；管理信息系统；移民监测与评估；移民项目管理。

②移民生产技能培训计划：在移民迁入新的居住和生活环境之前，对其进行生产技术和农业技术管理培训。所有移民将在二、三产业方面获得就业机会，需进行专业化就业培训。有些受过良好教育的年轻人可以送到大专院校做为期1~2年的高水平培训，毕业归来后有助于培训地方老百姓。

(8) 机构加强的措施（略）。

七、公众参与及与安置区居民的融合

1. 公众参与战略

在开展调查工作之前，移民设计单位编制了工作大纲，对调查内容、方法、要求等听取当地政府的意见，并由当地政府派员参加调查组，共同进行工作。在进行普遍调查期间，邀请乡、村、组负责人及移民代表参与调查工作，并向他们宣传有关工程建设的必要性、工程效益、工程影响、补偿原则及移民安置进度等，共同商讨移民安置的可能去向。

在移民规划阶段，移民设计单位工作人员同市、县、乡（镇、场）各级领导共同商讨，听取意见、要求及存在的问题，选择安置区。实地调查时，均有当地群众及有关领导参与选点工作，事实证明，这些协商工作对于选择具有发展前景的安置点，制定适合移民接受水平的方案具有积极意义。

2. 公众参与的途径和措施

（1）参与和协商的途径：公众参与和协商主要采取了座谈会和移民意愿抽样调查两种方式。通过这些方式，向移民代表阐明工程建设的目的、内容和重要性，与移民代表共同协商移民规划有关事宜。

2003 年 7 月，移民设计单位在项目区各主管部门的大力协助配合下，进行了移民意愿调查，调查对象为移民搬迁户。调查表明：所有移民户均对工程持支持态度；78.1% 的移民认为项目对其影响很大，15.6% 的认为影响小，6.3% 的认为对其影响很小；在建房安置形式上，移民大多数选择就地后靠建房和集中建房安置，分别占总户数的 90.5% 和 5.8%，其他方式占 3.7%；在生活安置方式上，11% 的移民选择从本村调剂耕地，85% 的移民选择从事二、三产业，4% 选择开田、开土等其他方式。设计单位充分考虑了公众参与和协商意见，在不违背总体规划原则的基础上，移民建房安置方案和生产安置方式尽量向移民意愿靠拢，做到规划合理，移民满意。

在移民实施阶段，仍采取座谈会和移民意愿调查的形式，收集移民信息，调查移民意愿，进一步完善移民安置方案。

（2）参与和协商的措施：从项目一开始至移民安置实施全过程，通过公众参与（座谈会等形式）或通过当地新闻媒介（如电视）等途径向移民宣传国家有关移民的法律法规。移民工作人员和当地政府应让移民确切了解实物指标数量、补偿标准的计算方法和补偿办法、移民安置措施、移民补偿补助资金的拨付与使用、移民享受的权利和优惠政策等。同时，也要向安置区居民公开有关的移民信息，让他们了解土地被征用的情况、土地补偿的标准和资金的使用以及安置区移民的情况。增加移民安置工作的透明度，以获得这两个群体对移民安置工作的支持和信任，确保安置工作的顺利进行。

3. 移民规划报告编制过程中的公众参与

移民规划报告编制过程中的公众参与意见表

时间	地点	参加人	人数	讨论内容	最后结果
2003.7	湘潭昭山旅游经贸开发总公司	湘潭昭山旅游经贸开发总公司、昭山、易家湾乡政府、移民代表	25 人（其中妇女 11 人）	项目介绍、影响范围及初步移民安置方案	支持项目建设，原则同意移民安置政策方案
2003.7	湘潭昭山旅游经贸开发总公司	湘潭昭山旅游经贸开发总公司、昭山村、大塘社区、移民代表	30 人（其中妇女 13 人）	征求项目对补偿标准、移民安置方案及征用土地的意见	确定各项补偿标准、移民政策及征地政策

移民规划报告编制过程中的政策公开

目的	内容	谁，与什么人	何时	何地
社会经济调查时的项目影响	1. 项目影响各类实物指标的数量以及项目的征地拆迁量 2. 项目影响区的社会经济状况	湘潭昭山旅游经贸开发总公司与移民设计单位等组成的调查组	2003.7	项目区的行政管理机关、乡政府、村委会，受影响的住宅和非住宅
准备移民安置计划时对补偿政策和搬迁方案的初步协商	1. 听取有关各方对项目方案、拆迁和移民安置工作的建议和意见 2. 移民代表参加拆迁安置工作	区建委、湘潭昭山旅游经贸开发总公司与受影响人	进行项目可行性研究时	项目范围内

4.《移民安置规划》实施过程中的公众参与计划

《移民安置规划》实施过程中的政策公开

目的	内容	谁与什么人	何时	何地
修改移民安置计划时对补偿政策和恢复计划的进一步协商	1. 召开协调会议，集中介绍情况，继续听取意见和建议 2. 召开动迁工作大会，宣传安置方案，补偿标准，解答被拆迁人的询问	湘潭昭山旅游经贸开发总公司、拆迁办与拆迁户代表	至拆迁前6个月	拆迁现场
移民安置计划定稿时对个别问题的补偿协商	对移民安置计划的不满之处进行协商	拆迁办与受影响人	移民安置计划定稿后和实施期间	拆迁办

5. 妇女参与

湘潭市的妇女享有与男人同等的权利，她们不仅积极参与了移民安置各个阶段的工作，而且在协商移民安置去向、方式等方面发挥了出色作用。在进行普遍调查期间，妇女作为移民代表，被邀请参与调查工作，她们不仅积极参与了全过程，而且表现出比男性更大的热情。在各村的移民座谈会中，大部分是妇女，她们所关注的问题主要为实物指标的正确性、补偿标准的合理性以及补偿经费的能否及时到位等。

在移民规划阶段，移民设计单位工作人员认真听取妇女的意见、要求及存在的问题，在编制报告时，充分考虑妇女意见并加以体现。在本阶段，她们所关注的问题转移到了移民生产安置方式、调整耕地后的耕作半径、建房安置方式及去向等。另外，在成立项目实施机构时，充分考虑妇女的重要性，适当配置妇女干部，充分发挥妇女在项目实施过程中的作用。

6. 与安置区居民的融合

本项目的移民搬迁安置为分散建房，移民搬迁前后的生活环境将不会有大的改变，他们会很容易适应新的居住点生活，他们与安置区居民有着共同的生活、风俗习惯，所以他们相互间的融洽不是难以做到的。当然，这并不意味着移民与安置区原居民之间就不存在隔阂和矛盾。为了促进移民与安置区居民之间的融合，必须做好以下工作：

（1）在搬迁之前，让移民和安置区居民介入安置规划。如果要获得安置区和移民的合作、参与及反馈意见，在制定移民安置规划时就要向他们介绍他们所拥有的权利和可以选择的方案。他们可以从若干可以接受的安置方案中进行自己的选择。可以直接和他们商量或通过正式、非正式的领导和代表来确定。在大多数情况下，可以作出一些制度性的安排，比如项目官员与当地团体的例行会议，能使移民和安置区居民在整个规划与实施期间反映他们对移民工作的意见。必须注意使脆弱群体的意见能够得到充分的反映。

（2）设法减轻移民对安置区居民的影响。当移民迁入安置区对土地、水源、林地、社会服务等需求增加，或者提供给移民的社会服务和房屋设施超出了安置区居民的水准时，安置区居民与移民之间就有可能发生矛盾冲突，为避免此类矛盾的发生，安置区居民的生活条件和社会服务也应有所改善，至少不能恶化。要尽可能为这两个群体提供完善的教育、供水、医疗等服务，为他们的融合创造更好的社会气氛。

八、申诉程序（略）

九、环境保护（略）

十、监测评价（略）

十一、补偿费用概算（略）

十二、移民实施进度安排（略）

本章参考文献

[1] 左巧芝，王建平．新投资体制下的相关社会评价问题探讨．建筑经济，2008，(12)：10－13.

[2] 中国国际工程咨询公司．中国投资项目社会评价指南．北京：中国计划出版社，2004.

[3] 彭运芳．关于投资项目社会评价的思考．武汉科技大学学报（社会科学版），2003，5（3）：47－49.

[4] 崔海兴，王立群．投资项目社会评价存在的主要问题及对策．中国工程咨询，2007（1）：22－24.

[5] 姜华，丁凯．开展社会影响评价日显紧迫．浙江经济，2007（7）：26－27.

[6] 刘佳燕．社会影响评价在我国的发展现状及展望．国外城市规划，2006，21（4）：77－81.

[7] 唐勇，徐玉红．国外社会影响评价研究综述．城市规划学刊，2007（5）：72－77.

[8] 付鹏，张镀光，杜啸岩，陈凯麒．对环境影响评价制度中引入社会影响评价机制的探讨．四川

环境，2008，27（4）：60－65.

［9］蒋宏国，罗琳．环评中的社会影响评价研究．湖南有色金属，2008，24（4）：46－49.

［10］罗时磊，李西亚．投资项目社会评价若干问题的思考．煤炭工程，2005（5）：77－79.

［11］朱东恺．投资项目社会评价探析．中国工程咨询，2004（7）：14－16.

［12］施国庆，董铭．投资项目社会评价研究．河海大学学报（哲学社会科学版），2003，5（2）：49－53.

［13］陈阿江．社会评价：社会学在项目中的应用．学海，2002（6）：81－85.

7 经济评价

7.1 风景名胜项目经济评价的依据

经济评价是风景名胜项目评价方法的重要组成部分，主要包括财务分析与经济分析。风景名胜项目经济评价遵循《建设项目经济评价方法与参数》（第三版）的基本原理、结构和方法，经济评价使用的表格见《建设项目经济评价方法与参数》（第三版）。本章主要针对阐述风景名胜项目经济评价方法中的特点及注意事项，未尽事宜请参见《建设项目经济评价方法与参数》（第三版）。

7.2 风景名胜项目需求分析

7.2.1 需求分析的要求

需求分析是风景名胜项目经济评价的重要依据。

风景名胜项目的需求是指风景名胜提供观光娱乐服务吸引的游客量。需求估算（指游客人数）要根据历史统计资料、人民收入水平增长趋势、消费方式和消费结构的改变进行估算。

项目投资的目的是满足多元化社会各式各样的需求。需求分析不光要解决需求多少的问题，更要分析需求的式样、需求的时间、需求的市场、消费者的需求偏好、消费者的支付能力等方面的内容。需求分析能为确定项目的规模、掌握市场变化的规律等方面提供直接有效的信息。

需求分析要特别注意服务价格的影响，不仅要分析项目产出的数量与时机，还要分析项目产出的价格，主要投入的数量与价格，有可能的话还要做产品的市场营销分析。

需求分析应从不同利益群体的角度进行。中央政府从宏观的角度估计某类产品的需求量为A，地方政府估计该类产品在本地区的需求为B，投资人可能估计该类产品在某个市场的需求为C，咨询人员可能对该类产品的需求估计为D。不同的利益群体掌握的信息不同，自身的利益可能会影响其估计量的客观与准确程度。不同利益群体共同对某个项目进行需求分析，可以避免盲目性。

需求分析应实事求是，尤其要注意特色旅游区，不应盲目高估或低估项目的游客量，防止人为的扩大需求，造成决策失误与资源不可恢复的破坏。

有些项目是在规划的指导下开展，规划的控制性与项目的实际需求可能存在矛盾，此时就尤其需要进行详细的论证。

需求分析应特别注重目标市场的有效需求分析。目标市场指市场的地域或赎买群体，有效需求指有实际购买力的需求。项目的效益完全靠产品的出售来实现，如果产品价格（门票）太高，消费者不能承受，景点无人问津，项目的理想效益仍然不可能实现。

7.2.2 需求分析的方法

需求分析的基本要求是采用定量的方法估计项目的产出与投入。定量方法包含统计方法与专家调查法。

统计方法一般使用时间序列数据，利用统计模型计算相关参数，并假定今后的发展（基本遵循以前的规律），利用模型进行预测，然后再进行综合分析。利用时间序列预测的模型有移动平均法、指数平滑法、最小二乘法、自回归模型法（ARMA）以及联立方程模型等。前两种方法用的统计样本较少，3～5个即可。回归分析的说明变量（外生变量）与被说明变量（内生变量）一般有因果关系，要求样本数量比较多，为满足统计检验的要求，最少也为20个。自回归模型不需要说明变量的资料，只用预测变量本身就可以，但由于统计分析的需要，要求的样本数量较多，一般需要50个以上的数据。与前几种方法相比，联立方程模型相对复杂，需要构建若干个复杂的因果关系模型，独立估计，联立求解。联立方程模型可以比较好地解释经济行为，考虑的因素较多，估算的结果相对合理准确。

为了求得某些参数，也可以使用横截面数据进行统计估算，这时的估算结果一般都是行为参数，再配合时间序列数据的结果，能得出比较合理的结论。

专家调查法也是一种常用的预测方法，与统计方法以依靠实际历史资料进行客观预测相比，专家调查法是根据若干个专家对项目需求的主观判断得出。当然，专家也不是毫无根据"拍脑袋"，他们是根据长期工作积累的经验进行估测，有时估测的结果还相对准确。使用专家调查法的关键是选专家，不是长期从事本行的专家不能选。若由不同专业的专家参与估算时，必要时可以对专家的估计值进行加权平均。专家调查的另一注意事项是调查表不能有诱导性的暗示，专家必须独立分析、独立判断。

根据风景名胜具有公共产品性质、资源不可复制性、经济寿命期长及风景名胜需求量有长期增长趋势的特点，可参照交通运输项目的做法，在风景名胜规划的框架内，预测若干控制时点（特征年）的游客量，其他时点的需求量可用插值法计算。

7.3 风景名胜项目计算期

风景名胜项目的评估期包括建设期与运营期。建设期按合理工期计算。考虑风景名胜可持续利用性，运营期可定的稍长，以25～30年为宜。项目如果采用特许经营模式，评估期为合同期。

7.4 风景名胜项目经济评价中使用的价格

项目经济评价主要用于项目前期，经济评价中使用的价格是预测价格。

风景名胜项目财务分析投入应采用以市场价格体系为基础的预测价格，产出宜采用项目预期财务价格与实际交易价格。实际交易价格是指风景名胜区的门票及资源有偿使用费，按各级政府价格主管部门核定的费率收取。预期财务价格不是项目实施时采用的实际交易价格（指政府核定的价格），它是通过预先设定的基准收益率，利用项目投资现金流量表，倒推门票及服务收费等价格，使得在此价格水平上项目能够回收经营成本与投资费用，并获得微薄利润。

在建设期内，一般应考虑投入的相对价格变动及价格总水平变动因素；在生产运营期内，若不能确定投入与产出的价格变动，各种投入与产出一般可采用项目生产运营期初的价格，若能合理判断未来市场价格趋势，可采用相对变动价格。有条件要求（或必要）时，生产运营期也可考虑价格总水平的变动。

在风景名胜项目的财务分析中，基准收益率已经不再具有项目财务可接受的判据功能，它只是倒推财务预期价格的一个参数。倒推计算得出的价格可以作为政府核定实际价格的参考水平。

经济分析中使用投入或产出的计算价格。

7.5 风景名胜项目财务分析

7.5.1 风景名胜项目财务分析主体

根据《风景名胜区条例》的规定，风景名胜项目实行“以规划为纲，财务收支两条线”的建设管理模式，决定了项目业主单位是成本核算中心，政府代理机构是收入管理中心。

风景名胜项目财务分析是从项目投资者与经营者的角度，分析项目的财务生存能力、偿债能力和盈利能力，其财务边界以项目业主的财务收支范围确定。项目业主发生的所有货币性支出，均作为费用；所有货币性收入，均作为收益，具体由项目机构或政府代理机构的管理范围确定（包括资源有偿使用费）。

7.5.2 风景名胜项目的财务收入

风景名胜项目财务收入包括门票收入、景区内服务收入（含景区内缆车费、导游费、游览车费、游船费、各类游乐设施费和部分特殊景点另收的门票）和资源有偿使用费收入。对于某些以资源保护为主的项目，财务收入中还包括财政补贴收入。风景名胜区非直接服务于游览的收入不可计入项目的运营收入（如餐饮收入、旅游商品收入）。资源有偿使用费是否作为项目所得税计算基础依国家相关规定处理。

7.5.3 风景名胜项目的财务支出

风景名胜项目的财务支出包括投资费用与运行费用。

投资费用包括项目（景区）界内的工程建设投资、流动资金投资以及建设期利息（在有债务融资的情况下）。

建设投资由工程建设费用（包括建筑工程费、安装工程费设备和工器具及生产家具购置费用），工程建设其他费用以及预备费用组成。与项目配套的界外专用道路、电力等基础设施投资可计入项目直接投资费用。

流动资金是项目流动资产与流动负债的差额，是由投资人垫付、在运营期内长期占用并周转使用的资金。风景名胜项目的流动资金可用参考指标估算法（亦称扩大指标估算法）估算。

运行费用，也称经营成本，指维持项目运行需要支出的各种费用。考虑风景名胜项目的特点，运行费用按生产要素法估算，包括职工薪酬、外购原材料费、燃料动力费、修理费和其他费用等。

工程建设投资和建设期利息共同形成项目的固定资产、无形资产和其他资产。固定资产折旧一般采用年限平均法，在项目运营期内按残值率5%计算，无形资产和其他资产摊销年限可在5～10年之间选用。

风景名胜项目的总成本是在经营成本的基础上加固定资产折旧、无形资产或其他资产的摊销费以及银行借款利息。折旧摊销以项目直接投资形成的资产为基数计算。

7.5.4 风景名胜项目税金

风景名胜项目实行营业税，税率依国家规定计取。根据风景名胜项目缴纳营业税的特点，外购原材料、燃料费可按含税价格计算，但应注意调整相关财务表格中与税务有关的科目。利润总额为收入扣除营业税和总成本后的余额。利润按国家颁布的企业会计制度的规定进行分配。

7.5.5 风景名胜项目（债务）融资前财务分析

1. 投资决策与融资决策

项目决策可分为投资决策和融资决策两个层次。投资决策重在考察项目净现金流的价值是否大于其投资成本，融资决策重在考察资金筹措方案能否满足要求。严格地说，投资决策在先，融资决策在后。根据这两类决策的需要，财务分析可分为融资前分析和融资后分析。融资前分析是指在考虑融资方案前（即不考虑债务融资的条件下）就进行的财务分析。在融资前分析结论满足要求的情况下，初步设定融资方案，再进行融资后分析，融资后分析是指以设定的融资方案为基础进行的财务分析。

2. 融资前财务分析的现金流

融资前财务分析的现金流入为：营业收入、补贴收入、运营期末回收的固定资产余值与回收的流动资金。

融资前财务分析的现金流出为：建设投资、流动资金投资、经营成本、营业税金及附加。如果在计算期内需要进行设备更新，更新设备用的维持运营投资也是现金流出。

项目的净现金流量为项目现金流入与现金流出的差额。

3. 融资前财务分析的指标

依据净现金流量的数据，可以计算财务分析的指标：财务内部收益率、财务净现值和投资回收期。

（1）财务内部收益率的公式与经济含义。

财务内部收益率（*FIRR*）是能使项目计算期内净现金流量现值累计等于零时的折现率，按下式采用试差法计算：

$$\sum_{t=1}^{n}(CI-CO)_t(1+FIRR)^{-t}=0$$

式中　CI——现金流入量；

CO——现金流出量；

$(CI-CO)_t$——第 t 期的净现金流量；

n——项目计算期。

（2）财务净现值的公式与经济含义。

财务净现值（$FNPV$）是按设定的折现率（一般采用基准收益率 i_c）计算的项目计算期内净现金流量的现值之和，按下式计算：

$$FNPV = \sum_{t=1}^{n}(CI - CO)_t(1 + i_c)^{-t}$$

式中 i_c——设定的折现率（同基准收益率）。

（3）投资回收期的公式与经济含义。

项目投资回收期（P_t）是项目的净收益回收项目投资所需要的时间，一般以年为单位。项目投资回收期从项目建设开始年算起，若从项目投产开始年计算，应予以特别注明。项目投资回收期采用下式计算：

$$\sum_{t=1}^{P_t}(CI - CO)_t = 0$$

项目投资回收期可借助项目投资现金流量表计算。项目投资现金流量表中累计净现金流量由负值变为零的时点，即为项目的投资回收期。投资回收期应按下式计算：

$$P_t = T - 1 + \frac{\left|\sum_{i=1}^{T-1}(CI - CO)_i\right|}{(CI - CO)_T}$$

式中 T——各年累计净现金流量首次为正值或零的年数。

（4）财务收益费用比的公式与经济含义。

$R_{R/C}$财务收益费用比是项目财务收益现值与项目费用现值之比。

$$R_{R/C} = \frac{\sum_{t=1}^{n}R_t(1 + i_c)^{-t}}{\sum_{t=1}^{n}C_t(1 + i_c)^{-t}}$$

其中，R_t 为 t 年的财务收益，其余符号含意同前。指标财务收益费用比与财务净现值等效，近年在国际上多有应用。

以上四个指标中，除投资回收期外，计算过程均进行了折现，所以投资回收期为非折现指标，内部收益率、净现值与收益费用比均为折现指标。

4. 融资前财务分析——盈利能力的判别

作为项目投资判别基准的财务基准收益率或计算项目投资净现值的折现率的确定应主要依据资金成本，并充分考虑项目可能面临的风险。项目的投资目标、投资人的偏好、项目隶属的行业对确定基准收益率或折现率有重要影响作用。实际工作中可参考使用有关部门发布的行业财务基准收益率或参考使用行业主管部门发布统一执行的财务基准收益率。

以上财务分析指标均是盈利能力指标，每个指标的判别基准分别为：

$FIRR$（BIT）>所得税前基准收益率（$i_{c税前}$）；

$FIRR$（AIT）>所得税后基准收益率（$i_{c税后}$）；

$FNPV\ (BIT)\ (i_{c税前}) > 0$;

$FNPV\ (AIT)\ (i_{c税后}) > 0$;

$R_{R/C} > 1$;

$P_t\ (BIT)$ <所得税前行业基准投资回收期;

$P_t\ (AIT)$ <所得税后行业基准投资回收期。

值得指出的是，对于所得税前指标，应当用所得税前的判别基准；对于所得税后指标，应当用所得税后的判别基准，千万不能混淆。若用所得税后的基准来判别所得税前的指标就可能会出现误判，严重的可能造成投资决策失误。理论上已经证明了：所得税前基准收益率指标与所得税后基准收益率指标只差一个常数——调整所得税现值/投资总额。

7.5.6 风景名胜项目的融资

1. 融资的作用

项目融资前财务分析是从项目投资人或财务主体的角度，判断项目的价值，但未考虑项目投资所需资金的来源。在实际工作中，项目投资人自身能够用于项目的资金数额可能远低于项目需要的资金数额，项目一般需要利用借贷资金，不同的借贷方案会有不同的资金成本，又会产生不同的财务效益，因此需要进行项目（债务）融资后财务分析，以便投资人在风险与效益间作出权衡，最终作出融资决策与投资决策。

2. 风景名胜项目的资金来源

风景名胜项目资金来源的主体包括政府财政性资金、企业资金、社会团体和金融机构。政府、企业或社会团体作为投资人，其所出资金称为项目资本金或权益资金；金融机构一般作为债权人，其所出资金为债务资金。

3. 风景名胜项目的融资主体

融资主体是进行融资活动并承担融资责任和风险的法人单位。建设项目的融资主体可以分为新设法人与既有法人。新设法人指为进行新建项目组建并注册的项目法人。

4. 风景名胜项目的资金结构与融资风险

项目业主应合理安排项目资本金与债务资金的比例，合理确定资本金内部股权资金的比例以及债务资金内部的比例，优化资金结构，降低资金成本。

有债务融资的项目，应根据项目和金融市场的具体情况，合理确定还款期限、还款方式、计息方式、本金与利息支付方式。对于需要政府投资的项目，应估算政府出资总额，并安排好出资计划。与此同时，应注意防范与化解融资风险，特别要关注资金供给的风险。融资分析应与财务分析相结合，根据财务分析的结果，选择优化的资金结构。

7.5.7 风景名胜项目（债务）融资后财务分析

融资后财务分析包括盈利能力分析、偿债能力分析与生存能力分析三项内容。盈利能力分析又可分为折现盈利能力分析与非折现盈利能力分析。

1. 折现盈利能力分析

融资后折现盈利能力分析是从出资人的角度，通过考察出资人的现金流入与流出，分析项目的盈利能力，它是在融资前项目投资现金流量表的基础上调整、补充一些债务融资后发生的项目现金流出，编制项目资本金现金流量表，利用资金时间价值的原理，计算相关的财务指标：项目资本金财务净现值与财务内部收益率。

项目资本金现金流量表与项目投资现金流量表相同的科目是现金流入、经营成本、营业税及附加；不同的科目是用项目资本金代替了项目投资现金流量表中的建设投资和流动资金，增加了长期借款本金偿还、流动资金借款本金偿还以及借款利息支出三项，所得税支出不是“调整所得税”，而是项目实际支出的所得税。

对于风景名胜项目，如果采用实际价格时项目具备生存能力，盈利能力分析才有意义；如果采用实际价格时项目不具备生存能力，可不做盈利能力分析。

2. 非折现盈利能力分析

非折现盈利能力分析就是利用项目的营业收入、总成本费用、营业税金及附加等资料，通过编制利润与利润分配表，估算项目各年度可获得的利润，并通过利润分配，考察项目股东实际得到的股利。利润与利润分配表中全部指标与现行会计制度指标含义相同，计算的顺序与原则也相同。利润与利润分配表中全部数字都不进行折现，所以利用这数字得出的指标均为非折现指标。

非折现盈利能力分析指标为总投资利润率与项目净本金净利润率。

（1）总投资收益率（*ROI*）表示总投资的盈利水平，是指项目达到设计能力后正常年份的年息税前利润或运营期内年平均息税前利润（*EBIT*）与项目总投资（*TI*）的比率，计算公式为：

$$ROI = \frac{EBIT}{TI} \times 100\%$$

式中 *EBIT*——项目正常年份的年息税前利润或运营期内年平均息税前利润；

TI——项目总投资。

总投资收益率高于同行业的收益率参考值，表明项目竞争能力较强。

（2）项目资本金净利润率（*ROE*）表示资本金的盈利水平，是指项目达到设计能力后正常年分的年净利润或运营期内年平均净利润（*NP*）与项目资本金（*EC*）的比率，其计算公式为：

$$ROE = \frac{NP}{EC} \times 100\%$$

式中 *NP*——项目正常年分的年净利润或运营期内年平均净利润；

EC——项目资本金。

项目资本金净利润率高于同行业的净利润率参考值，表明项目竞争能力较强。

3. 偿债能力分析

发生债务融资的项目，不仅要看能不能盈利，还要看能不能如期偿还债务。进行偿债能力分析需要编制借款还本付息表和资产负债表，并借助息税前利润与息税前利润折旧摊销，分别计算利息备付率（*IPCR*）、偿债备付率（*DSCR*）和资产负债率（*LOAR*）等指标，并据此分析项目的偿债能力。

在进行偿债能力分析时，应事先确定债务资金的相关信息，如借款金额、借款利率、计息方式、还款方式、宽限条件等，然后再通过利息备付率与偿债备付率等指标，分析项目的偿债能力。

（1）利息备付率。利息备付率（*IPCR*）是指在借款偿还期内的息税前利润（*EBIT*）

与应付利息（PI）的比值，它从付息资金来源的充裕性角度反映项目偿付债务利息的保障程度和支付能力，其计算公式为：

$$IPCR = \frac{EBIT}{PI}$$

式中 $EBIT$——息税前利润；

PI——计入总成本费用的全部利息。

其中：息税前利润 = 利润总额 + 计入总成本费用的全部利息。

利息备付率应分年计算。利息备付率高，表明利息偿付能力强，风险小。利息备付率至少应大于1，并可以根据以往经验结合行业特点来判断，或是根据债权人的要求确定。

（2）偿债备付率。偿债备付率（$DSCR$）是指在借款偿还期内，可用于计算还本付息的资金（$EBITDA - T_{AX} - IC$）与应还本付息金额（PD）的比值，它表示可用于计算还本息的资金偿还借款本息的保证率，其计算公式为：

$$DSCR = \frac{EBITDA - T_{AX} - IC}{PD}$$

式中 $EBITDA$——息税前利润加折旧和摊销；

T_{AX}——所得税；

IC——运营期维护运营的投资；

PD——应还本付息金额，包括还本金额、计入总成本费用的全部利息。

融资租赁费用支出可视同借款本金偿还。运营期内的短期借款本息也应纳入计算。

偿债备付率应分年计算。偿债备付率高，表明可用于还本付息的资金保障程度高。偿债备付率应大于1，并结合债权人的要求确定。

（3）资产负债率。资产负债表反映项目各期期末资产、负债与所有者权益的变化关系，衡量指标就是资产负债率。资产负债率（$LOAR$）是指年末负债总额（TL）同资产总额（TA）的比率，按下式计算：

$$LOAR = \frac{TL}{TA} \times 100\%$$

式中 TL——年末负债总额；

TA——年末资产总额。

资产负债率低，表明企业和债权人的风险较小，也表明企业经营安全、稳健，具有较强的筹资能力。对该指标的分析，应结合国家宏观经济状况、行业发展趋势、企业所处竞争环境等具体条件判定。项目经济评价中，在长期债务还清后的年份可不计算资产负债率。

由于风景名胜项目财务实行收支两条线的管理模式，还款资金应由政府代理管理机构支付。如果项目本身收支相抵后还有余额，可用于还款；如果收不抵支，需估算政府代理管理机构应补助的金额。若某年利息备付率或偿债备付率小于1，说明项目自身当年还款资金不足，可在两个比率计算公式的基础上，增加分子部分的数额，直至这两个比率等于1，增加部分为政府代理机构应补助的还款资金额度。

4. 生存能力分析

在项目生命周期内，确保从各项经济活动中得到足够的净现金流量是项目能够持续生存的条件。财务分析中应根据资金筹措与使用计划表、营业收入与营业税金表、流动资金估算表、借款还本付息表等报表编制财务计划现金流量表，综合考察项目计算期内各年的投资活动、融资活动和经营活动所产生的各项现金流入和流出，计算净现金流量和累计盈余资金，分析项目是否有足够的净现金流量维持正常运营，即有较强的财务生存能力。

其步骤为：先按实际价格计算项目的收入，考察计划现金流量表：如果出现连续多年短期借款，项目不具备独立财务生存能力；如果未出现连续多年短期借款，项目具备独立生存能力。在项目按实际价格计算不具备独立生存能力时，可将实际价格用预期财务价格代替，此时财务计划现金流量表中不应连续多年出现短期借款，且财务预期价格与实际价格的差额即为政府代理管理机构应支付的运营期补助款项。

基于风景名胜项目的准公共性质，项目财务收益以补偿投资与运行费用为主，计算预期财务价格的基准收益率不宜取得太高，可根据项目所在地区的经济发展情况在 3% ~ 6% 之间选取。

项目的财务生存能力可从以下几方面分析：

（1）拥有足够的经营净现金流量是财务可持续的基本条件，特别是在运营初期。项目具有较大的经营净现金流量，说明项目方案比较合理，实现自身资金平衡的可能性大，不会过分依赖短期融资来维持运营；如果项目不能产生足够的经营净现金流量，或经营净现金流量为负值，说明维持项目正常运行会遇到财务上的困难，项目方案缺乏合理性，实现自身资金平衡的可能性小，要靠短期融资来维持运营。

（2）各年累计盈余资金不出现负值是财务生存的必要条件。在整个运营期间，允许个别年份的净现金流量出现负值，但不能容许任意年份的累计盈余资金出现负值。一旦出现负值时应适时进行短期融资，该短期融资体现在财务计划现金流量表中，同时短期融资的利息也应纳入成本费用和其后的计算。

（3）财务计划现金流量表中持续多年出现短期融资，说明项目融资或利润分配方案可能有问题，如项目资本金与债务资金的比例不适当，还款期过短，还款方式与项目运营期初的经营净现金不匹配，经营期初利润分配过多等。短期融资出现的时候往往是利息备付率与偿债备付率小于 1 的时候。减少短期融资出现一般要通过修改融资方案或利润分配方案解决。

5. 融资方案优化

方案优化的目标是预期利润最大化，即内部收益率最高或净现值最大。实现预期利润最大化的手段有三：一是减少投入，即减少投资费用或（/和）运行费用；二是增加收益，即通过增加产量或提高产品价格；三是减少资金占用成本。在既定基准收益率的情况下，第一个手段会提高财务内部收益率与基准收益率的差额，第二个手段会增加净现值。

通常情况下，项目的基准收益率通常要大于或等于项目的资金成本。减少资金成本的途径有三：一是降低项目资本金的预期成本，二是寻求低成本的债务资金，三是调整资金结构，增加或减少债务资金的比例，在保证财务计划现金流量表中的累计盈余资金不为负的情况下，尽量不出现或少出现短期借款。此时，项目的融资方案就得到优化了。融资方案决定着项目的效益指标，反过来，利用效益指标可以调整融资方案，改变资金成本，寻求最佳的融资方案。在实际工作中，为实现这一目标可能需要几次循环的调整。

7.6 费用效益分析

7.6.1 费用效益分析的作用

风景名胜项目费用效益分析从资源合理配置的角度，研究项目产生的外部影响，分析项目投资的经济效益和对社会福利所作出的贡献，评价项目的经济合理性。费用效益分析有助于设计和选择能够对一个国家的福利作出贡献的项目，有助于回答项目对实施机构的影响、对社会的影响以及对不同利益相关者影响的各种问题；也可以帮助我们确定项目的风险并评价项目的可持续性。

经济费用效益分析实际上是利用福利经济学的基本原理，从经济学的角度研究考查项目，这一点与财务分析是从投资人的角度、利用财务会计原理研究与考查项目有根本的区别。所谓利用经济学原理分析，就是利用现有的经济学理论，从与项目有关系的各个社会群体的利益出发，研究与考查项目的合理性。

这里要特别指出在经济评价中的一个误区。许多人往往喜欢将财务分析与经济费用效益分析进行直接对应。经济费用效益分析是从国家的角度考查项目，国家利益或国家权力机构可能代表大多数人的利益，但国家利益与项目某些目标群体的利益，如水库移民，可能就不一致，经济费用效益分析不是只从国家的利益出发考查项目的经济合理性，它更要从利益群体各方的角度来分析项目、解决项目可持续发展的问题。资源合理配置与社会福利问题都是经济学研究的对象，在这些问题上，国家比私人有更大的强势，有更多的资源可支配，但这并不是等于说从经济学角度考查项目就等于从国家的角度考查项目。

在当前新的投资体制下，树立科学的发展观、建立节约型社会、注重项目的外部影响（包括环境、生态、人文与社会）、投资与运行可持续性的项目，都需要借助经济费用效益分析方法，估算项目在长期运营中的经济合理性。

7.6.2 风景名胜项目费用效益分析的目的

风景名胜项目经济分析有双重目的：一是给出风景名胜资源经济价值的数量级概念，估算长期效益（包括代际效益），防止资源无序破坏，为在一般生产经营型开发与风景名胜开发之间做投资选择提供依据；二是通过项目经济流量的计算，为本项目投资决策提供经济合理的依据。

7.6.3 风景名胜项目费用效益分析使用的价格体系

风景名胜项目经济分析使用预测的计算价格。计算价格指投入或产出单位资源、产品或服务（以下统称产品）的经济价值。对于有市场交易价格的产品，且价格是由市场机制形成的，计算价格等于市场价格；若产品交易价格不是由市场机制形成的（受政府干预或垄断），或产品当前没有市场交易价格，计算价格可按照机会成本、消费者支付意愿或受偿意愿估算。

机会成本指不将资金投资于本项目，而投资于次优项目能获得的收益。

消费者支付意愿指消费者愿意为每单位由环境提供的商品或服务支付的价格，需求曲线下的全部面积代表总支付意愿。在环境经济分析中，支付意愿反映了公众为获得环境状况改善或避免环境状况恶化而愿意支付的最高金额，一般会受到收入水平、性别、文化喜好、受教育程度和年龄等几个因素的影响。

受偿意愿指项目利益受损人因放弃其资产（包括房产、土地、林地、水域、环境）或货物而获得补偿（即要求的补偿）的接受意愿，一般用其最低值表示。受偿意愿是公众对环境质量的偏好程度的指标，一般会受到性别、文化喜好、受教育程度或年龄等几个因素的影响，但不受个人收入水平的限制。

7.6.4 风景名胜项目的经济费用

1. 风景名胜项目经济费用因素的识别

风景名胜项目的经济费用是指项目耗用社会经济资源的经济价值，即按经济学原理估算出的被耗用经济资源的经济价值，与我们日常生活中的“经济价值”完全不同，后者实际指的是市场上货物交换的货币价值。

风景名胜项目的经济费用包括三个层次的内容：①实体直接承担的费用（按经济价值计算）；②受项目影响的利益群体支付的费用（按经济价值计算）；③整个社会承担的环境费用（按经济价值计算）。第二项一般称间接费用，第三项可称间接费用，但更多地称外部效果（费用）。例如，驾驶汽车的经济费用包括由驾车者承担的汽油、车辆磨损和损耗等私人费用，加上其他道路使用者所承担的塞车的额外费用，再加上由整个社会承担的污染费用。

风景名胜项目的经济费用指在经济学意义上发生或可能发生的费用，包括项目范围内直接发生的各类实际支出，还包括项目引发的、却是由社会其他成员支付的费用和对环境造成的损害。应根据项目的特点，恰当识别引发经济费用的因素，如环境、生态和景观的保护费，环境污染和生态破坏造成的经济损失，均可作为项目的经济费用。

2. 风景名胜项目经济费用的量化与货币化

估算风景名胜项目的经济费用应首先确定项目耗用了哪些经济资源，其次合理确定耗用的数量，最后合理确定经济资源的计算价格（也称影子价格）：第一步就是识别费用要素，第二步是将费用要素使用科学的方法（直接度量或数学模型）数量化（指用物理、化学、生物等实物量度量），第三步是将量化的影响通过适当的计算价格转换为货币量，即货币化。

在费用效益分析中，三个步骤一个都不能少：第一步做得不当，就可能会把不应当计算的费用误算进来、应当计算的费用漏算掉或同一项费用多次以不同名义重复计算；第二步做得不当，就会高估或低估费用要素的作用；第三步做得不当，就会使经济价值失真，人为地造成价格扭曲，最终也会导致经济费用估算失真。

7.6.5 风景名胜项目的经济效益

1. 项目的经济效益

项目的经济效益是指项目为社会创造的社会福利的经济价值。即按经济学原理估算出的社会福利的经济价值。经济学意义上的“福利”不是指一般意义上政府或各类机构对困难群体的补助或照顾，而是代表健康、幸福、富足的“福祉”。在经济费用效益分析中，社会福利应用其经济价值来表示。

与经济费用相同，项目的经济效益也包括三个层次的内容：①项目实体直接获得的效益（按经济价值计算）；②受项目影响的利益群体获得的效益（按经济价值计算）；③项目可能产生的环境效益（按经济价值计算）。

与经济费用相同，项目的经济效益估算也分三个步骤：效益识别、效益数量化与效益货币化。项目经济效益估算三个步骤的作用同项目经济费用估算的作用。

2. 风景名胜项目的总经济价值

风景名胜项目的经济效益用总经济价值表示。总经济价值体现由环境质量改变引发的人类对货币度量的改变。它不是用来度量环境变化的（尽管人类乐于这种质量变化），本质上是对人类（行为）的度量。在考虑环境影响的情况下，风景名胜项目的总经济价值（Total Economic Value，TEV）由使用价值（Use Value，UV）与非使用价值（No Use Value，NUV）构成。其中，使用价值包括直接使用价值（Direct Use Value，DUV）、间接使用价值（Indirect Use Value，IUV）和选择价值（Option Value，OV），非使用价值包括存在价值（Existence Value，EXV）与遗赠价值（Bequest Value，BV）。总经济价值与其分量之间有如下关系：

$$TEV = UV + NUV = (DUV + IUV + OV) + BV + EXV。$$

总经济价值是环境经济学的一个术语，是人们对环境质量变化使用货币（而不是物理、化学、生物量）进行的一种度量，它将生态功能转化为经济价值。

直接使用价值指直接使用或交互使用环境资源产生的效益。直接使用价值可以分为环境资源的消费性使用或非消费性使用。

间接使用价值指利用环境资源本身的功能为经济活动或财产提供支持或保护，或提供调节环境服务。

选择价值是一种使用价值，表示环境资源不在当代使用而让后代使用时人们的支付意愿，它是对这种推后使用环境资源选择的一种估价。

遗赠价值是一种非使用价值，表示人们为了保护环境资源让子孙后代能使用的支付意愿。有些学者将遗赠价值列为一种特殊的选择价值。

存在价值是一种非使用价值，它表示人们当前与未来既不直接使用也不间接使用某种环境资源，只希望环境资源持续存在的支付意愿。

3. 风景名胜项目总经济价值的估算步骤

根据风景名胜项目的具体位置与属性，识别项目可能存在的经济价值，逐一列出，并按上述经济价值分类进行归并。计算步骤如下：

（1）对“无项目”的基本情况（包括环境、社会和经济等方面）进行调查分析。

（2）确定项目空间边界与时间跨度。

（3）识别对项目有影响的经济因素、社会因素、生态因素、人文因素，列出清单，并确定其可能对项目影响发生作用的功能。

（4）将影响因素排队，从中确定对项目有主要影响的因素。

（5）估算各主要影响因素所产生影响的数量级。

（6）将主要影响因素已经量化的影响货币化，符合利用市场价格条件的，使用市场价格估算；不符合利用市场价格的，使用计算价格估算。

（7）将各种因素产生的经济价值累加得出项目的总经济价值。

7.6.6 风景名胜项目的费用效益分析

1. 费用效益分析的内容与作用

经济效益（价值）与费用流量可根据特征年的项目需求确定特征年的效益与费用，采用插值法估算计算期内其他年份的效益与费用流量，再利用估算出的经济费用与经济效益，编制经济费用流量表，计算经济效益费用比、经济净现值、经济内部收益率等指标。费用效益分析的结论可作为投资决策的参考依据，在项目区可能有其他生产经营性开发用途时，可作为方案经济比选的主要依据。

2. 费用效益分析使用的指标

（1）经济净现值（*ENPV*）是项目按照社会折现率将计算期内各年的经济净效益流量折现到建设期初的现值之和，应按下式计算：

$$ENPV = \sum_{t=1}^{n} (B - C)_t (1 + i_e)^{-t}$$

式中 B——经济效益流量；

C——经济费用流量；

$(B-C)_t$——第 t 期的经济净效益流量；

i_e——社会折现率；

n——项目计算期。

在经济费用效益分析中，如果经济净现值等于或大于0，表明项目可以达到符合社会折现率的效率水平，认为该项目从经济资源配置的角度可以被接受。

（2）经济内部收益率（*EIRR*）是项目在计算期内经济净效益流量的现值累计等于0时的折现率，应按下式计算：

$$\sum_{t=1}^{n} (B - C)_t (1 + EIRR)^{-t} = 0$$

如果经济内部收益率等于或者大于社会折现率，表明项目资源配置的经济效率达到了可以被接受的水平。

（3）经济效益费用比（R_{BC}）是项目在计算期内效益流量的现值与费用流量的现值之比，应按下式计算：

$$R_{BC} = \frac{\sum_{t=1}^{n} B_t (1 + i_e)^{-t}}{\sum_{t=1}^{n} C_t (1 + i_e)^{-t}}$$

式中 B_t——第 t 期的经济效益；

C_t——第 t 期的经济费用。

如果经济效益费用比大于1，表明项目资源配置的经济效率达到了可以被接受的水平。

3. 费用效益分析的主要参数

与财务分析一样，经济费用效益分析也需要一些参数，用于评价指标计算或作为判定的依据。经济费用效益分析中主要的参数是社会折现率、影子汇率换算系数、影子工资换算系数等。这些主要经济参数由国家投资主管部门组织测定并定期发布。

社会折现率，严格地说应称作经济折现率，是衡量经济内部收益率的基准值，也是计算项目经济净现值的折现率，是项目经济可行性和方案比选的主要判据。经济费用效益的时间偏好与社会投资的边际收益率是社会折现率的主要决定因素，国家社会经济发展水平、发展规划、宏观调控意图等因素对社会折现率的取值有重要影响。根据国家投资主管部门发布的《建设项目经济评价方法与参数》（第三版），当前社会折现率取值为8%；对于受益期较长、远期效益显著、风险较小的项目，社会折现率可适当降低，但一般不得低于6%。

7.6.7 风景名胜项目经济价值估算的主要方法

风景名胜项目经济价值可供选择使用的主要估算方法包括生产力变化法、旅行费用法、支付意愿调查法和成果参照法。

1. 生产力变化法

生产力变化法是用市场价格（或类比产品市场价格）与项目对生产力影响数量的乘积估算价值。生产力法不仅可用于估算项目可能对各类生产活动带来的经济效益，还可以用项目的经济费用计算。估算时要注意存量与流量的区别，根据有无对比的原则，应当使用流量的增量表示项目造成的经济影响。

以林地为例，存量指环境资源现存的总量，如森林现有木材的总蓄藏量；流量指每年木材的采伐量。流量的增量指有项目时的采伐量与无项目时的采伐量之差。

2. 旅行费用法

旅行费用法是通过调查游客的旅行费用，估算消费者的支付意愿，并将其作为使用价值纳入项目景区总经济价值估算。旅行费用法的操作步骤：

（1）将游客来源分成若干调查区，为简化起见，假定每一调查区的游客均来自同一出发地，以使从调查区到景点的旅行费用相等。

（2）对各调查区的游客进行抽样问卷调查，调查主要为估算旅行费用收集以下资料：游客人数，出发地，游览的频率，旅客的社会经济属性，旅行时间，在景区逗留的时间，直接旅行费用（包括交通费、门票及景区其他游览费用、旅客闲暇时间价值），旅客对时间价值的自我估计，每个游客外出游览的总次数，调查区的人口数，游览的动机，有无顺道旅行等信息。

（3）进行多元回归分析，Visit Number $= a + b$（Travel Cost）$+ c$（Income）$+ d$（Age）$+ \cdots$

绘制旅游的需求曲线，估算总消费者剩余，即项目潜在的经济效益。

在给定的门票价格下，按游客数量估算消费者支付意愿总和，作为项目的实际经济效益。

3. 支付意愿调查法

支付意愿调查法是通过问卷直接询问游客的支付意愿，估算项目景区的选择价值、存在价值与遗赠价值，并将其纳入项目景区总经济价值估算。采用支付意愿调查法应仔细设计调查问卷，问卷中应包括一些受访人的社会特征。

支付意愿调查法是估算自然或文化景观价值（尤其是存在价值、遗赠价值和选择价值）的最有效的方法之一。通常采用或有价值调查法（contingent valuation method），此方法的基本步骤是：设计调查问卷，对随机抽样个体进行调查，用数理统计方法处理调查结果，根据统计分析结果给出景观相应的经济价值。

调查问卷设计是本方法成功的关键，问卷一般包括拟建风景名胜项目的基本描述，项目的开发方案与预计效果，调查对象的社会经济状态，调查对象的对拟建（或已有）项目各类经济价值的支付意愿。调查对象的支付意愿可以用开放式或封闭式取得。

4. 成果参照法

成果参照法（benefit transfer method）是借助其他学者研究的文献资料，寻找条件相似的案例，直接引用（或稍加修改）案例的数据，估算项目景区的资源价值。

成果参照法一般用于项目的间接使用价值或非使用价值估算，数据一般用两个国家按购买力评价估算的人均国民生产总值（PPP GNP）之比进行修正。修正系数为（PPP GNP_y/PPP GNP_x)^E。E 的经验数据可取值为 1 或 0.35。用公式可表示为 $B_y = B_x$（PPP GNPA/PPP GNPB)^E，B_y 和 B_x 分别为 B 类经济价值在 Y 国与 X 国的值。

7.6.8 风景名胜项目经济效益的定性分析

风景名胜项目经济效益的定量估算在我国尚属起步阶段，估算结果尚未被普遍接受，定性分析将会对项目的经济效益提供一个全面的评价，有助于投资人进行投资决策。经济效益的定性分析可以着重在以下几方面：

（1）增加项目区（尤其是少数民族地区）就业机会，提高居民收入水平。

（2）改善项目区卫生条件，减少疾病发生，减少医疗费用，增加健康寿命。

（3）增加项目区居民受教育机会，提高文化水平，增加收入。

（4）游客休憩后，陶冶情操，增进健康，减少疾病，短期休整后提高了劳动生产率，增加游客的效用。

（5）改善水土保持，增加林业、牧业生产。

（6）保持生物多样性，增加保持存在价值。

（7）保护景观、改善服务质量、提升游客观光效用，延长景区的经济寿命。

（8）其他经济效益。

7.7 风景名胜项目的费用效果分析

若项目有两个或两个以上备选方案，且各方案均可以估算经济或财务费用，但不便估算经济效益时，可以采用费用效果法，计算费用效果比，并依此选取费用效果比最小的方案。项目的效果应使用非货币单位表示，费用应使用货币单位表示。备选方案应满足项目的基本需求。具体方法参见《建设项目经济评价方法与参数》（第三版）。

7.8 风景名胜项目的敏感性分析

风景名胜项目的财务收益与成本、经济效益与费用也要受到多种不确定性因素的影响，可以从财务的角度进行盈亏平衡分析与敏感性分析，也可以从经济的角度（如果经济效益可以用货币表示）进行敏感性分析。分析方法参见《建设项目经济评价方法与参数》（第三版）。

风景名胜项目提供准公共产品。尽管大部分项目有财务收入（通过门票），但其收入主要不是为投资人获利，而是用于项目生态、环境、人文的保护，项目具有非盈利的性质。根据永续利用的原则，风景名胜不仅供当代人享用，还要完好地保留，供后代享用，当代人与后代应享有共同的价值。考虑到代际公平，风景名胜项目的经济折现率不宜过高。但是，项目的环境费用与效益的估计值有较大的不确定性，又不宜使用过低的折现率，否则大量有负面环境影响的项目可以通过。因此，一般项目的折现率可取6%。在做经济敏感性分析时，经济效益可使用8%进行折现，经济费用可使用4%进行折现。

7.9 风景名胜项目利益相关者的经济分析

有条件时，在明确风景名胜项目的利益相关群体后，可在识别和估算各利益相关群体的效益与费用的基础上，进行利益相关群体的经济利益分析。特别要注重利益受损群体的经济流量，合理进行补偿，解决公平发展的问题。

风景名胜项目经济评价案例

一、红树林项目概述

红树林为自然分布于热带、亚热带潮间带（能够受到潮水周期性浸淹的海岸地带）的木本植物群落，通常生长在港湾河口地区的淤泥质滩涂上，是海滩上特有的森林类型。

红树林的植物有其结构的特殊性，为适应生境有以下特点：形态学适应根系（表面根，支柱根，板状根，呼吸根，气生根）胎生。生理学适应旱生结构，高渗透压，富含丹宁，有泌盐系统。

红树林生态系统（是由红树林群落与其所在生境相互作用的有机整体）处于海洋与陆地的动态交界面，周期性遭到海水浸淹的潮间带环境，使其在结构与功能上既不同于陆地的生态系统也不同于海洋生态系统的特性，作为独特的海陆边缘生态系统在自然生态平衡中起着特殊的作用。

红树林作为生长在海岸潮间带的植物群落，不仅可以提供薪柴，而且还具有天然的防风防浪、保护堤岸的作用，同时也可以促淤造陆和扩大海岸。红树林还是重要的海滨牧场，红树林湿地生态系统也是生物生产力最高、生物多样性最丰富的生态系统，是海区生物能源的重要供应者，是大量鸟类及鱼、虾、蟹、贝等的天然繁殖场和栖息地，其良好的生态环境也是本地和迁徙鸟类重要的栖息地。红树林植物吸收污染物中的重金属与有机氯农药，均富集在不易转移扩散的树根或树干部位，避免通过食物链向其他海洋生物及人类传递。红树林生长吸附了大量的氮、磷等元素，降低了近海富营养化，减少了海洋污染，从而抑制赤潮的发生。此外，红树林也是重要的植物基因资源库，其特殊的生理生态特性对于将来提取和利用其特有基因资源具有深远的战略意义。大面积的红树林还有调节当地局部气候的作用。

二、红树林开发的两难选择

近年来，随着生物技术与养殖技术的发展，在世界各国，尤其是发展中国家，浅海滩涂大量围海养殖成了这些国家沿海地区发展经济、脱贫致富的主要手段。红树林繁殖、生长于浅海滩涂地，这些地区是当地民众发展养殖业，特别是养虾业的重要选择。

尽管红树林为人类提供了显著的生态服务，但由于虾的出口带来的经济效益显著增长，全世界的红树林正迅速地转化成养虾场。过去50年，50%的红树林都转化成养虾场。如果任这种情况持续发展，红树林将会在不远的将来从地球上永远消失。

经验表明，商业海水养虾一般只经营5年，因为5年以后再养殖虾就容易发病，造成大量减产，此时虾养殖户一般就丢弃原有的养殖池塘，另辟新址。从社会的观点看，养殖户不应丢弃养殖池塘，而应将其恢复利用。但是恢复的代价是非常高的，养殖户负担不起恢复费用，而且社会上一般也不认为恢复红树林是养殖户的责任。这就意味着在虾养殖业获得利润的同时，整个社会或社会上其他群体要为恢复红树林付出代价。

在给养殖户带来显著的财务收益的同时，将红树林转变成养虾场也会产生巨大的生态代价，包括损失生物多样性、减少了沿海岸线的鱼产量、耗竭地下水、盐水倒灌、滥用化学药物和抗生素使海床土壤污染以及海水富养化。

造成这种追求短期财富、不顾生态破坏的原因是，人们虽能认识到由于养殖业会发生污染产生经济费用并且红树林保存有经济价值，但是未能用令人信服的、适当的市场价格表示这些费用和效益，还有些有人甚至认为保存红树林没有价值，因此人们往往只理解并注重能用市场价格表示的成本和收益，并据此来做投资决策。

选择开发或保存红树林的方案最合理的方法是对红树林提供的市场与非市场的货物（服务）做完整的经济分析，在比较两种方案的经济效率的基础上进行选择。

分析方法采用本章所述费用效益法，即比较项目产生的效益与费用，估算项目的经济合理性与财务可行性。

三、斯理兰卡红树林的总经济价值①

在国际组织的支持下，斯里兰卡拟开发K（Kiralakale）、M（Manduganga）、R（Ranweli）三块红树林。开发方案有两个：一个方案是三块红树林做保护性开发，另一个方案是三块红树林围海养虾。在保护性开发方案中，考虑到三块红树林的地理位置、交通情况、周围毗邻的旅游景点、客源等因素，K红树林区拟发展非林产业，M红树林区拟发展国内旅游产业，R红树林区拟发展国外旅游产业。为了进行方案选择，国际组织的专家利用费用效益分析方法，估算两种方案的财务效率与经济效率，比较两种开发方案经济效果的优劣。

根据环境经济学的原理，红树林可能产生的经济效益用其总经济价值表示。总经济价值（Total Economic Value，TEV）由使用价值（Use Value，UV）与非使用价值（No Use Value，NUV）构成。其中，使用价值包括直接使用价值（Direct Use Value，DUV）、间接

---

① 以下内容根据联合国环境规划署2003年的资料 THE ECONOMIC VALUATION OF ALTERNATIVE USES OF MANGROVE FORESTS IN SRI LANKA 编写。

使用价值（Indirect Use Value，IUV）和选择价值（Option Value，OV），非使用价值包括存在价值（Existence Value，EXV）与遗赠价值（Bequest Value，BV）。总经济价值与其分量之间有如下关系：TEV = UV + NUV = （DUV + IUV + OV） + BV + EXV。斯里兰卡红树林的总经济价值可识别为表1中各因素。

表1　红树林的总经济价值

使用价值			非使用价值
1. 直接使用价值	2. 间接使用价值	3. 选择价值	存在价值与遗赠价值
（1）薪柴 （2）水产品 （3）森林资源：木材、药材、建筑材料、染料、野生物 （4）农业资源 （5）供水 （6）水运 （7）基因资源 （8）旅游与娱乐 （9）人类栖息 （10）教育、历史和科学信息	（1）海岸／河岸的稳固 （2）地下水回灌与抽取 （3）洪水与水流控制 （4）人类废弃物和污染物的储存与再利用 （5）保持生物多样性 （6）提供栖息地 （7）鱼类繁衍地 （8）营养物保持 （9）珊瑚礁养护 （10）防止咸水回灌	直接使用价值、间接使用价值的使用	（1）文化 （2）美学 （3）精神 （4）宗教

以上各类因素产生经济价值有的显著，占红树林总经济价值的较大比重；有的不太显著，只占红树林总经济价值的较小比重。在不影响评估结论的前提下，可以只对重要因素的经济价值进行估算。

四、红树林直接使用价值的估价

就本项目而言，红树林有两个方面的直接使用价值：非木材森林资源（Non－timer Forest Resource，NTFR）使用与红树林游乐（Recreation）开发。

1. 非木材森林资源使用价值的估价

非木材森林资源指红树林的果实、薪柴（木炭）、草药、树脂等。非木材森林资源的价值包括存量价值与流量价值。存量价值指现有全部红树林的非木材森林资源一次性商业交换的总金额，流量价值指红树林开发区附近居民每年从交易红树林的非木材森林资源获得的收益。

存量价值的估算过程如下：调查50公顷范围内红树林的生长密度，同时按照标准的森林抽样方法抽取三个样本株，统计三个样本株每年各自的产能，并依此求出单株平均产能，最后乘以密度，就可计算出每公顷红树林的存量价值。

流量价值的估算是通过两组调查相互印证的。一组调查是社会经济调查，统计41个家庭每年从各类非木材森林资源获得的收益，另一组调查是森林大门调查，统计被当地居民从红树林保护区大门携出的非木材森林资源可能获得的收益。

K 区调查统计的结果是：每年每公顷红树林的存量价值为 US＄1762，每年每公顷的流量收益为 US＄86.96～US＄93。

2. 游乐使用价值的估价

红树林有重要的旅游和游乐功能，包括划船、钓鱼、潜水等。保护红树林就有可能增加游乐活动的机会，推动旅游业发展，因此在分析红树林的使用方案时，就应考虑保存红树林带来的游乐价值。由于不存在普遍认同的游乐功能的市场价格，可使用旅行费用法（Travel Cost Method，TCM）与意愿估价法（Contingent Valuation Method，CVM）。

旅行费用法的理念是环境货物的使用人或受益人的成本可以被视为其经济价值。本案例中的 R 区拟发展国际游乐业，M 区拟发展国内游乐业。

对到 R 区旅游的奥地利、德国、法国、荷兰、英国和瑞士的外国游客进行问卷调查，问卷内容包括游客的旅行费用、年龄、收入等信息，见表2。

表2 国际游客调查

地区	样本比例	万人游览率	人口总数	每次旅行平均费用	平均年龄	平均收入（US＄）
奥地利	14	0.104965	8000000	2936	55	8915
德国	44	0.044785	60000000	1996	40	2988
法国	6	0.005693	59000000	6662	59	3000
荷兰	6	0.022393	15000000	2547	49	2327
英国	28	0.028956	58000000	2122	46	3072
瑞士	3	0.023992	7000000	1962	67	20416

利用这些资料进行回归分析，建立回归方程：

$$VR = 0.01778 - 0.0000064TC - 0.000137AGE + 0.00000127INC$$

$$(0.887) \quad (-3.106) \quad (-0.357) \quad (9.2810)$$

$$R-\text{Square} = 0.979 \qquad R-\text{Square adjusted} = 0.949$$

式中 VR——观光频率；

TC——总旅行费用；

AGE——年龄；

INC——收入。

利用上式可以估算出各个地区在不同的门票水平下（或旅行费用）的参观者数量，见表3。

表3 各国游客量与门票的关系

门票 US＄	奥地利	德国	法国	荷兰	英国	瑞士	游客人数（总需求）
0	960	7559	5677	1837	7261	883	24177
15	959	7553	5671	1836	7255	883	24157

续表3

门票 US$	奥地利	德国	法国	荷兰	英国	瑞士	游客人数（总需求）
30	958	7548	5665	1834	7249	882	24137
45	958	7542	5660	1833	7244	881	24117
60	957	7536	5654	1831	7238	881	24098
75	956	7530	5649	1830	7233	880	24078
90	955	7525	5643	1828	7227	879	24058
105	955	7519	5637	1827	7222	879	24038
120	954	7513	5632	1826	7216	878	24018
135	953	7507	5626	1824	7211	877	23999
150	952	7502	5620	1823	7205	877	23979
200	950	7483	5602	1818	7187	874	23913
300	945	7444	5564	1808	7150	870	23781
400	939	7406	5526	1799	7113	866	23649
500	934	7368	5489	1789	7076	861	23517
600	929	7329	5451	1780	7039	857	23384
700	924	7291	5413	1770	7002	852	23252
800	919	7253	5376	1760	6965	848	23120
900	914	7215	5338	1751	6928	843	22988
1000	909	7176	5300	1741	6891	839	22856
2000	858	6794	4924	1646	6520	794	21536
3000	807	6411	4548	1550	6150	749	20215
4000	756	6028	4171	1454	5780	705	18894
5000	705	5645	3795	1359	5410	660	17574
6000	654	5262	3418	1263	5040	615	16253
7000	603	4880	3042	1167	4670	571	14932
10000	450	3731	1913	880	3560	437	10970
15000	194	1817	30	402	1710	214	4367
17000	92	1052	0	210	970	124	2448
18000	41	669	0	114	600	80	1504
18500	16	477	0	67	415	57	1032
18780	1	370	0	40	311	45	767

续表3

门票 US$	奥地利	德国	法国	荷兰	英国	瑞士	游客人数（总需求）
18800	0	363	0	38	304	44	748
19000	0	286	0	19	230	35	569
19500	0	95	0	0	45	13	152
19600	0	56	0	0	8	8	72
19700	0	18	0	0	0	4	22
19745	0	1	0	0	0	2	2
19747	0	0	0	0	0	2	2
19775	0	0	0	0	0	0	0

利用表3的第1列（门票价格）与第8列（游客人数）的数据做回归分析，得出需求方程：

$P = 19394 - 0.8057\ Q$

(278.4)　　(−212.3)

R − Square = 0.9992；　　R − Square adjusted = 0.9991

根据上式，可以画出国外游客的游乐需求曲线，见图1。

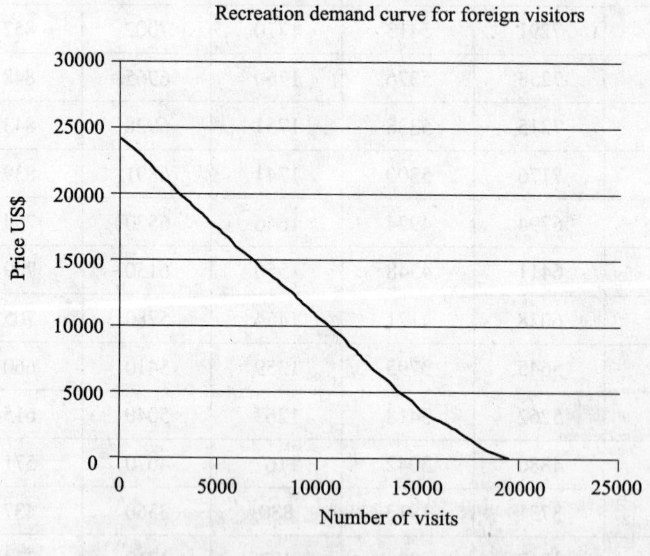

图1　国外游客的游乐需求曲线

利用图1，我们可以采用积分方法精确计算或矩形切割的方法近似计算出国外游客的消费者剩余为每年 US$164512。据游客调查资料，国外游客到斯里兰卡来旅游地点不止一个，旅游总效用的16%来自红树林观光，于是全部消费者剩余的16%，即 US$26332 可以表示每年红树林的游乐价值。R 区的红树林占地 22hm²，由此可计算出 R 区红树林每公顷每年的游乐价值为 US $ 1196。

同样，对到 M 区来度假的国内游客进行问卷调查，问卷内容包括所属地区、旅行费用、年龄、收入等信息。调查结果见表 4。

表 4 国内游客调查

地区	样本比例	万人游览率	人口总数	每次旅行平均费用	平均年龄	平均收入 (Rupees)
Colombo	30	0. 0134	2234000	694. 00	27. 53	24433. 33
Galle	27	0. 0272	991000	453. 70	26. 11	13629. 63
Kalutara	3	0. 0028	1061000	550. 00	25. 00	21333. 33
Kandy	11	0. 0086	1273000	1340. 91	33. 18	18727. 27
Kegalle	10	0. 0128	780000	580. 00	29. 00	14950. 00
Kurunagala	1	0. 0007	1452000	600. 00	25. 00	18000. 00
Ratnapura	18	0. 0179	1008000	1158. 33	33. 33	14527. 78

利用以上资料做回归分析，得到回归方程：

$$VR = -0.20749 - 0.00007263TC + 0.007186AGE + 0.006412ED$$

$$(-1.635) \quad (-1.930) \quad (2.029) \quad (0.944)$$

$$R - \text{Square} = 0.5828 \qquad R - \text{Square adjusted} = 1.656$$

式中 VR——观光频率；

TC——总旅行费用；

AGE——年龄；

ED——月收入。

利用上式可以估算出在不同的门票（旅行费用）水平下来自各地区的观光人数，见表 5。

表 5 国内各地游客量与门票价格的关系

门票 US $	Colombo	Gall	Kalutara	Kandy	Kegalle	Kurunagala	Ratnapura	游客总数（总需求）
0	50	89	73	16	68	65	26	387
25	46	85	69	0	64	61	0	325
50	42	81	65	0	60	57	0	305
75	38	77	61	0	56	53	0	285
100	34	73	57	0	52	49	0	265
125	30	69	53	0	48	45	0	245
150	26	64	49	0	44	41	0	224
175	17	56	41	0	36	33	0	183

续表 5

门票 US $	Colombo	Gall	Kalutara	Kandy	Kegalle	Kurunagala	Ratnapura	游客总数（总需求）
200	13	52	37	0	32	29	0	163
250	9	48	33	0	28	25	0	143
275	5	44	29	0	24	21	0	123
300	1	40	25	0	20	16	0	102
325	0	36	21	0	16	12	0	85
350	0	32	16	0	12	8	0	68
375	0	28	12	0	8	4	0	52
400	0	24	8	0	3	0	0	35
425	0	20	4	0	0	0	0	24
450	0	16	0	0	0	0	0	16
475	0	12	0	0	0	0	0	12
500	0	8	0	0	0	0	0	8
525	0	4	0	0	0	0	0	4
550	0	0	0	0	0	0	0	0

利用表 5 第 1 列与第 9 列的数据建立回归方程式：

$P = 473.03 - 1.3938\ Q$

(43.68)　　(−23.49)

根据上式，可画出 M 区游乐的需求曲线，如图 2 所示。

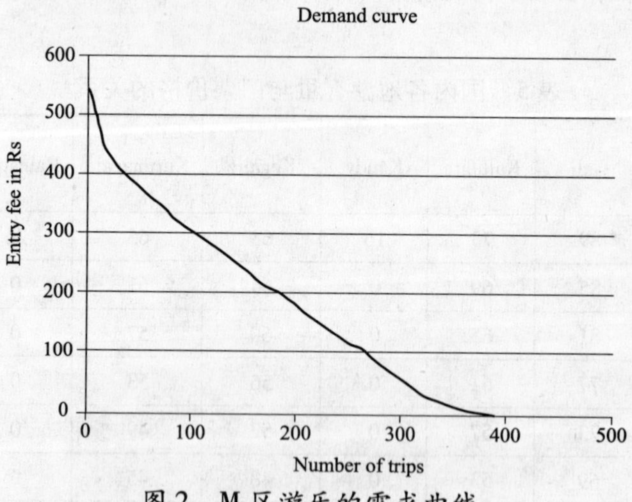

图 2　M 区游乐的需求曲线

同样，计算出在 M 区旅游的消费者剩余为每年 81125000Rupees，M 区的红树林占地为 915hm^2，平均每公顷每年的游乐价值为 US $933。

五、红树林非使用效益估价

斯里兰卡红树林的非使用价值是依据意愿调查法的原理，向国内外游客发放问卷，询问他们对这几块红树林的存在价值、遗赠价值和选择价值的支付意愿，经统计分析后估算出来。调查采用封闭式（payment card，支付卡式）问卷和开放式（open－end）问卷，分别调查游客对于红树林的存在价值、遗赠价值和选择价值的支付意愿，统计分析后的汇总结果见表6。

表6　非使用价值的意愿调查结果

价值类型	问卷方式	每户每年的支付意愿（US $）	每公顷每年的支付意愿（US $）
当地的存在价值	封闭式	1.7	833
	开放式	1.9	1001
国际的存在价值	封闭式	24	1398
	开放式	29	1630
当地的遗赠价值	封闭式	3.3	1714
	开放式	3.9	2036
国际的遗赠价值	封闭式	9.8	561
	开放式	1.1	638
当地的选择价值	封闭式	2.9	1491
	开放式	3.5	1851
国际的选择价值	封闭式	18	1039
	开放式	20	1178

在表6中，每一种价值都有两个数值，开放式的数值可视为上限，封闭式的数值可视为下限。按照稳妥的原则，在后面的分析中我们都使用下限数值。

六、红树林间接使用效益估价

红树林的间接使用效益反映在为鱼类提供繁衍生息、防止侵蚀、保持生物多样性、吸收二氧化碳、防风暴、污水处理等方面。在本案例中，红树林以上几类间接使用效益是利用成果参照法估算这几类功能的价值，具体的计算公式为：

$$B_y = B_x \ (\text{PPP GNP}_y / \text{PPP GNP}_x)^E$$

B_y 和 B_x 分别为 B 类经济价值在 Y 国与 X 国的值。

1. 捕鱼效益

国际研究表明，海床的渔业产量和产值与红树林的生存是正相关。本案例参考马来西亚红树林捕鱼的效益，使用成果参照法估算斯里兰卡红树林的捕鱼效益为：

$$\text{US\$}\,526\ [\text{US\$}\,3460/\text{US\$}\,8330]^{1.00} = \text{US\$}\,218$$

斯里兰卡红树林的捕鱼效益为每公顷每年 218 美元。

2. 防止海岸侵蚀

红树林能保护海岸线，防止农田和财产损失。本案例参考印度尼西亚红树林防止海岸侵蚀的效益，利用成果参照法估算斯里兰卡红树林防止海岸侵蚀的效益为：

$$US\$3\ [US\$3460/US\$2830]^{1.00} = US\$3.6$$

斯里兰卡红树林防止海岸侵蚀的效益为每公顷每年 3.6 美元。

3. 保持生物多样性的效益

红树林生物多样性是红树林特有的现象。本案例参考印度尼西亚红树林生物多样性的效益，利用成果参照法估算斯里兰卡红树林生物多样性的效益为：

$$US\$15\ [US\$3460/US\$2830]^{1.00} = US\$18$$

斯里兰卡红树林保持生物多样性的效益为每公顷每年 18 美元。

4. 碳螯合（固化）效益

红树林可以吸收空气中大量的二氧化碳并固化在红树林中，并可将其按碳交易的市场价格进行估算。本案例参考泰国红树林生物碳螯合效益的计算结果，利用成果参照法估算斯里兰卡红树林的碳螯合效益为 US$75.5/$hm^2$/a。

5. 防风暴效益

红树林发挥着抵御强风、潮汐和大浪作用，保护沿岸大量群众的生命财产。本案例参考柬埔寨红树林防风暴的效益，利用成果参照法估算斯里兰卡红树林防风暴的效益为：

$$US\$32\ [US\$3460/US\$1440]^{1.00} = US\$76.8$$

斯里兰卡红树林防风暴的效益为每公顷每年 76.8 美元。

6. 污染处理的效益

红树林可以临时保存并处理工业与民用污染物，主要是沿着海岸收集污染物里包含的有机营养。本案例参考斐济红树林污染处理的效益，利用成果参照法估算斯里兰卡红树林污染处理的效益

$$US\$5820\ [US\$3460/US\$4480]^{1.00} = US\$4494$$

斯里兰卡红树林污染物处理的效益为每公顷每年 4494 美元。

七、红树林总经济价值的构成

现将前几节计算的红树林各项经济价值汇总，见表 7。

表7 红树林总经济价值

价值组成	每公顷每年的价值（US$）	每户每年的价值（US$）	估价技术
1. 直接使用价值			
NTFR			
KIRALA 树的存量	751		森林蓄积量调查与定期产量调查
KARAN 树的存量	3784		森林蓄积量调查
KIRALA 果的流量	24	23	林区门口调查

续表 7

价值组成	每公顷每年的价值（US$）	每户每年的价值（US$）	估价技术
KARAN 叶的流量	35	43	家计调查
绿叶菜的流量	11	14	家计调查
鱼的流量	13	17	家计调查
原薪柴的流量	4	5	家计调查
干薪柴的流量	5	7	家计调查
NTFR 流量合计	92	108	
游乐价值			
当地游乐价值	933	10*	旅行成本法
国际游乐价值	1196	0.03*	旅行成本法
2. 选择价值			
当地极小值	1491	2.9	支付意愿封闭式
当地极大值	1951		支付意愿开放式
国际极小值	1039	18	支付意愿封闭式
国际极大值	1179		支付意愿开放式
3. 非使用价值			
当地遗赠极小值	1714	3.3	支付意愿封闭式
当地遗赠极大值	2037		支付意愿开放式
国际遗赠极小值	561	1.1	支付意愿封闭式
国际遗赠极大值	638		支付意愿开放式
当地存在极小值	883	1.7	支付意愿封闭式
当地存在极大值	1001		支付意愿开放式
国际存在极小值	1398	24	支付意愿封闭式
国际存在极大值	1630		支付意愿开放式
4. 间接使用价值			
侵蚀控制	3.6		成果参照法
保持生物多样性	18		成果参照法
鱼类生息	218		成果参照法
碳固化	75.5		成果参照法
污染处理和营养保持	4494		成果参照法
防风暴	76.8		成果参照法
最小年度价值合计	14194		

注：* 号表示人均消费剩余。

以上经济价值是通过调查或参考其他国家的资料得出，由于调查并未针对任何具体的红树林，原则上适用于三个红树林区。但是，由于三个区在采用保护方案时各有侧重，其每公顷的直接使用价值构成也不完全相同。K 区主要致力于发展非木材森林资源利用，其非木材森林资源的价值就应全部体现，而国内与国外游乐价值只能发挥 10% 的价值。M 区主要致力于发展国内游乐业，国内游乐价值将全部发挥，但非木材森林资源的价值仅能发挥 10%，国际游乐价值将只发挥 50% 的作用。R 区主要致力于发展国际游乐业，其国际游乐价值将全部发挥，但国内游乐和非木材森林资源价值只能发挥 10% 的效能。由于选择价值、非使用价值和间接使用价值没有显著区域特征，可以认为完全相等。

表 7 中的数据可以视为项目计算期第一年各种价值的基本值。由于这些价值都是红树林固有的，一般不会随时间发生变化，故以后各年的价值仍然可采用同一数值。但考虑存在通货膨胀因素，各类价值可能随时间发生变化，同时再考虑到国内通货膨胀率一般都比国际通货膨胀率高，故可取国内通货膨胀率为 3%，用于各类国内经济价值，国际通货膨胀率取 1%，用于各类国际经济价值。

为简化起见，本案例主要使用 K 区的基本资料（见表 8：Kiralakale 红树林财务、经济分析基本数据）进行详细演算，M 区和 R 区的计算过程省略，只给出结果。

表 8　Kiralakale 红树林财务、经济分析基本数据

年	财务收益（折现后）	财务成本（折现后）	社会	非木材森林资源	当地娱乐	全球娱乐	机会成本	机会成本（折现后）	控制水土流失	保持生物多样性	鱼类栖息地
1	43789.5	35536.8	150.0	92.0	93.3	119.6	304.9	304.9	3.6	18.0	218.0
2	42550.1	21643.3	137.5	94.8	96.1	120.8	311.7	294.0	3.7	18.5	224.5
3	41345.9	21030.8	133.6	97.6	99.0	122.0	318.6	283.5	3.8	19.1	231.3
4	40175.7	20435.5	129.8	100.5	102.0	123.2	325.7	273.5	3.9	19.7	238.2
5	39038.7	19857.2	5135.7	103.5	105.0	124.5	333.0	263.8	4.1	20.3	245.4
6	0.0	0.0	59.9	106.7	108.2	125.7	340.5	254.5	4.2	20.9	252.7
7	0.0	0.0	58.2	109.9	111.4	127.0	348.2	245.5	4.3	21.5	260.3
8	0.0	0.0	56.5	113.1	114.7	128.2	356.1	236.8	4.4	22.1	268.1
9	0.0	0.0	54.9	116.5	118.2	129.5	364.2	228.5	4.6	22.8	276.2
10	0.0	0.0	53.4	120.0	121.7	130.8	372.6	220.5	4.7	23.5	284.4
11	0.0	0.0	51.9	123.6	125.4	132.1	381.1	212.8	4.8	24.2	293.0
12	0.0	0.0	50.4	127.3	129.1	133.4	389.9	205.4	5.0	24.9	301.8
13	0.0	0.0	49.0	131.2	133.0	134.8	399.0	198.3	5.1	25.7	310.8
14	0.0	0.0	47.6	135.1	137.0	136.1	408.2	191.4	5.3	26.4	320.1
15	0.0	0.0	46.2	139.2	141.1	137.5	417.8	184.8	5.4	27.2	329.7
16	0.0	0.0	44.9	143.3	145.4	138.9	427.5	178.4	5.6	28.0	339.6

续表 8

年	财务收益（折现后）	财务成本（折现后）	社会	非木材森林资源	当地娱乐	全球娱乐	机会成本	机会成本（折现后）	控制水土流失	保持生物多样性	鱼类栖息地
17	0.0	0.0	43.6	147.6	149.7	140.2	437.6	172.3	5.8	28.9	349.8
18	0.0	0.0	42.4	152.1	154.2	141.6	447.9	166.3	6.0	29.8	360.3
19	0.0	0.0	41.2	156.6	158.8	143.1	458.5	160.6	6.1	30.6	371.1
20	0.0	0.0	40.1	161.3	163.6	144.5	469.4	155.1	6.3	31.6	382.3
21	24660.2	20012.7	79.6	166.2	168.5	145.9	480.6	149.9	6.5	32.5	393.7
22	23962.3	12188.5	77.4	171.1	173.6	147.4	492.1	144.8	6.7	33.5	405.5
23	23284.1	11843.6	75.2	176.3	178.8	148.9	503.9	139.8	6.9	34.5	417.7
24	22625.1	11508.4	73.1	181.6	184.1	150.4	516.1	135.1	7.1	35.5	430.2
25	21984.8	11182.6	71.0	187.0	189.7	151.9	528.5	130.5	7.3	36.6	443.1
26	0.0	0.0	2741.3	192.6	195.3	153.4	541.4	126.1	7.5	37.7	456.4
27	0.0	0.0	32.7	198.4	201.2	154.9	554.5	121.9	7.8	38.8	470.1
28	0.0	0.0	31.8	204.4	207.2	156.5	568.1	117.8	8.0	40.0	484.2
29	0.0	0.0	30.9	210.5	213.5	158.0	582.0	113.9	8.2	41.2	498.8
30	0.0	0.0	30.0	216.8	219.9	159.6	596.3	110.0	8.5	42.4	513.7
合计	323416.5	185239.4	9669.8	4376.9	4438.8	4160.3	12976.0	5720.8	171.3	856.4	10371.4

年	碳减排	污染处理	风暴防范	当地选择价值	全球选择价值	当地遗产价值	全球遗产价值	当地存在价值	全球存在价值	环境费用	环境费用（折现后）
1	75.5	4494.0	76.8	1491.0	1039.0	1714.0	562.0	833.0	1399.0	11923.9	11923.9
2	77.8	4628.8	79.1	1535.7	1049.4	1765.4	567.6	858.0	1413.0	12221.6	11529.8
3	80.1	4767.7	81.5	1581.8	1059.9	1818.4	573.3	883.7	1427.1	12527.7	11149.6
4	82.5	4910.7	83.9	1629.3	1070.5	1872.9	579.0	910.2	1441.4	12842.3	10782.6
5	85.0	5058.0	86.4	1678.1	1081.2	1929.1	584.8	937.5	1455.8	13165.7	10428.5
6	87.5	5209.8	89.0	1728.5	1092.0	1987.0	590.7	965.7	1470.4	13498.3	10086.7
7	90.2	5366.1	91.7	1780.3	1102.9	2046.6	596.6	994.6	1485.1	13840.2	9756.8
8	92.9	5527.1	94.5	1833.7	1113.9	2108.0	602.5	1024.5	1499.9	14191.7	9438.3
9	95.6	5692.9	97.3	1888.8	1125.1	2171.2	608.6	1055.2	1514.9	14553.1	9130.8
10	98.5	5863.7	100.2	1945.4	1136.3	2236.4	614.7	1086.9	1530.1	14924.7	8833.9

续表8

年	碳减排	污染处理	风暴防范	当地选择价值	全球选择价值	当地遗产价值	全球遗产价值	当地存在价值	全球存在价值	环境费用	环境费用（折现后）
11	101.5	6039.6	103.2	2003.8	1147.7	2303.5	620.8	1119.5	1545.4	15306.8	8547.3
12	104.5	6220.7	106.3	2063.9	1159.2	2372.6	627.0	1153.1	1560.8	15699.8	8270.4
13	107.6	6407.4	109.5	2125.8	1170.8	2443.8	633.3	1187.7	1576.4	16103.8	8003.1
14	110.9	6599.6	112.8	2189.6	1182.5	2517.1	639.6	1223.3	1592.2	16519.3	7744.9
15	114.2	6797.6	116.2	2255.3	1194.3	2592.6	646.0	1260.0	1608.1	16946.6	7495.5
16	117.6	7001.5	119.7	2322.9	1206.2	2670.4	652.5	1297.8	1624.2	17386.1	7254.6
17	121.2	7211.6	123.2	2392.6	1218.3	2750.5	659.0	1336.7	1640.4	17838.0	7021.9
18	124.8	7427.9	126.9	2464.4	1230.5	2833.0	665.6	1376.8	1656.8	18302.8	6797.0
19	128.5	7650.7	130.7	2538.3	1242.8	2918.0	672.2	1418.1	1673.4	18780.8	6579.7
20	132.4	7880.3	134.7	2614.5	1255.2	3005.5	679.0	1460.7	1690.1	19272.4	6369.8
21	136.4	8116.7	138.7	2692.9	1267.8	3095.7	685.7	1504.5	1707.0	19778.1	6166.9
22	140.5	8360.2	142.9	2773.7	1280.5	3188.5	692.6	1549.6	1724.1	20298.3	5970.8
23	144.7	8611.0	147.2	2856.9	1293.3	3284.2	699.5	1596.1	1741.4	20833.3	5781.3
24	149.0	8869.3	151.6	2942.6	1306.2	3382.7	706.5	1644.0	1758.8	21383.6	5598.2
25	153.5	9135.4	156.1	3030.9	1319.3	3484.2	713.6	1693.3	1776.4	21949.7	5421.1
26	158.1	9409.4	160.8	3121.8	1332.4	3588.7	720.7	1744.1	1794.1	22532.0	5249.9
27	162.8	9691.7	165.6	3215.5	1345.8	3696.4	727.9	1796.4	1812.1	23131.0	5084.4
28	167.7	9982.5	170.6	3311.9	1359.2	3807.3	735.2	1850.3	1830.2	23747.2	4924.4
29	172.7	10281.9	175.7	3411.3	1372.8	3921.5	742.6	1905.8	1848.5	24381.1	4769.7
30	177.9	10590.4	181.0	3513.6	1386.5	4039.2	750.0	1963.0	1867.0	25033.3	4620.1
合计	3591.9	213803.9	3653.8	70934.9	36141.5	81544.3	19549.1	39630.3	48664.1	528912.9	230731.9

八、红树林养虾场的财务分析

养虾业对于小农户是项赚钱的生意。农户是养虾场的投资人与财务主体，养虾场的财务分析只需考虑农户的财务收益与财务支出。财务分析也以单位面积（公顷）为核算单位。

养虾场每公顷要投入建筑成本 US＄5368.4、脚踏船 US＄2526.3、柴油发电机 US＄4210.5、水泵 US＄842.1 和小型设备 US＄315.8，合计资本支出为 US＄13263.2。

年度运营费用为：饲料 US＄10673.7、虾籽 US＄1684.2、肥料 US＄252.6、处置费 US＄1515.8、薪金 US＄1515.8、燃料 US＄2526.3、维护 US＄378.9 和折旧 US＄1210.5，合计 US＄22273.7。

经验表明，商业海水养虾一般只经营5年，因为5年以后再养殖虾就容易发病，造成大量减产，因此，虾养殖户一般就丢弃原有的养殖池塘，另辟新址。所以，一般养虾场是以5年为一个养殖周期。表9为5年期的现金流量表。

表9　养虾场5年的现金流量

	1	2	3	4	5
资本费用					
建筑成本	5368.4				
脚踏船	2526.3				
柴油发电机	4210.5				
水泵	842.1				
小型设备	315.8				
小计	13263.2				
运行成本					
饲料	10673.7	10993.9	11323.7	11663.4	12013.3
虾籽	1684.2	1734.7	1786.8	1840.4	1895.6
肥料	252.6	260.2	268.0	276.1	284.3
处置费	1515.8	1561.3	1608.1	1656.3	1706.0
薪金	1515.8	1561.3	1608.1	1656.3	1706.0
燃料	2526.3	2602.1	2680.2	2760.6	2843.4
维护	378.9	390.3	402.0	414.1	426.5
人工	1515.8	1561.3	1608.1	1656.3	1706.0
折旧	1210.5	1246.8	1284.2	1322.8	1362.5
预备费	1000.0	1030.0	1060.9	1092.7	1125.5
小计	22273.7	22942.0	23630.2	24339.1	25069.2
总成本	35536.8	22941.9	23630.2	24339.1	25069.2
总收益	43789.5	45103.2	46456.3	47849.9	49285.4

本表各年度的数据未经折现。

一个养虾场经过5年收获后，要经过15年的休整才能使其生态基本恢复，才能供再次养虾。第二轮养虾生产在第20年开始，再运行5年。所以完整的财务分析以30年为项目计算期，其收益与成本的折现值见表11第2、3列。

在表11中，按6%的折现率计算，30年的收益净现值为US＄323416.5，成本净现值为US＄185239.4。根据项目判定标准，只要财务收益成本比大于1，项目在财务上就可以接受。本项目收益成本比为1.7459，大大高于1的基本判据值，因此项目的财务盈利能力很高，在财务上是完全可接受的。

九、经济费用效益分析

养虾场的财务分析是通过比较项目的财务收入和成本，从投资人的角度分析项目的盈利性。

但是，由于将红树林开发成养虾场，红树林自然就不可能再提供薪柴等非木材森林资源价值，也不可能体现其国内与国外游乐价值。就 K 区红树林而言，这部分直接使用价值为 US＄304.9/hm²/a。从经济学的观点，这两部分价值的丧失就是项目土地的机会成本。

养虾场生产的虾可供社会消费，但也会造成水体污染。但是，由于养虾场私人业主的经营理念是“成本最小化，利润最大化”，因此业主不可能主动对污染物进行处理，于是污染处理的费用就要由社区来负担，换句话说，由其他社会成员承担污染处理的成本。这些成本发生在财务主体外部，俗称“外部性”。养虾场的外部成本还有废弃虾塘的恢复费用、废弃虾场的红树林再种植费用等。这些外部费用是参考泰国的研究成果，利用成果参照法进行估算，结果见表 10。

表 10　其他社会成员为养虾场支付的费用

费用项目	泰国的估计值（US＄/hm²/年）	斯里兰卡的估计值（US＄/hm²/年）
受虾场污染的水的社会处理费用	274	150
放弃养虾塘的恢复费用	11458	6273
被虾场破坏的红树林的再种植费用	788	431
维护与保护红树林费用	157	85

表 10 中后三项费用是在项目结束以后才发生，第一项费用则常年发生。在进行费用效益分析时要将数据折现，考虑到按 6% 的折现率，30 年以后的费用影响微乎其微，因此进行费用效益分析时可保留表 10 的第一项费用，忽略第二至第四项费用。

养虾场每年每公顷都需要 80～200 个工日的人工投入。由于这些工人在未被雇用之前一般在家务农，收益有限，所以养虾场能产生显著的社会效益。给这些工人及家庭增加福利，属项目的“外部效益”。但是，这部分外部效益已经包含在养虾场的财务收益中，故在费用效益分析中不可再计入外部效益，否则就发生重复计算。

在考虑土地的机会成本、社会其他群体支付的污染处理费后，需再进行经济费用效益分析，比较项目的经济效益与经济费用，计算效益费用比（US＄323416.5/US＄200630.0），结果为 1.6120（见表 11），此值也大大高于判定值 1，故从经济费用效益分析看，项目在经济上是合理的。

表 11　Kiralakale 红树林财务、经济分析流量表（按 6% 折现以后）

年序	扩展的经济费用效益分析（含环境费用）				
	经济费用效益分析				环境费用
	财务分析		社会费用	土地机会成本	
	财务收益	财务成本			
1	43789.5	35536.8	150.0	304.9	11923.9
2	42550.1	21643.3	137.5	294.0	11529.8
3	41345.9	21030.8	133.6	283.5	11149.6

续表11

年序	扩展的经济费用效益分析（含环境费用）				
	经济费用效益分析				环境费用
	财务分析		社会费用	土地机会成本	
	财务收益	财务成本			
4	40175.7	20435.5	129.8	273.5	10782.6
5	39038.7	19857.2	5135.7	263.8	10428.5
6	0.0	0.0	59.9	254.5	10086.7
7	0.0	0.0	58.2	245.5	9756.8
8	0.0	0.0	56.5	236.8	9438.3
9	0.0	0.0	54.9	228.5	9130.8
10	0.0	0.0	53.4	220.5	8833.9
11	0.0	0.0	51.9	212.8	8547.3
12	0.0	0.0	50.4	205.4	8270.4
13	0.0	0.0	49.0	198.3	8003.1
14	0.0	0.0	47.6	191.4	7744.9
15	0.0	0.0	46.2	184.8	7495.5
16	0.0	0.0	44.9	178.4	7254.6
17	0.0	0.0	43.6	172.3	7021.9
18	0.0	0.0	42.4	166.3	6797.0
19	0.0	0.0	41.2	160.6	6579.7
20	0.0	0.0	40.1	155.1	6369.8
21	24660.2	20012.7	79.6	149.9	6166.9
22	23962.3	12188.5	77.4	144.8	5970.8
23	23284.1	11843.6	75.2	139.8	5781.3
24	22625.1	11508.4	73.1	135.1	5598.2
25	21984.8	11182.6	71.0	130.5	5421.1
26	0.0	0.0	2741.3	126.1	5249.9
27	0.0	0.0	32.7	121.9	5084.4
28	0.0	0.0	31.8	117.8	4924.4
29	0.0	0.0	30.9	113.9	4769.7
30	0.0	0.0	30.0	110.0	4620.1
现值合计	323416.5	185239.4	9669.8	5720.8	230731.9

经济费用效益分析不仅考虑项目财务主体的收益与成本，还计入了社会其他成员为项目支付的费用与获得的收益，在这个意义上，经济费用效益分析也可称为“社会费用效益分析”，它也是这种分析方法初始的名称。

十、扩展的费用效益分析

在上述的经济费用效益分析中，只包括了社会其他群体从项目获得的效益与支付的费用，这些效益或费用是可以定量化并且用货币表示。但是，在表7中列出的非使用价值与间接使用价值一般没有市场价格，直接使用价值中游乐价值也没有市场价格，非木材森林资源价值也并非实际市场交易价格，是人为估算的经济价值。以上这些直接使用价值、间接使用价值和非使用价值是在红树林进行保护性开发时体现出来的，在养虾场开发方案时完全丧失，可视为环境机会成本。

将前述的经济费用效益分析范围进行扩展，把环境机会成本包含进来，再计算项目的效益费用比（US＄323416.5/US＄431361.9），其值为0.7498，小于判定基准值1，由此我们可以得出结论：如果包括了环境机会成本，或放弃了长期体现的环境价值，红树林的养虾场开发方案是不能被社会接受的。

类似的结论也出现在M区与R区的估算结果上，见表12。

表12　三块红树林经济分析结果

红树林区	财务收益成本比	经济效益费用比	经济效益费用比（含环境费用）
Kiralakale	1.74	1.60	0.74
Manduganga	1.74	1.42	0.708
Ranweli	1.74	1.45	0.715

从表12的计算结果看，三块红树林都应当拒绝养虾场开发方案，采用保护性开发方案，以实现在保护环境的前提下取得最好的经济效益。

十一、结论

在本案例中，我们按照环境经济学的基本原理，分别估算红树林的直接使用价值、间接使用价值和非使用价值，进而估算出红树林保护利用的总经济价值。为了选择红树林的最佳开发方案，采用费用效益分析法作为比较项目经济效率的工具，将红树林养虾场开发作为基本方案，进行了仅包括项目实体（养虾场）现金流量的财务分析，包含社会其他群体为项目付出的代价与获得的效益的社会费用效益分析，以及包括环境代价或效益的扩展的费用效益分析等三个层次分析。通过三个层次分析效益费用比的逐步降低（从1.74降低到1.60，再降低到0.74），我们可以得出不应采取只产生短期效益的养虾场开发方案，而应当推行具有长期经济效益的红树林保护方案。

本章参考文献

[1] 国家发展改革委，建设部发布. 建设项目经济评价方法与参数. 3版. 北京：中国计划出版社，2006.

8 风险评价

8.1 风景名胜项目风险和风险评价

8.1.1 “风险”的由来

从哲学的观点来看，风险现象之所以产生，是由于我们生活在一个充满不确定性的世界上。如果我们是生活在一个没有不确定性的世界上，那么世界上就不存在风险，我们也就不会遇到风险了。

“风险”一词的由来，最为普遍的一种说法是，在远古时期，以打鱼捕捞为生的渔民们，每次出海前都要祈祷，祈求神灵保佑自己能够平安归来，其中主要的祈祷内容就是让神灵保佑自己在出海时能够风平浪静、满载而归；他们在长期的捕捞实践中，深深地体会到“风”给他们带来的无法预测、无法确定的危险，他们认识到，在出海捕捞打鱼的生活中，“风”即意味着“险”，因此有了“风险”一词的由来。

而另一种据说经过多位学者论证的“风险”一词的“源出说”称：风险（risk）一词是舶来品，有人认为来自阿拉伯语、有人认为来源于西班牙语或拉丁语，但比较权威的说法是来源于意大利语的“risque”一词。在早期的运用中，也是被理解为客观的危险，体现为自然现象或者航海遇到礁石、风暴等事件。大约到了19世纪，在英文的使用中，“风险”一词常常用法文拼写，主要是用于与保险有关的事情上。

现代意义上的风险一词，已经大大超越了“遇到危险”的狭义含义，而是“遇到破坏或损失的机会或危险”，可以说，经过两百多年的演义，风险一词越来越被概念化，并随着人类活动的复杂性和深刻性而逐步深化，被赋予了从哲学、经济学、社会学、统计学甚至文化艺术领域的更广泛更深层次的含义，且与人类的决策和行为后果联系越来越紧密，风险一词也成为人们生活中出现频率很高的词汇。

8.1.2 风景名胜项目风险的定义

由于“风险”是极为常用的词，许多学者对其做过定义，比较有代表性的有以下几种：

（1）精算学、保险学等学科把风险定义为一件事件造成破坏或伤害的可能性或概率。通用的公式是风险（R）=伤害的程度（H）×发生的可能性（P）。这个定义带有明显的经济学色彩，采用的是成本－收益的逻辑。

（2）以玛丽·道格拉斯和维尔达沃斯基为代表的人类学者、文化学者把风险定义为一个群体对危险的认知，它是社会结构本身具有的功能，作用是辨别群体所处环境的危险性。道格拉斯认为：知识是不断变化的社会活动的产物，并总处于建构过程中。因此，尽管风险在本质上有其客观依据，但必然是通过社会过程形成的。“风险总是社会产物”，是“集体建构物”。而由于环境的不同，“每一种社会生活形态都有自身特有的风险因素”。

(3) 汉森归纳了风险的三种用法来定义风险：①通常表示某种不好的事情可能发生也可能不发生，我们又不能确切预知的情况。②表示某种糟糕事情的可能性。③这种用法是专业风险分析中通用的，指一种有害事情发生几率增长时产生的负面影响程度。雷恩则认为风险定义包含三个因素：不利的结果、发生的可能性以及现实的状态。归纳法定义有助于我们对风险有一个更直观、更生动的认识。

(4) 约翰·拉夫里特等所著的《项目管理风险分析》中定义建设项目经济管理相关范围内的风险为：风险或者不确定性表明了一种状态，即一个特定事件或活动的实际结果与估计或预测的结果不同。

任何风险都必定是而且只能是针对某个人类主体而言的风险。讨论风险问题时所针对的主体一般来说是作为个人的主体或作为集体的主体，有时也可以是某些类型的主体，甚至是全人类和人类社会。这里借用约翰·拉夫里特的定义，则风景名胜项目风险定义为：在风景名胜项目开发或保护的全过程中可能出现的不确定性损失和不利影响。

8.1.3 风景名胜项目风险评价

风景名胜项目风险评价是基于现状资料的分析和对将来的预测，随着项目的进行，情况可能出现变化，产生不确定性，为项目的顺利实施，必须进行风险评价，估计项目可承担的风险，提出风险的应对措施，为项目决策服务。

8.2 风险识别

风景名胜项目一般都与风景名胜区有关，而风景名胜区一般是自然风光优美地区或者是文化底蕴深厚的遗址和遗产。从风景名胜区可持续发展角度，除了项目经济风险因素外，还必须对项目的生态环境风险因素和社会风险因素进行评价。

8.2.1 风景名胜项目风险识别

风险识别是采用系统论的观点，对项目进行全面考察综合分析，找出潜在的各种危险因素，并对风险进行比较、分类，确定各因素间的相关性与独立性。根据风景名胜项目的特征，影响项目实现预期目标的因素可归纳为三个大的方面：经济、社会、生态环境。

风险识别是整个风险评价最重要的环节，它是风险评价的基础。在风险识别的过程中，各方面的风险因素经常是相互关联的，往往很难分清，为了寻找风险的根源，就有必要区分风险因素、风险事件和风险结果。风险因素、风险事件和风险结果是风险的基本构成要素，风险因素是风险形成的必要条件，是风险产生和存在的前提。风险事件是外界环境变量发生预料未及的变动从而导致风险结果的事件，它是风险存在的充分条件，在整个风险中占据核心地位。风险事件是连接风险因素与风险结果的桥梁，是风险由可能性转化为现实性的媒介。

例如超采地下水，我们看到的是“超采地下水”这个风险事件，而旱灾、地表水被污染、资源型缺水等都可能是这个事件发生的风险因素，风险结果则可能是地面沉降、房屋倒塌等。只有理清与项目有关的可能发生的事件的前因后果，才能准确地识别出风险。

风险因素主要根据自然景观影响评价、人文影响评价、生态影响评价、社会评价、经济评价提出的风险因素得到，评价人员识别出的风险。然后把识别出的风险整理、归类，列在风险因素专家调查表中。

8.2.2 风景名胜项目的经济风险因素

经济风险来源于法律、法规及政策变化，市场供需变化，资源开发与利用，技术的可靠性，工程方案，融资方案，组织管理，环境与社会，外部配套条件等一个方面或几个方面的共同影响，具体内容如下：

(1) 政策方面：由于政府政策调整，使项目原定目标难以实现所造成的损失，如税收、金融、环保、产业政策等的调整变化，税率、利率、汇率、通货膨胀率的变化都会对项目经济效益带来影响。

(2) 市场方面：由于市场需求的变化、竞争对手的竞争策略调整，项目产品销路不畅，产品价格低迷等，以致产量和销售收入达不到预期的目标，给项目预期受益带来的损失。

(3) 资源方面：资源开发与利用的项目，由于矿产资源的储量、品位、可采储量、开拓工程量及采选方式等与预测结果发生较大偏离，导致项目开采成本增高，产量降低或经济寿命期缩短，造成巨大的经济损失。在水资源短缺地区的投资建设项目，可能受水资源勘察不明、气候不正常等因素的影响。对于农业灌溉项目还可能有水资源分配问题等。

(4) 技术方面：项目采用的技术，特别是引进技术的先进性、可靠性、适用性和积极性与原方案发生重大变化，导致项目不能按期进入正常生产状态，或生产能力利用率降低，达不到设计要求，或生产成本提高，产品质量达不到预期要求等。

(5) 工程方面：因工程地质和水文地质条件出乎意料的变化，工程设计发生重大变化，导致工程量增加、投资增加、工期延长所造成的损失；由于前期准备工作不足，导致项目实施阶段建设方案的变化；工程设计方案不合理，可能给项目的生产经营带来影响等，造成经济损失。

(6) 融资方面：项目资金来源的可靠性、充足性和及时性不能保证；由于工程量预计不足或设备材料价格上升导致投资增加。由于计划不周或外部条件等因素导致建设工期拖延，利率、汇率变化导致融资成本升高所造成的损失。

(7) 组织管理方面：由于项目组织结构不当、管理机制不完善或是主要管理者能力不足等，导致项目不能按计划建成投产，投资超出估算；或在项目投产后，未能制定有效的企业竞争策略，在市场竞争中失败。

(8) 环境与社会方面：对于许多项目，外部环境因素包括自然环境和社会环境因素的影响。如项目选址不当，项目对社区的影响、生态环境影响估计不足，或是项目环保措施不当，在项目建成后，可能对社区和生态带来严重影响，导致社区居民和社会的反对，造成直接经济损失。

(9) 配套条件方面：建设项目需要的外部配套设施，如供水排水、供电供气、公路铁路、港口码头以及上下游配套设施等，在可行性研究中虽都作了考虑，但是实际上仍然可能存在外部配套设施没有如期落实的问题，致使建设项目不能发挥应有效益，从而带来风险。

（10）其他方面：对于某些项目，应考虑特有风险因素。例如，对于合资项目要考虑合资对象的法人资格和资信问题；对于农业建设项目要考虑因气候、土壤、水利等条件的变化对收成不利影响的风险因素等；许多无形成本和效益的度量是分析专家个人的主观价值判断，不能量化的外部或者间接效果的定性判断完全是主观的。

8.2.3 风景名胜项目的社会风险因素

社会风险因素指项目开展可能引起社会不稳定，从而影响项目的建设与运营。社会风险主要来源于移民安置、征地、社会结构变化、文化变异等。

（1）征地：土地是农民生活的基本保障，土地征收将会使农民生产、生活方式发生很大的改变，如果征地补偿及其他措施不能解决农民的后顾之忧，被征地农民将会通过一些方式来阻挠项目的进行。

（2）移民安置：移民安置比单纯征地复杂得多，特别是异地安置，既要考虑移民承受生产、生活方式转变的能力，还要考虑对新的生活环境的适应力，也更易于对安置不满意，从而拒绝搬迁，成为“钉子户”。

（3）社会结构变化：由于风景名胜项目的建设和实施，特别是外来人口的大量涌入，当地居民原有的社会结构也会随之发生变化，如贫富差距加大、治安变差、离婚率提高等。当地居民对项目的态度也会由欢迎变为憎恶，甚至采取一些极端方式阻碍项目进行。

（4）文化变异：风景名胜项目开展后，当地年轻居民最容易受到外来文化的影响，可能迅速接受外来新思想，甚至沾染许多不良习惯，因而产生地域文化和民族文化的断代。中、老年人则更愿意固守旧的生活习惯，也会使家庭矛盾凸显，出现一系列问题。

8.2.4 风景名胜项目的生态与环境风险因素

生态环境风险指项目开展可能对生态与环境产生的不利影响，导致生态与环境破坏，威胁区域的生态安全。生态与环境风险主要来源于资源使用、环境污染、生态环境变化等。

（1）资源使用：风景名胜项目大都以自然和人文资源开发和保护为对象，但各种资源在一定时间内的可利用数量是有限的，如果超过这个限度，必然导致资源量的减少，甚至枯竭。例如过度抽取温泉水会导致温泉水温下降，游客过多导致草原退化、雪山消融等。

（2）环境污染：开发性风景名胜项目大多以接待游客为主，景区宾馆、酒店排放的生活污水如不妥善处理会使水体受到污染，煤炭、薪柴等燃烧，汽车尾气排放导致空气污染，固体垃圾引起土壤污染等，都会影响区域环境，使项目效益降低，也可能影响附近居民饮用水源、耕地等。

（3）生态恶化：风景名胜项目，特别是位于生态系统脆弱地区的项目，工程建设可能导致地质灾害、植被破坏等，人类活动增加可能使生物多样性减少、沙漠化和石漠化面积扩大等。

8.3 风险估计

风险估计就是判断各种风险因素发生的可能性及对项目的影响程度，按其重要性进行排队，或赋予权重，为风险评价做准备。风险估计的目的是估计风险因素发生的可能性和出现后对项目的影响程度，风险估计常用的方法有客观概率法和主观概率法。

8.3.1 客观概率法

在大量的试验和统计观察中，某一风险在一定条件下相对出现的频率是一种客观存在，这个频率就称为客观概率。在估计某种风险发生的概率时，如果能够获得足够的历史资料，用以反映当时风险事件（事故）发生的条件和损失的情况，则可以利用统计的方法计算出该种风险发生的客观概率。这种方法叫做客观概率法。

8.3.2 主观概率法

主观概率法是根据萨维里原理，对无法用数据直接进行统计的风险因素，根据判断者掌握的大量信息、长期的经验累计等，主观地对风险发生的可能性和风险发生后的影响进行等级评价，然后将等级折算为数值，再对评价结果进行加权求平均，从而评估风险。其优点是把大量原来不可直接测量的风险因素转化为可测量与统计，而缺点是得出的风险估计值没有数理统计的数据准确。

由于客观概率法需要大量的试验数据作支撑，而风景名胜项目风险受诸多因素影响，难于梳理清楚，社会风险和生态环境风险的试验数据很难收集，因此这里建议使用主观概率法。具体可向专家发放风险因素专家调查表（见表8-1）以及项目的一些背景材料，让他们来估计风险，汇总所有专家调查表，对各类风险因素发生的可能性和对项目的危害程度进行加权求平均，结果就可用于风险评价。

表8-1 风险因素专家调查表

序号	风险因素名称	发生的可能性				对项目的影响程度			
		高	较高	适度	低	严重	较严重	适度	低
1	经济								
1.1	市场方面								
1.1.1	市场需求量								
……	……								
1.2	技术方面								
1.2.1	可靠性								
……	……								
1.3	……								
……	……								
2	社会								
2.1	移民								

续表 8-1

序号	风险因素名称	发生的可能性				对项目的影响程度			
		高	较高	适度	低	严重	较严重	适度	低
2. 1. 1	安置								
2. 1. 2	生计								
……	……								
2. 2	征地拆迁								
2. 2. 1	补偿								
2. 2. 2	住房								
……	……								
2. 3	社会结构								
2. 3. 1	社会组织								
2. 3. 2	贫富差距								
……	……								
2. 4	宗教习俗								
2. 4. 1	民族习俗								
2. 4. 2	宗教习惯								
……	……								
2. 5	……								
……	……								
3	生态环境								
3. 1	资源使用								
3. 1. 1	地下水								
3. 1. 2	地热								
……	……								
3. 2	环境污染								
3. 2. 1	水								
3. 2. 2	大气								
3. 2. 3	土壤								
……	……								
3. 3	生态影响								
3. 3. 1	生物多样性								
3. 3. 2	荒漠化								
……	……								
3. 4	环境灾害								
3. 4. 1	坍塌								
3. 4. 2	滑坡								
……	……								
3. 5	……								
……	……								

8.4 风险评价

风险评价应根据风险估计的结果，依据项目风险判别标准，找出影响项目成败的关键风险因素。项目风险大小的评价标准应根据风险因素发生的可能性及其造成的损失来确定，建议采用综合风险等级作为评价标准。对于风险因素也可采用评价指标的概率分布或累计概率、期望值、标准差作为判别标准，以下主要介绍综合风险等级评价法。

以综合风险等级作判别标准就是根据风险因素发生的可能性及其造成损失的程度，建立综合风险等级矩阵。将综合风险分为K级、M级、T级、R级、I级。根据风险估计，计算各类风险的发生可能性得分和发生的危害程度得分，再根据得分情况，将各种风险因素对号入座，判断出其综合等级（见表8-2）。

表8-2 综合风险等级分类表

<table>
<tr><th colspan="2" rowspan="2">综合风险等级</th><th colspan="4">风险影响的程度</th></tr>
<tr><th>严重</th><th>较严重</th><th>适度</th><th>低</th></tr>
<tr><td rowspan="4">风险的可能性</td><td>高</td><td>K</td><td>M</td><td>R</td><td>R</td></tr>
<tr><td>较高</td><td>M</td><td>M</td><td>R</td><td>R</td></tr>
<tr><td>适度</td><td>T</td><td>T</td><td>R</td><td>I</td></tr>
<tr><td>低</td><td>T</td><td>T</td><td>R</td><td>I</td></tr>
</table>

8.5 风险管理

对于风险管理，如果风险可接受，提出相应的防范措施；如果风险不可接受，则应该采取措施把风险降低到可接受的水平，然后再提出防范措施，如果没有切实可行的措施降低风险，则应停止或取消项目。

8.5.1 风险应对

根据风险评价的结果，研究规避、控制和防范风险的措施，为项目全过程风险管理提供依据。风险应对应具有针对性、可行性、经济性，并贯穿于项目的全过程。贯穿于项目的全过程是指应从项目的立项就要开始采取规避防范风险的措施，而且这种措施一直要执行到项目结束；针对性是指风险的规避防范措施要与项目的特点结合；可行性指提出的风险规避防范措施要在财务、技术上可行；经济性指风险的规避防范措施要付出的代价不能高于项目预期的收益。风险应对还应该强调多方案比选，对潜在风险提出必要的研究与试验课题。

结合综合风险因素等级的分析结果，应提出以下应对方案。

（1）对于经济风险和生态环境风险。对于建设项目而言，经济风险可能导致无法正常完成建设，即使完成建设后也无法正常运营，项目投资无法收回；生态风险可能导致项目区生态环境严重破坏，造成无法估量和无法挽回的损失，因此在必要的情况下应该放弃项目。

K级：风险很强，出现这类风险就要放弃项目。

M级：风险强，修正拟议中的方案，通过改变计划或采取补偿措施等来规避。

T级：风险较强，设定某些指标的临界值，指标一旦达到临界值就要变更计划或对负面影响采取补偿措施。

R级：风险适度（较小），适当采取措施后不影响项目。

I级：风险弱，可忽略。

（2）对于社会风险。由于社会风险主要来源于项目对项目所在地原住居民的影响，此类风险出现后一般可以通过协商、补偿等方法解决，因此对于K级风险可以通过修正拟议中的方案，改变计划或采取补偿措施等来规避。

8.5.2 降低风险的方法

对建设期或生产经营期的潜在风险可建议采取回避、转移、分担和自留措施。

（1）风险回避。指通过变更项目计划从而消除风险或风险产生的条件，而回避可能产生的潜在损失或不确定性，或保护项目目标免受风险影响。对潜在损失大、概率大的灾难性风险一般采取回避对策。

（2）风险缓解。也叫风险减轻，指弄清了风险来源和引发因素后，采取措施降低风险事件发生的机会或减轻风险事件引发的损失。对潜在损失小、概率大的风险就可以采取风险缓解对策。

（3）风险转移。就是将风险向其他某些部门、实体转移，从而减少风险。对潜在损失大、概率小的风险可以采取转移对策。

（4）风险自留。指风险发生时，在不能找到其他合适的风险应对策略时，采取积极行动自行承担事故后果的方式，此时可将相应的费用视为项目的成本。对潜在损失小、概率小的风险，可采取自留对策。

8.6 风景名胜项目风险评价的特殊要求

风景名胜项目大多数属于观光旅游项目，对环境影响一般较小，因此在生态环境风险评价时，对于非生态重要地区（生物多样性保护、水源保护、湿地等）和生态环境敏感地区（沙漠化、地质灾害多发区等），可不进行生态环境风险评价。

项目的社会评价主要针对当地原住居民，如果风景名胜项目建设开展地点周围没有当地原住居民，则不需要进行社会风险评价。

本章参考文献

[1] 国家发展改革委，建设部发布．建设项目经济评价方法与参数．3版．北京：中国计划出版社，2006.